Market Data Research and Processing

市场数据调研及处理

邱 红 殷智红 主编

图书在版编目(CIP)数据

市场数据调研及处理/邱红,殷智红主编.—北京:北京大学出版社,2021.6
ISBN 978-7-301-32182-9

Ⅰ.①市… Ⅱ.①邱…②殷… Ⅲ.①市场调研—统计数据—数据处理 Ⅳ.①F713.52

中国版本图书馆 CIP 数据核字(2021)第 083361 号

书　　　名	市场数据调研及处理 SHICHANG SHUJU DIAOYAN JI CHULI
著作责任者	邱　红　殷智红　主编
责 任 编 辑	任京雪　徐　冰
标 准 书 号	ISBN 978-7-301-32182-9
出 版 发 行	北京大学出版社
地　　　址	北京市海淀区成府路 205 号　100871
网　　　址	http://www.pup.cn
微信公众号	北京大学经管书苑(pupembook)
电 子 信 箱	em@pup.cn
电　　　话	邮购部 010-62752015　发行部 010-62750672　编辑部 010-62752926
印 刷 者	北京市科星印刷有限责任公司
经 销 者	新华书店
	787 毫米×1092 毫米　16 开本　13.75 印张　288 千字 2021 年 6 月第 1 版　2021 年 6 月第 1 次印刷
定　　　价	34.00 元

未经许可,不得以任何方式复制或抄袭本书之部分或全部内容。
版权所有,侵权必究
举报电话:010-62752024　电子信箱:fd@pup.pku.edu.cn
图书如有印装质量问题,请与出版部联系,电话:010-62756370

本 书 资 源

学生资源：

◇ 教学视频

资源获取方法：

第一步，关注"博雅学与练"微信服务号。

第二步，扫描右侧二维码标签，获取上述资源。

一书一码，相关资源仅供一人使用。

读者在使用过程中如遇到技术问题，可发邮件至 renjingxue@ pup.cn。

教辅资源：

◇ PPT

◇ 习题答案

资源获取方法：

第一步，扫描右侧二维码，或直接微信搜索公众号"北京大学经管书苑"，进行关注；

第二步，点击菜单栏"在线申请"—"教辅申请"，填写相关信息后点击提交。

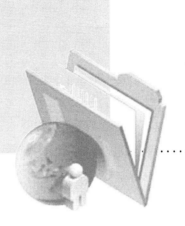

前 言

随着大数据时代的到来,市场数据的强大作用愈发凸显,通过市场数据可以洞察客户喜好和客户需求,为产品精准定位目标市场、预测市场前景,为企业进行战略决策提供重要依据。如何从海量的数据资源中科学地选择可靠的数据渠道、获取有效的数据,对于识别和确定营销机会及问题,对营销活动进行策划、研究和评价,控制营销活动等将起到至关重要的作用。

本书是一本项目实践型的市场数据调研及处理教材,符合应用型人才培养目标,围绕市场调研工作中应承担的数据采集与数据处理环节的一系列主要工作任务,以任务驱动展开学习,重点介绍市场数据调研及处理的基础知识和方法,从各种新渠道采集数据,利用新技术处理数据。主要内容包括:市场数据认知、企业内部数据调研方法设计、外部数据调研方法设计、市场数据调研的计划与安排、市场数据调研的实施与过程管理、数据的处理六大部分,重在培养和提升学生的数据调研与处理能力,使其对营销数据具有较好的敏感性和洞察力;以任务的完成结果来检验和总结学习过程,使学生主动完成知识建构;通过探究、实践、思考,达到灵活运用、解决问题的课程教学目标。

本书区别于以往市场调研类教材的特点在于:

1. 独特的立足点

聚焦于市场数据的调研,满足"业务导向",即满足中级营销数据分析师工作中应承担的数据采集与数据处理环节的职业能力要求。厘清工作过程知识与学科知识的区别,工作过程知识即为工作过程中根据工作的需要、按照工作过程的逻辑组织的、介于经验性知识和理论性知识之间的知识。在实践情境中学习知识。

2. 独特的内容体系和案例设计

内容紧贴工作实际,依据中级营销数据分析师的工作任务和工作路径,设计学习情境和学习任务,使学生了解市场数据类型,在对相应市场营销问题所需信息予以具体化的基础上,掌握设计市场数据调研的方法,对市场数据调研进行周密的计划和安排,开展调研工作,系统、客观地收集市场营销活动的内部数据(一手资料和二手资料),并通过搜索引擎、爬虫技术等收集外部数据,管理数据收集过程,整理获取的各种资料或数据,为进行后续营销数据分析工作提供前期准备,从而帮助营销管理人员制定有效的市场营销决策。丰富的案例为综合运用多种教学方法组织教学提供了素材。

3. 精准的培养目标定位

加强对企业和劳动力市场的调研,及时了解市场调研与市场营销人才需求变化和企业岗位技术革新信息。通过了解需求及时把握人才培养目标,优化人才培养体系和课程内容。本书定位于培养和提高学生从不同数据源获取数据的能力,将相应市场营销问题所需的信息具体化、设计市场数据调研的方法、管理并实施数据收集过程的能力,以及对市场数据的敏感性,以全面提升对应课程的教学质量,提高市场调研与市场营销人才的培养质量。

4. 强化学生的职业能力培养

采用创设情境和任务驱动的教学模式,使得学生在工作实践中发展职业所需的职业能力和职业素养。通过大量的案例,让学生在企业真实的工作环境中学习和成长,旨在提高学生的实践和创新能力,并以知识架构为桥梁,强化实践环节对学生职业能力与职业素养的培养,促成两个方面实践环节的协作和相长,使学校培养出真正满足社会需求的数据营销人才,实现学生、学校和企业的多赢局面,切实促进学生职业能力的提高。

本书由教学经验丰富的一线教师与企业专家共同研讨,确定教材框架构建与任务设计,借助产学合作进行教材共同开发,采取多种有效方式如进行企业走访、为企业承担技术服务项目等,与一线工作建立密切的联系,准确把握人才需求。北京联合大学的邱红老师、殷智红老师负责全书的编写与统稿,邱晓星老师参与了第3章、第4章的资料收集与编写工作,姚迪老师参与了第6章的资料收集与编写工作,本书的编写还得到了北京市教学名师北京联合大学李宇红教授、企业专家搜药网董事长郭亚洲先生的指导和帮助,在此表示衷心的感谢。

本书符合对应用型人才的培养需求,适用于普通高等院校(高职高专、应用型本科)、成人高校、民办高校经管类专业的"市场调研"课程教学使用,同时可以用于企业或培训机构对市场调研与市场营销人才的培训,还可以作为对该领域感兴趣的读者了解市场数据调研及处理领域发展现状的参考资料。

编 者

2021 年 2 月

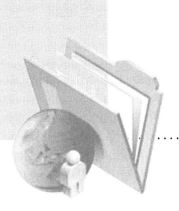

目 录

第 1 章　市场数据认知 ⋯⋯⋯⋯⋯⋯⋯⋯⋯⋯⋯⋯⋯⋯⋯⋯⋯⋯⋯⋯⋯⋯⋯⋯ 1
　1.1　市场数据的概念 ⋯⋯⋯⋯⋯⋯⋯⋯⋯⋯⋯⋯⋯⋯⋯⋯⋯⋯⋯⋯⋯⋯⋯⋯ 3
　1.2　市场数据的类型 ⋯⋯⋯⋯⋯⋯⋯⋯⋯⋯⋯⋯⋯⋯⋯⋯⋯⋯⋯⋯⋯⋯⋯⋯ 5
　1.3　市场数据的来源 ⋯⋯⋯⋯⋯⋯⋯⋯⋯⋯⋯⋯⋯⋯⋯⋯⋯⋯⋯⋯⋯⋯⋯ 11
　1.4　市场数据与市场营销问题 ⋯⋯⋯⋯⋯⋯⋯⋯⋯⋯⋯⋯⋯⋯⋯⋯⋯⋯⋯ 13
　1.5　市场数据分析对数据的要求 ⋯⋯⋯⋯⋯⋯⋯⋯⋯⋯⋯⋯⋯⋯⋯⋯⋯⋯ 15
　1.6　影响数据质量的因素 ⋯⋯⋯⋯⋯⋯⋯⋯⋯⋯⋯⋯⋯⋯⋯⋯⋯⋯⋯⋯⋯ 17

第 2 章　企业内部数据调研方法设计 ⋯⋯⋯⋯⋯⋯⋯⋯⋯⋯⋯⋯⋯⋯⋯⋯ 23
　2.1　企业内部数据调研概述 ⋯⋯⋯⋯⋯⋯⋯⋯⋯⋯⋯⋯⋯⋯⋯⋯⋯⋯⋯⋯ 26
　2.2　二手数据调研方法 ⋯⋯⋯⋯⋯⋯⋯⋯⋯⋯⋯⋯⋯⋯⋯⋯⋯⋯⋯⋯⋯⋯ 31
　2.3　一手数据调研方法 ⋯⋯⋯⋯⋯⋯⋯⋯⋯⋯⋯⋯⋯⋯⋯⋯⋯⋯⋯⋯⋯⋯ 38
　2.4　企业内部数据调研方法的设计原则 ⋯⋯⋯⋯⋯⋯⋯⋯⋯⋯⋯⋯⋯⋯⋯ 39

第 3 章　外部数据调研方法设计 ⋯⋯⋯⋯⋯⋯⋯⋯⋯⋯⋯⋯⋯⋯⋯⋯⋯⋯ 43
　3.1　外部数据调研概述 ⋯⋯⋯⋯⋯⋯⋯⋯⋯⋯⋯⋯⋯⋯⋯⋯⋯⋯⋯⋯⋯⋯ 45
　3.2　传统的数据调研方法 ⋯⋯⋯⋯⋯⋯⋯⋯⋯⋯⋯⋯⋯⋯⋯⋯⋯⋯⋯⋯⋯ 48
　3.3　网络调研方法 ⋯⋯⋯⋯⋯⋯⋯⋯⋯⋯⋯⋯⋯⋯⋯⋯⋯⋯⋯⋯⋯⋯⋯ 120

第 4 章 市场数据调研的计划与安排 …………………………………………… 136
4.1 市场数据调研计划的内容 ……………………………………………… 140
4.2 调研进度计划 …………………………………………………………… 141
4.3 调研经费预算 …………………………………………………………… 142
4.4 调研人员培训 …………………………………………………………… 145

第 5 章 市场数据调研的实施与过程管理 ……………………………………… 153
5.1 市场数据调研的实施与过程管理概述 ………………………………… 155
5.2 市场数据调研实施的基本要求 ………………………………………… 157
5.3 确保调研数据质量 ……………………………………………………… 160
5.4 控制数据调研成本 ……………………………………………………… 162
5.5 遵循时间计划 …………………………………………………………… 163

第 6 章 数据的处理 ……………………………………………………………… 167
6.1 数据处理业务概要 ……………………………………………………… 171
6.2 异常数据的识别与处理 ………………………………………………… 172
6.3 数据的归档和整理 ……………………………………………………… 176
6.4 数据的存储 ……………………………………………………………… 200
6.5 数据质量评估 …………………………………………………………… 202

参考文献 ………………………………………………………………………… 211

第1章

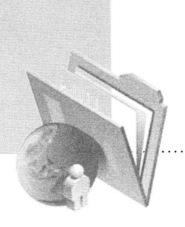

市场数据认知

业务案例导入

洞察市场数据

现代零售企业在应对诸如提升客户转化率、以个性化的广告提升营业收入、预测并避免客户流失、降低获取客户所需的成本等一系列挑战时,深层次的数据驱动型洞察至关重要。

1. 零售业的客户行为数据分析

如今,客户通过多个交互点与企业互动——移动设备、社交媒体、门店、电子商务网站等。因此,需要汇总与分析的数据的复杂性陡然上升,涉及的数据类型也骤然增加。

一旦这些数据得到汇总与分析,企业将收获前所未有的重要信息。比如,最有价值的客户是哪些?促进他们消费更多商品的动力是什么?他们的行为模式是怎样的?与他们互动的最佳方式与时机是什么?有了这些洞见,企业不仅能收获更多客户,还能提升客户忠诚度。

要发掘客户行为数据中隐藏的信息,不论这些数据是结构化的还是非结构化的,数据工程都是关键。因为企业可以同时汇总并分析所有数据,进而得到所需关键信息,以提升客户获取率与忠诚度。

2. 利用大数据,将店内体验个性化

随着在线销售的增长,一种新的趋势开始显现:客户会先去实体店对商品做一番了解,继而回家进行网购。

行为追踪技术的出现,为零售商分析客户的店内行为、衡量销售策略提供了新的途径。零售商需要掌握这些数据,以优化销售策略,同时,通过忠诚度应用程序,对店内体验进行个性化定制,并及时采取行动,促使客户完成购物——最终目标就是提升所有渠道的销售额。

通过分析POS(销售点终端系统)机系统和店内传感器等数据来源,全渠道零售商可以做到以下几点:

(1)观测不同营销与销售策略对客户行为和销售产生的影响,进行相应的测试与量化。

(2)依据客户的购买和浏览记录,确定客户的需求与兴趣,然后为客户量身定制店内体验。

(3)监测店内客户习惯,并及时采取行动,促使客户当场完成购物,或是之后上网购置,由此保住交易。

3. 通过预测型分析和定向宣传,提升客户转化率

要在提升客户获取率的同时降低成本,零售商需要有效地进行定向宣传。为此,需要全方位地了解客户,并掌握尽可能准确的预期。

以往的客户信息都仅限于交易发生时的地理数据。但如今,客户的互动行为多于交易行为,而这些互动发生在社交媒体等多种渠道上。考虑到这些趋势,对零售商最有利的做法,就是将客户在互动过程中生成的数据加以利用,将其转变为客户信息的宝库(例如,理解他们的喜好)。

将客户的购物记录和个人资料及其在社交媒体上的行为结合起来,通常能揭示出意料之外的信息。比如,一家零售商的多名高价值客户都"喜欢"在电视上观看美食节目,而且经常在全食超市购物。在这种情况下,零售商就可以利用这些洞察,在与烹饪相关的电视节目中、Facebook(脸书)页面上,以及有机食品店内,投放有针对性的广告。结果会如何呢?这家零售商的客户转化率有可能大幅提升,获取客户所需的成本也有望显著降低。

4. 客户历程数据分析

如今,客户所掌握的便利条件超过了以往任何时候。基于可以获取的信息,客户可以视便利与否,随时随地做出购买决定,或是直接购买。

与此同时,客户的期望值也更高了。他们期待企业提供前后一致的信息,以及跨渠道的无缝体验,这些体验要能反映出他们的购物记录、喜好和兴趣。客户体验的质量比以往任何时候都更能推动销售额与客户保留率的提升。这就需要从数据中获取洞见,帮助零售商理解每一位客户的跨渠道历程。

借助大数据工程技术,零售商得以将结构化与非结构化的数据结合起来,作为单一数据集加以分析,将不同的数据类型"一网打尽"。分析结果可以揭示出其未曾预料到的全

新的模式和洞察,甚至可以带来传统分析手段无法企及的结果,比如:

(1) 客户历程的每一步究竟发生了什么?

(2) 哪些是高价值客户?他们的行为方式是怎样的?

(3) 与他们互动的最佳方式与时机是什么?

5. 运营数据分析与供应链数据分析

由于产品生命周期的加快以及运营的日益复杂化,零售商开始利用大数据分析来理解供应链和产品分销,以期缩减成本。优化资产利用、预算、绩效与服务质量的压力不可小觑,对此,很多零售商都深有体会。因此,取得竞争优势、提升业务表现就显得格外重要。

使用数据工程平台提升运营效率的关键,是利用它们去发现隐藏在日志、传感器和机器数据中的洞察。这些洞察包括有关趋势、模式和异常情况的信息,这些信息可以改进决策,改善运营,并大幅缩减成本。

服务器、工厂设备、客户持有的设备、手机信号发射塔、电网基础设施,乃至产品日志——这些都是能产生有价值数据的资产。这些数据支离破碎(通常是非结构化的),其收集、准备和分析不是一项简单的任务。每隔几个月,数据量就有可能翻倍,而且数据本身也很复杂,通常以几百种不同的半结构化与非结构化格式存储。

在一个加速扩张的市场中,零售商要维持竞争优势,就有必要寻求创新手段,主动利用新的大范围的数据来源,这一点正变得愈加重要。在大数据分析的帮助下,零售商可以深入理解客户数据,进而获取宝贵的商业信息。

资料来源:大数据在零售业中的5个用例[EB/OL].[2019-02-13](2020-10-26).http://www.sohu.com/a/294385948_165955。

知识建构

1. 掌握市场数据的概念;

2. 熟悉市场数据的类型;

3. 了解市场数据的来源;

4. 了解市场数据对市场营销的意义和作用;

5. 掌握市场数据分析对数据的要求。

1.1 市场数据的概念

数据是简单的事实或者对某一对象或事件进行描述和度量的记录。截至目前,国内外的专家和学者并未对"市场数据"进行准确的概念界定,大多认为能反映市场现状和企业经营状况的一些表示类别、程度、趋势的文字、数字、视图等都可以被视为市场数据。例如：

电视新闻报道"……上午10点，国家统计局的官方网站上发布10月份居民消费价格指数即CPI上涨4%，比上个月回落了0.6个百分点，这是自今年5月份以来，CPI连续6个月出现回落，同时这个数字也是CPI近一年来的新低。在这次消费价格指数的统计数据中，人们比较关心的食品类价格同比上涨了8.5%，其中肉禽及其制品价格上涨6.7%，粮食价格上涨6.9%，油脂价格上涨10.9%，鲜蛋价格上涨4.2%。值得关注的是，中国家庭最关注的猪肉价格在10月份下降了1.2%。此外，衣着类价格也呈下降趋势，同比下降了1.3%，其中服装价格下降1.6%……"

某公司年度总结显示"……本年度，公司产品销售收入较上年同期增长27.18%，其中背光LED（发光二极管）器件在智能手机销售低于市场预期的情况下仍保持17.36%的增长，因公司报告期内加大了照明LED器件销售的力度，照明LED器件较上年同期大幅增长180.54%，其他LED器件规模不大，较上年略有下降……"

"国窖1573"的一则视频广告是这样的，随着音乐声响起，文字"1877年留声机发明"和留声机影像出现，接着一个男声旁白"你能听到的历史132年"；然后用同样的手法，依次出现文字"1839年照相术产生"和照相机影像，男声旁白"你能看到的历史170年"；出现文字"1573年国宝窖池兴起"和国窖1573酒瓶影像，男声旁白"你能品味的历史436年"；最后，推出红底金字"国窖"+"泸州老窖股份有限公司"，并定格在金字"国窖"+红字"1573"+"泸州老窖股份有限公司"上。

有期刊文献称"从2011年到2018年汽车销量可以看到，随着生活水平的提高，我国汽车购买力在不断上升，二手车交易量也在不断上升，尤其在2018年汽车市场整体低落的情况下仍然保持11.4%的增长率，这正说明了我国二手车市场的强大潜力。2018年我国新车交易量达到2 797万辆，二手车交易量达到1 382万辆。二者之间的比例接近2∶1，但是在发达国家，比如美国的二手车交易量是新车交易量的3～4倍。相较于发达国家，我国二手车交易比重还非常低。且通过近年来二手车市场交易平均价格可以发现，虽然我国国民经济水平大幅提升，但对二手车的需求价格基本没有变化，大部分交易价格集中在8万元以下区间，15万元以上的交易量极低"（林旭和罗煜林，2019）。

伴随着信息技术行业的高速发展，信息和数据在不断地汇集，互联网时代出现了"大数据"。当下，各行各业都在受到大数据的影响，会面临众多的挑战和机遇，同时，大数据也为企业带来了新的发展机会。比如，通过阿里指数，企业可以获得淘宝网上一些热门的商品类目，了解到哪些商品是热搜的商品，搜索的人群一般集中在哪里，还有哪些关键词比较热，人群关注的对象在哪里，甚至可以了解到人群的属性，如星座、年龄等。淘宝店铺的经营者为了深入了解市场状况、制定有效的竞争策略,还会持续关注竞争商品的状态,跟踪竞争对手如下数据每天的变化,如竞争商品的销量、收藏量、淘宝评论、浏览量、转化率、收藏率及竞争商品的创建时间等。

上述信息既有文字表述,如用"二手车"描述汽车类别,用"回落"道出 CIP 走势;又有数字表述,如用"27.18%"呈现公司销售收入的增长趋势和当年的增长程度;还有视频、图片、声音等信息展示方式,大都以实物或文字进行分类,以文字或数字体现程度,等等。

1.2 市场数据的类型

市场数据的来源、呈现形式和用途等丰富多样,因此其分类方法也多种多样。以下介绍常见的几种分类方法。按照不同的分类标准,可将市场数据分为如下类型:

市场数据认知
（Ⅰ）

1.2.1 按照市场数据的呈现形式分类

按照市场数据的呈现形式不同,可将市场数据分为文字型数据、数字型数据、图片型数据、音频数据、视频数据等。如前面提到的"二手车"这种反映产品类别的数据属于文字型数据,"27.18%"这种呈现公司销售收入的增长趋势和当年的增长程度的数据属于数字型数据,图 1-1 和图 1-2 属于图片型数据,调研访谈录音属于音频数据,关于产品宣传的电视广告、关于企业经营状况的新闻发布会等视频属于视频数据。

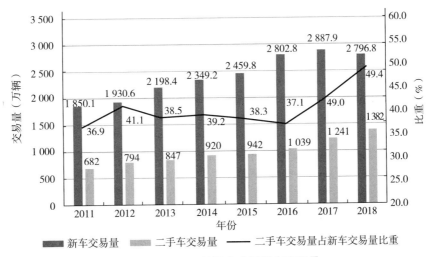

图 1-1 2011—2018 年中国汽车交易量

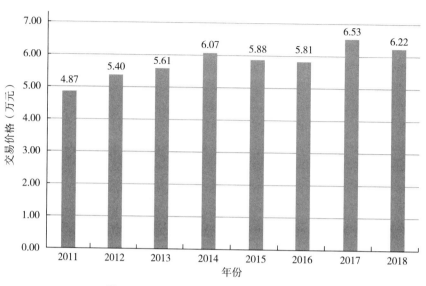

图 1-2 2011—2018 年中国汽车交易价格

1.2.2 按照市场数据的取值形式分类

来源于市场调查和各经济主体活动的历史记录的市场数据,可以被简单地分为定量数据和定性数据,按照数据的取值形式不同,还可以进一步分为计量数据、计数数据、名义数据和有序数据,如表 1-1 所示。

表 1-1 市场数据类型

类别		说明	举例
定量数据	计量数据（连续变量）	取值为区间内的任意一个实数	身高、股价等
	计数数据（离散数据）	在整数范围内取值,大部分仅在非负整数范围内取值	企业数、成交股票数等
定性数据	名义数据	给观察到的事物属性类别赋值,通常为正整数；它只是一个代码,没有大小关系,也不能进行运算	给性别属性赋值,用 1、2 分别表示男性和女性
	有序数据	给有顺序关系的事物属性类别赋值,通常为整数,并体现一定的顺序关系,但不能用于对类与类之间的差别进行运算	给客户满意度的各属性表现"满意""一般"和"不满意"分别赋值 3、2、1

1.2.3 按照市场数据反映的时间和空间状况分类

按照市场数据反映的时间和空间状况不同,可将市场数据分为截面数据、时间序列数据、面板数据三类。①截面数据是指在某一时点收集的不同对象的数据。②时间序列数据是指某一现象按时间顺序排列形成的一维数据集合。③面板数据是同时在时间和截面上取得的二维数据。它从横截面来看,是由若干个体在某一时点构成的截面观测值;从纵剖面来看,每个个体都是一个时间序列。例如,2018年各上市公司的每股收益是截面数据,2018年1—12月某上市公司的每股收益是时间序列,而2018年1—12月各上市公司的每股收益则构成了面板数据。

1.2.4 按照市场数据的用途分类

按照市场数据的用途不同,可将市场数据分为市场分析数据、运营分析数据、用户行为分析数据等。①市场分析数据包括区域内产品市场需求量、区域内产品市场均价、区域内产品订单数量等,如表1-2至表1-4所示。②运营分析数据包括成本、售价、利润等,如图1-3所示。③用户行为数据包括消费者接受某次服务时的体验,促销活动中某个消费者的采购量或消费者消费某款网络游戏的时间,某产品网页的点击率、收藏率、加购率、转化率等。

表1-2 P1、P2、P3、P4、P5五种产品在各区域的市场需求量数据　　单位:件

年份	市场	市场需求量				
		P1	P2	P3	P4	P5
第2年	本地	55	42	33	31	20
	区域	48	39	31	0	19
第3年	本地	0	42	33	28	24
	区域	43	37	0	28	0
	国内	53	0	32	0	27
第4年	本地	51	0	34	26	0
	区域	45	40	32	0	25
	国内	0	38	30	27	28
	亚洲	48	42	0	26	0
第5年	本地	36	29	22	18	17
	区域	33	25	20	17	18
	国内	31	30	22	21	17
	亚洲	34	32	21	19	18
	国际	35	34	23	20	18

（单位：件）（续表）

年份	市场	\multicolumn{5}{c}{市场需求量}				
		P1	P2	P3	P4	P5
第6年	本地	89	0	40	30	0
	区域	0	49	39	0	29
	国内	80	0	0	33	28
	亚洲	0	61	36	0	32
	国际	73	71	0	32	0

表1-3　P1、P2、P3、P4、P5五种产品在各区域的市场均价数据　　　　单位：元

年份	市场	市场均价				
		P1	P2	P3	P4	P5
第2年	本地	50.36	71.86	88.48	129.19	153.80
	区域	52.13	72.59	87.74	0	153.74
第3年	本地	0	73.07	84.24	120.36	155.29
	区域	52.16	74.03	0	120.32	0
	国内	50.06	0	84.06	0	155.15
第4年	本地	47.08	0	81.91	115.96	0
	区域	46.51	67.85	80.94	0	160.12
	国内	0	67.95	80.47	115.93	160.11
	亚洲	47.56	68.07	0	116.15	0
第5年	本地	54.25	65.17	75.05	120.06	152.82
	区域	53.85	65.16	74.95	120.41	152.28
	国内	54.32	64.30	75.27	120.62	152.35
	亚洲	54.21	66.66	75.71	120.47	152.17
	国际	55.29	68.29	76.09	120.95	152.78
第6年	本地	51.89	0	89.93	130.23	0
	区域	0	75.22	90.44	0	144.41
	国内	51.11	0	0	130.12	144.39
	亚洲	0	74.51	91.14	0	144.09
	国际	51.99	75.54	0	130.19	0

表 1-4 P1、P2、P3、P4、P5 五种产品在各区域的订单数量数据   单位：件

年份	市场	订单数量				
		P1	P2	P3	P4	P5
第 2 年	本地	18	16	13	12	8
	区域	16	14	12	0	7
第 3 年	本地	0	15	12	11	9
	区域	15	13	0	11	0
	国内	17	0	11	0	10
第 4 年	本地	16	0	12	10	0
	区域	15	13	11	0	9
	国内	0	12	10	10	10
	亚洲	16	14	0	10	0
第 5 年	本地	12	10	8	6	6
	区域	11	9	7	6	6
	国内	11	10	8	7	6
	亚洲	12	11	7	6	6
	国际	10	9	8	7	6
第 6 年	本地	30	0	14	11	0
	区域	0	17	13	0	9
	国内	25	0	0	11	9
	亚洲	0	20	12	0	10
	国际	23	24	0	11	0

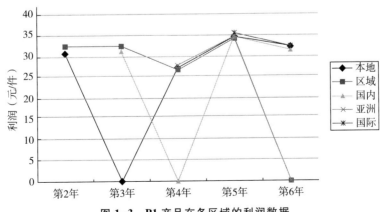

图 1-3 P1 产品在各区域的利润数据

市场数据调研及处理

1.2.5 按照市场数据的获取方式分类

按照市场数据的获取方式不同,可将市场数据分为传统数据和大数据。①传统数据是指通过传统的调研方式(如实验法、文案调查法、抽样调查法、访谈法等)获得的市场数据。相对于大数据而言,其数据量少,获取方式较为简单。②所谓大数据,麦肯锡公司给出的定义是:一种规模大到在获取、存储、管理、分析方面大大超出了传统数据库软件工具能力范围的数据集合,大数据具有海量的数据规模、快速的数据流转、多样的数据类型和价值密度低四大特征。

1.2.6 按照市场数据的来源分类

按照市场数据的来源不同,可将市场数据分为企业内部数据和外部数据。①企业内部数据主要包括企业所提供的各类产品的销售渠道、销售方式、在某个区域某时段实现的销量和销售额、库存量,生产企业中某种产品的生产成本、销售成本及单位产品的售价和利润,经营企业中产品的进价、售价和利润等数据(如表1-5所示)。②外部数据主要包括通过实地调查法、实验法、访谈法等方式获得的数据以及第三方提供的公开数据等,如行业数据。比如,RESSET(锐思)平台提供的沪港通数据库(RESSET/SHHS),涵盖了沪股通和港股通的成分构成情况、沪港通十大成交活跃股票信息、港股通交易的参考汇率及结算汇率、沪港通交易的每日额度信息、各类交易的合资格股票名单等数据;中国数据分析行业协会的官方网站"中国数据分析行业网"发布的企业和行业数据(如图1-4所示);等等。

表1-5 万科企业股份有限公司2018年第一季度报告

项目	本报告期	上年同期	本报告期比上年同期增减
营业收入(元)	48 374 630 775.09	30 825 615 283.99	56.93%
归属于上市公司股东的净利润(元)	1 120 626 569.29	894 878 011.08	25.23%
归属于上市公司股东的扣除非经常性损益的净利润(元)	1 128 443 791.31	825 909 677.02	36.63%
经营活动产生的现金流量净额(元)	(26 712 603 541.40)	(27 753 653 226.06)	3.75%
基本每股收益(元/股)	0.102	0.081	25.23%
稀释每股收益(元/股)	0.102	0.081	25.23%
加权平均净资产收益率(%)	0.72	0.66	上升0.06个百分点
总资产(元)	1 551 166 452 530.90	1 528 579 356 474.81	1.48%
归属于上市公司股东的净资产(元)	157 551 438 743.43	155 764 131 544.43	1.15%

资料来源:深圳证券交易所官网。

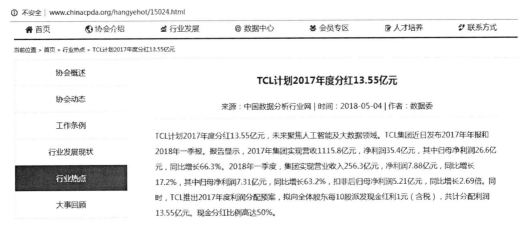

图 1-4 第三方提供的公开数据

1.3 市场数据的来源

市场数据的来源很广,主要包括企业内部记录、专门的营销调研、销售人员获取、行为追踪、网络追踪、外部供应商和外部分销商提供、电子数据交换,以及行业或政府有关部门提供的公开数据。

市场数据认知(Ⅱ)

1.3.1 企业内部记录

企业的销售和存货记录等会计报告内部记录提供了丰富的市场数据,这些市场数据将成为企业经营者进行经营决策的重要参考信息,企业通过搭建有效的数据收集系统,建立井然有序的流程,确保有关成本数据、库存数据、出库运输数据、销售数据及日常运行的其他相关数据按照企业要求进行规范的收集并录入企业的数据管理系统。

目前,国内一些企业采用了 ERP(企业资源计划)管理系统。它是一个在全企业范围内应用的、高度集成的系统,覆盖了客户、项目、库存和采购、供应、生产等管理工作,通过优化企业资源达到资源效益最大化。通过 ERP 管理系统,建立起企业的管理信息系统,支持大量原始数据的查询、汇总。借助计算机的运算能力及系统对客户订单、在库物料、产品构成的管理能力,实现依据客户订单,按照产品结构清单展开并计算物料需求计划,实现减少库存、优化库存的管理目标。在企业中形成以计算机为核心的闭环管理系统,使企业的人、财、物、供、产、销全面结合、全面受控、实时反馈、动态协调、以销定产、以产定购,降低成本。

1.3.2 专门的营销调研

专门的营销调研是用于研究企业的具体问题的调研项目,会生成一系列的市场数据。

专门的营销调研可以为企业管理者提供在一般性调研中无法得到的非常规数据。专门的营销调研可能涉及"测试"或"事件"类型的调研中的一种,或者都会涉及。

1.3.3 销售人员获取

销售人员在企业外部工作,通常能够为企业提供重要的市场数据。销售人员的报告可以经常性地提醒企业管理者留意竞争对手的价格变化及其新推出的竞争产品。销售人员还可以及时获取客户对本企业产品及服务的评价,包括满意评价或抱怨。这些市场数据将可能成为企业重要的营销情报,推动产品的改进或服务方式的变化。

1.3.4 行为追踪

现代科技为追踪人类行为提供了新的手段。与通过全球定位系统(GPS)获取路线信息一样,企业管理者也可以通过 GPS 实时了解负责送货的人员所处的位置。智能手机都具有 GPS 功能,这为追踪消费者的购买行为提供了条件。

追踪消费者的购买行为也可以在销售点进行。通过光电扫描仪扫描消费者所购买产品的通用产品代码(即产品上的条码),可以获取消费者所购买的产品信息,如产品类别、制造商、尺寸规格、气味、颜色等。每当条码被扫描时,信息就会被储存起来。这类扫描设备广泛应用于包装交付、机场行李识别等需要记录和使用信息的许多场合。

1.3.5 网络追踪

互联网极大地推动了消费者行为追踪的发展。例如,谷歌针对消费者的点击顺序进行追踪。当某位消费者利用谷歌浏览器搜索关于冰箱的信息,通过谷歌链接访问了某购物网站时,谷歌就可以追踪到这一行为,并利用大量用户的类似信息计算出该购物网站在谷歌上做广告可以获得的价值。若每 500 个在谷歌浏览器上搜索冰箱的网络用户中就有 1 个在该购物网站上购买了冰箱,那么谷歌就可以告诉该购物网站这种链接的价值。通过网络追踪获取的数据还可用于谷歌、百度等搜索引擎,确定针对搜索结果的优先排序而向一些购物网站收取额度不等的费用。例如,在谷歌的搜索栏输入"冰箱"后,搜索结果中带阴影的部分就是谷歌出售的广告位。

有一些企业还会对自媒体进行监控并发起各种活动,如邀请消费者就某品牌出谋划策或进行评价反馈。消费者还会在自媒体等平台交流信息,分享自己的购物经历,供其他消费者购买产品时参考借鉴。Oracle(甲骨文)旗下的 BlueKai 就是专营网络追踪的公司。

还有一些企业提供网络流量的实时数据。Alexa 公司就属于此类,它可以提供两个同类购物网站的流量对比数据,还可以提供两个网站访问者的人口统计细分信息数据。这方面的信息对于企业选择网络零售渠道是非常有价值的。

1.3.6　外部供应商和外部分销商提供

外部供应商和外部分销商可以提供翔实的行业销售趋势、竞争对手所占的市场份额、消费者的人口统计特征等市场数据,这些市场数据将为企业制定营销策略或调整营销方案提供重要参考,是非常有价值的信息。

1.3.7　电子数据交换

电子数据交换(EDI)系统直接把一家企业的计算机系统与另一家企业的计算机系统链接起来。计算机技术公司提供数据服务,帮助企业与供应商或客户交换商业信息。例如,沃尔玛每天都会把当天的大量销售数据传送给服装供应商。服装供应商通过这些市场数据,了解何时该把特定数量、特定款式、特定尺码和颜色的服装从哪个仓库送到沃尔玛的哪些门店。

1.3.8　第三方提供

第三方提供的市场数据,包括行业数据或政府有关部门发布的市场数据,也叫公开数据。例如,一些行业协会发布的行业发展动态,或者各级政府部门发布的统计年鉴、各季度消费市场数据等。另外,还可以利用程序开发的嵌入技术获取市场数据,例如通过将SDK(软件开发工具包)嵌入App(手机软件)的开发者应用,就可以收集到App的安装及使用列表,那么开发者使用的SDK越多,我们能够收集的数据源也就越多,这样就可以获得App覆盖率、活跃率等方面的数据,从而形成App安装排名和App使用排名,以及某款App安装量、使用量在该类App整体的安装量、使用量中的占比。

1.4　市场数据与市场营销问题

美国市场营销协会(American Marketing Association)对市场营销调研进行了定义,即市场营销调研是通过信息把消费者、顾客、公众同营销者联系起来的一种职能。这些信息用于识别和定义营销问题与机会,制定、完善和评估营销活动,监测营销绩效,改进对营销过程的理解。由此可以看出,市场数据与市场营销活动具有密切的关系。企业应依据市场数据做出科学的营销决策,从而为企业创造价值。

对市场营销调研价值的认识,应该从上述市场调研、市场数据及营销决策三者之间的相互关系来考察。企业应有针对性地根据决策需要进行市场调研,通过市场调研获取市场数据,利用市场数据辅助市场营销决策,通过科学决策产生良好的经济效益。

从企业的角度理解市场数据的价值,主要表现在以下几个方面:

1.4.1 市场数据是掌握市场状况的最基本信息

企业通过对市场数据的获取和研究,可以探明市场供求变化的规律,了解顾客的需求及变化趋势,掌握竞争对手的策略,为更好地服务于目标顾客提供依据。若企业不掌握市场数据,无视市场经济发展变化的规律,只按照管理者的主观意志来开发产品、开拓市场,则企业经营将注定会失败。曾有某地区的房地产公司,不顾当地居民的收入水平及承受能力,也没有调研了解人口数量,更没有了解居民对住房的需求层次和结构,便盲目地进行投资,修建大量高档豪华的别墅,别墅建成后,购买者寥寥无几,大量的房屋被闲置,最终造成企业投入的大量资金无法回笼,甚至连贷款利息都无力支付。

1.4.2 市场数据是获取市场信息的主要载体

无论是战略性营销决策还是战术性营销决策,都需要以大量的市场数据为载体的信息资料作为依据,特别是制定超出企业常规决策的重大发展创新战略时,不能仅凭管理者的经验和猜测进行决策,而应该全面而深入地分析和研究市场数据。因为这一类型的决策都具有一定的创新性,存在比较大的风险,需要以准确的市场信息为决策依据,所以只有通过获取并掌握大量的二手数据和一手数据,同时对这些市场数据进行分析和研究,才能获得关键的市场信息。

1.4.3 市场数据是制定经营决策的基础与前提

决策以占有信息为前提,而信息的质与量又直接和市场调研有关。因而市场数据的可靠性直接影响决策的准确性。一般来说,决策者占有与决策问题有关的市场数据越多,正确选择决策方案的概率就越大,对各种方案可能出现后果的估计就越充分,决策的可靠性就越有保证。在市场经济条件下,企业决策者无论是进行目标市场决策,还是进行产品开发、价格制定、渠道安排及促销策划,都必须对市场进行认真的调查研究,权衡各种方案后才能实施。不认真研究市场数据,只凭主观臆断盲目决策,企业必定要遭受惨重的损失,付出沉痛的代价。

1.4.4 市场数据是进行市场预测的基础

市场预测是在掌握大量历史与现实市场数据的基础上,运用科学的方法,对市场未来的发展变化趋势进行的推断。市场预测所使用的方法,无论是定性预测方法还是定量预测方法,都需要尽可能全面地掌握市场数据,定量预测方法更是需要大量的数据资料,若缺乏系统的、完整的资料,则是不可能使用时间序列预测、多元分析、回归预测、Box-

Jenkins(博克斯-詹金斯)预测等数学模型进行预测的。虽然定性预测方法相对来说所需数据较少,但仍需必要的市场数据作为判断预测的前提。

1.4.5 市场数据是企业对营销策略进行自我诊断的依据

企业经营中的问题,只有通过探索性研究才能被揭示出来,只有明确了问题的症结,才能"对症下药",提出相应的矫正方案,改善企业的经营管理,提高经营效益。因此,企业只有通过市场调研,才能明确经营中出现的问题,发现潜在的市场机会。

1.4.6 市场数据研究有助于企业提高营销竞争力

企业只有通过市场数据研究,才能了解自身的优势与劣势、机会与威胁,切实感受到竞争引致的压力,并将其转化为企业发展的动力,这迫使企业加强经营管理,追踪新产品的市场发展趋势,改进产品性能,增强产品的适应能力,从而紧跟市场步伐,避免由于市场需求变化给企业带来的机会损失与经济损失。例如,亚马逊网站利用其获得的市场数据提高服务效率,提升了其市场竞争力。亚马逊网站记录了数百万条交易事实,每当产品进行交易时,有关的交易事实就会被记录下来变成数据,包括产品售价,消费者在某个页面逗留的时间,浏览某个网页却没有购买的人数,消费者的产品或服务评价,消费者的电话号码、收货地址、支付信息、购买历史、聊天记录等。每当消费者与亚马逊网站互动时,数据就会被记录下来。一旦有消费者在线提交投诉,客户服务人员就可以利用系统掌握的数据,根据来电号码立即知道消费者的相关消费信息,包括近期购买情况,这样消费者的问题就可以在很短的时间内得到解决。

1.5 市场数据分析对数据的要求

有价值的市场数据是进行市场数据分析时对数据的基本要求。

数据本身并不能为营销决策提供有价值的信息,大多数独立数据对于一个决策情境而言不一定有价值,只有通过某种分析程序对特定格式的数据进行分析处理以后,得到的结论才能用于指导营销决策。这样做出的营销决策,才能更好地满足消费者的需求,同时有助于企业提高绩效,进而为企业创造更大的价值。

有价值的市场数据应当具有如下特征:

1.5.1 相关性

有价值的市场数据一定能反映特定的事实,与观测的情境具有密切的关系。企业在制定决策前,需要把混入的一些不相关的数据和信息剔除掉。区分相关与否的一个有效方法是考察某些市场数据是否会引起事实的变化,即数据的变化是否会造成某一重要结果的变化。例如,消费者的餐饮需求变化与餐饮业的决策具有相关性。当消费者更加注重健康饮食时,这一餐饮需求变化将会对高脂肪、高热量的快餐的销量产生影响,从而影响餐饮业的决策。

此外,相关性有时会被解释为原始统计数据与用户所需要的统计数据之间的相关程度。大数据背景下,企业更需要注重数据的相关性,若盲目挖掘数据则会使统计成本大幅增加,同时也会降低对用户需求的感受程度。因此,大数据技术的应用使得相关性成为数据质量的评判标准。

1.5.2 完整性

完整的市场数据是市场数据分析的重要前提。数据的完整性是指拥有恰当数量的数据,这些数据应涉及与营销决策相关的各个方面。例如,在对现有软件进行技术创新前,决策者开展了快速调研,找到了一些消费者,让他们来评估技术进步的可感知价值,由此获得的数据可感知价值非常高,决策者根据这一市场数据分析结果采取了技术创新行动。然而,新软件的销量不升反降,消费者投诉增加。消费者投诉的问题集中反映在新产品过于复杂而难以操作上。后续研究证实,消费者对复杂程度的感知也是一项对决定是否采用新技术而言必不可少的市场数据,若消费者认为新技术过于复杂,则他们对新技术的可感知价值就会下降。

1.5.3 高质量

数据质量是指数据反映事实的准确程度。高质量的市场数据一定是有效的和可信的,即效度高且信度也高。无论是推出新产品或新服务,还是简单地响应竞争对手的举动,做出明智、及时的商业决策,都取决于获取的市场数据的质量。例如,在进行用户消费行为的问卷调查以获取市场数据时,若设计的调查问卷篇幅较长、题目较多,则被调查者可能会在答题过程中产生厌烦情绪,没有耐心继续认真作答,从而导致数据质量降低。

关于数据质量还有另外一种解释,即数据质量包含原始性质量和适应性质量两个方面。①原始性质量是指数据的准确性、客观性和完整性。其中,准确性是指数据正确、符合标准、没有错误的程度;客观性主要是指数据是否能客观反映实际情况,它是由数据本身的属性决定的,与个人好恶、感情变化无关;完整性主要是指数据能被全面地掌握,毫无遗漏。②适应性质量是指数据的适用性、一致性和可衔接性。其中,适用性反映了用户对数据的需求程度,是数据价值的体现。大数据背景下,数据质量更加注重适用性,企业需要在分析用户需求的基础上,利用强大的数据集成及挖掘技术,对具有价值的海量数据进行挖掘,然后分析并做出决策。一致性是指信息表达形式统一的程度。可衔接性是指历史数据保持纵向上的可衔接,有时也指使用者对数据整合分析的合理衔接。不同数据之间进行协同分析或整合在一起时,需要多个平台的数据有效、迅速地衔接起来。大数据背景下,数据的衔接性显得更为重要,信息技术、信息平台、信息共享及协同分析的发展,不仅有利于有效解决"信息孤岛"问题,还有利于数据价值的充分开发。此外,在数据处理手段和处理技术方面,良好的衔接性将会有效地缩短数据整合集成的时间,提高数据质量。

1.5.4 及时性

及时性是数据质量在时间价值上的体现,主要是指调查基准期与数据发布时间的间隔。及时性要求缩短数据从收集、加工整理到传输的整个过程,缩短调查基准期与数据发布时间的间隔。若要提高第三方市场数据发布的及时性,则可预先公布各项统计数据发布的日期,并按时发布统计数据,同时建立和规范统计数据发布制度,使用户及时掌握和使用统计数据。

此外,有价值的市场数据还具有可比性、可取得性、可解释性。

可比性是数据在时间和空间上的可比程度。大数据背景下,数据在可比性上比传统数据有了显著的提升,特别是地理信息系统(GIS)的应用使得数据在空间上可比性更强。但数据更新速度过快,可能会由于处理速度滞后而导致不稳定的问题存在。

可取得性是指获取数据的难易程度,这是数据质量在数据收集阶段的保证。即使数据具有很高的价值,但如果不具有可取得性,也就无法获取数据,从而使数据失去了价值。大数据背景下,数据的获取将不再那么困难,异构、半结构化、非结构化等的数据将会通过大数据技术挖掘出更高的价值。

可解释性是指数据最终形成结果便于用户正确理解并使用的程度。如何更好地让用户正确解读纷繁复杂的数据一直是政府统计部门需要做的事情。面对纷繁复杂的数据,最后呈现给用户的形式应该是简便易懂的,数据分析技术与可视化技术的发展,为数据质量可解释性的提高提供了可能性。

1.6 影响数据质量的因素

数据质量直接影响分析结果,数据质量需要从真实性、可靠性、有效性、及时性、完整性等多个维度进行评价,只有每一项指标都符合要求,才能确保统计工作有序开展。影响数据质量的因素主要包含以下几个方面:

1.6.1　各层级相关的统计制度体系是否健全

统计工作在实施过程中存在执行偏差和走样的情况。统计工作要想有序开展,需要严格按照国家有关的政策规定和制度要求进行。《中华人民共和国统计法实施条例》的推行,对各层级统计工作提出了新的要求,各地区统计部门应当结合地区实际,有针对性地完善和细化相应的统计制度体系,创新统计内容,积极探究有效的统计调查方法等,确保统计工作按计划开展,并定期上报,提高统计效率和质量。统计工作缺乏严格的监管,执法力度不大、不严,会影响统计制度的具体执行,导致统计数据质量受到影响。

1.6.2　调查调研方法是否可靠

统计部门在收集数据的过程中,调查调研方法往往比较单一,同时主要依靠各层级层层上报的方式来进行数据汇总,对不同行业的具体情况缺乏深度的了解,跟踪机制不健全,从而导致统计数据缺乏准确性和全面性。

1.6.3　市场数据的统计指标体系是否完备且易于理解

统计部门在统计指标建设方面重视程度不够,设计的统计指标体系存在漏洞,没有根据经济社会发展形势变化建立更加可靠、科学的统计指标体系,统计指标缺乏统一的解释,统计指标过于关注经济效益,对民生、环境、服务等方面的关注度较低,都会影响统计数据质量。统计部门在开展统计工作时没有及时进行有关政策的宣传,对如何填写统计问卷等没有及时与被调查者进行沟通并开展相应的培训,从而导致被调查者难以理解相关的指标,对原始数据关注度不高。统计部门服务意识淡薄,没有建立和相关部门的联动机制,统计人员的业务能力和综合素质有待进一步提升,尤其是基层统计部门统计人员流动性较大,从而导致责任心下降,统计数据质量受到质疑。开展统计工作,是一项系统工程,需要相关部门共同参与和监督,形成事前、事中和事后全面统计的良好局面。

1.6.4　被调查者对统计工作是否足够理解和认同

在统计工作实施过程中,需要被调查者密切合作与配合,严格按照统计问卷填写规范提供真实的数据,只有这样才能确保统计数据可靠。目前,被调查者对统计工作不够重视,受利益驱动或害怕个人信息泄露,对统计工作不支持、不理解,配合度较低,甚至存在为了个人利益而瞒报、虚报等情况,从而影响统计数据质量。

思考与练习

一、单选题

1. 下列信息不属于市场数据的是（　　）。
   A. 竞争商品的销量　　　　　　B. 淘宝评论
   C. 顾客姓名　　　　　　　　　D. 网店浏览量

2. 下列不属于市场数据内部来源的是（　　）。
   A. 宣传材料　　　　　　　　　B. 统计年鉴
   C. 生产经营计划　　　　　　　D. 企业报表

3. 销售人员可以获取的市场数据不包括（　　）。
   A. 市场上新出现的竞争产品
   B. 竞争产品的价格变化
   C. 竞争产品的销量
   D. 顾客对本企业产品及服务的评价，包括满意评价或抱怨

4. 企业管理层可以通过全球卫星定位系统实时了解负责送货的人员所处的位置，这种获取数据的方式被称为（　　）。
   A. 企业内部记录　　　　　　　B. 行为追踪
   C. 网络追踪　　　　　　　　　D. 外部供应商和外部分销商提供

5. 当某个消费者利用某浏览器搜索关于某商品的信息，并通过该浏览器提供的链接访问京东网站时，该浏览器就可以追踪到这一行为，并利用大量用户的类似信息计算出京东在该浏览器上做广告可以获得的价值。这种获取数据的方式被称为（　　）。
   A. 外部供应商和外部分销商提供　　B. 行为追踪
   C. 传感技术　　　　　　　　　D. 网络追踪

二、多选题

1. 下列属于市场数据的有（　　）。
   A. 自今年5月份以来，CPI连续6个月出现回落
   B. 食品类价格同比上涨了8.5%
   C. 互联网热搜商品信息
   D. 有关商品的热搜关键词

E. 反映市场现状和企业经营状况的一些表示类别、程度、趋势的文字、数字、视频、图片等

2. 获取市场数据的常见方式包括（　　）。

A. 企业内部记录　　　　　　　B. 专门进行营销调研

C. 销售人员获取　　　　　　　D. 外部供应商和外部分销商提供

E. 行业或政府有关部门提供公开数据

3. 可以通过外部供应商和外部分销商获取的市场数据包括（　　）。

A. 行业销售趋势

B. 竞争对手所占的市场份额

C. 消费人群的人口统计特征

D. 顾客对本企业产品及服务的评价，包括满意评价或抱怨

E. 第三方提供数据

4. 数据质量是指（　　）。

A. 数据的准确性　　　　　　　B. 数据的客观性

C. 数据的完整性　　　　　　　D. 数据的适用性

E. 数据的一致性

5. 下列属于市场数据外部来源的是（　　）。

A. 统计年鉴　　　　　　　　　B. 专业杂志和期刊

C. 企业报表　　　　　　　　　D. 行业年度报告

E. 国家年度报告

三、简答题

1. 简要说明市场数据的主要类型。
2. 简述市场数据对市场营销的作用。

实践训练

【项目一】

试说明以下两组市场数据分别属于哪种类型。

第一组数据：

最近30天连衣裙相关行业				热门行业 潜力行业
行业	淘宝采购指数	1688采购指数	供应指数	淘宝需求预测
☑ 连衣裙	26,771	14,289	39,833	小幅下降
1 女式T恤	35,801	9,595	25,726	大幅下降
2 女式牛仔裤	17,811	4,495	15,319	大幅下降
3 女式衬衫	17,463	5,562	19,981	大幅下降
4 半身裙	14,746	4,416	13,857	大幅下降
5 其他短外套	11,324	2,128	8,568	大幅下降

资料来源：阿里指数。

第二组数据：见表1-6。

【项目二】

在对市场数据的类型和来源具备一定认知的基础上，按照某一种分类方法收集对应的市场数据，并简单说明所收集的市场数据的来源及数据类型。

表1-6 聚力文化2018年度报告摘要

项目	2018年	2017年 调整前	2017年 调整后	本年比上年增减 调整后	2016年 调整前	2016年 调整后
营业收入(元)	3 492 602 192.47	3 062 766 657.20	2 882 176 947.44	21.18%	1 650 071 195.34	1 650 071 195.34
归属于上市公司股东的净利润(元)	-2 897 024 632.54	549 121 864.04	476 740 930.79	-707.67%	378 685 860.54	378 685 860.54
归属于上市公司股东的扣除非经常性损益的净利润(元)	-2 931 416 756.57	514 106 758.27	441 725 825.02	-763.63%	327 882 060.26	327 882 060.26
经营活动产生的现金流量净额(元)	-598 098 614.46	322 592 771.84	322 592 771.84	-285.40%	306 135 673.46	306 135 673.46
基本每股收益(元/股)	-3.41	0.65	0.56	-708.93%	0.54	0.54
稀释每股收益(元/股)	-3.41	0.64	0.56	-708.93%	0.53	0.53
加权平均净资产收益率(%)	-82.50	11.39	9.95	-92.45%	12.48	12.48
总资产(元)	3 128 230 950.75	6 003 272 491.12	5 826 377 261.13	-46.31%	4 987 496 606.03	4 987 496 606.03
归属于上市公司股东的净资产(元)	2 024 435 429.58	5 053 408 945.06	4 981 028 011.81	-59.36%	4 584 632 585.90	4 584 632 585.90

会计政策变更的原因及会计差错更正的情况

公司通过对2017年度游戏文化业务的自查,发现单机业务和移动广告分发业务多确认收入18 058.97万元,考虑到成本等相关项目的影响,2017年度净利润多计7 238.09万元。公司已采用追溯重述法对该项差错进行了更正。

资料来源:深圳证券交易所官网。

第 2 章

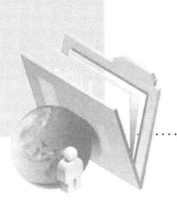

企业内部数据调研方法设计

业务案例导入

当我们需要调研企业有关销售信息的市场数据,如企业某产品的销售订单、客户采购记录、商品库存、客户报价、订单执行、发货单、应收账款、实际收款、开票、产品退货等,或者需要获得企业的客户资料、客户反馈等市场数据时,可以通过企业内部常规档案进行查询。

有些企业采用了 ERP(企业资源计划)系统、CRM(客户关系管理)系统、OLTP(联机事务处理)系统、会计系统等进行企业日常业务和财务工作的管理,这些系统会将销售信息按照客户、产品或地区等进行分类,我们可以通过进入系统销售管理模块中的销售报价单查询页面、销售订单综合查询页面、销售订单出货状况查询页面,按照检索关键词的提示输入相应的关键词进行市场数据的查询。以某 ERP 系统为例,一些市场数据的查询界面如图 2-1 至图 2-4 所示。

市场数据调研及处理

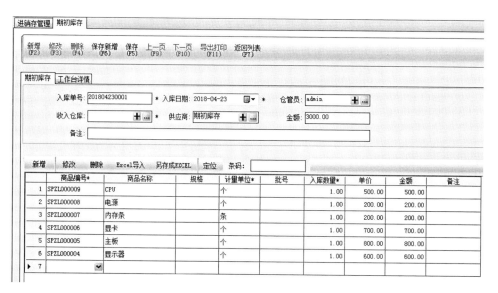

图 2-1 ERP 系统的库存数据查询界面

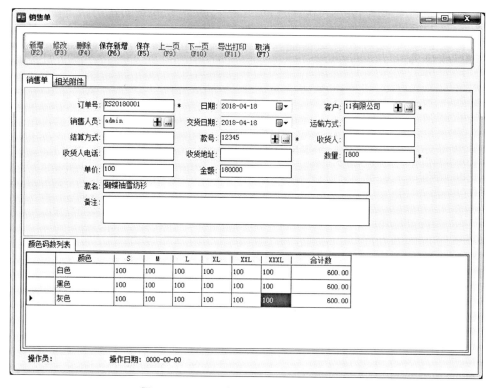

图 2-2 ERP 系统的销售单数据查询界面

另外，企业内部数据还有其他一些重要来源，包括销售人员的电话报告、顾客投诉、维修记录、保修卡回执、焦点小组记录等，若需要以上有关市场数据，则可以通过企业内部档案进行调研和查询。

第 2 章　企业内部数据调研方法设计　25

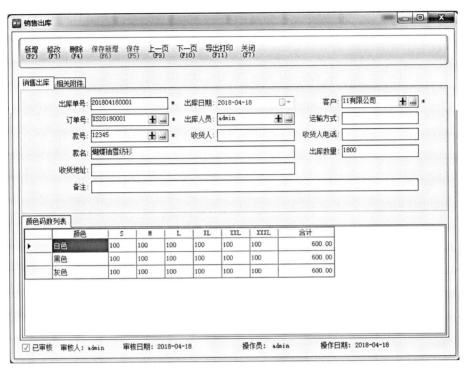

图 2-3　ERP 系统的销售出库数据查询界面

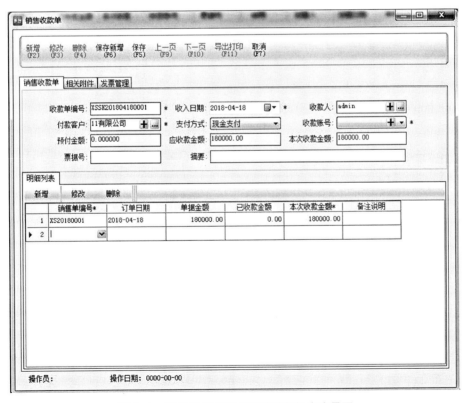

图 2-4　ERP 系统的销售收款单数据查询界面

知识建构

1. 了解企业内部数据的主要内容；

2. 掌握企业内部一手数据常用的调研方法；

3. 掌握企业内部二手数据常用的调研方法；

4. 掌握企业内部数据调研方法的设计原则，能够根据调研数据内容和调研要求，选择恰当的调研方法进行调研。

2.1 企业内部数据调研概述

企业内部数据是指来自企业内部的相关市场数据。比如，一家连锁经营的服装公司内部的市场数据包括服装的款式、品名，各款服装的尺码、颜色，以及每日的销售数据、库存数据等，每个店铺里面又包含了各自店铺的销售数据和库存数据，各个地区中所有店铺的销售数据、库存数据汇总成为各个地区的销售数据和库存数据。从进货、销售、库存等方面进行分析，最终得到公司的利润数据。

2.1.1 企业内部数据的来源

企业内部数据是调研人员最先取得的资料，大型或中型的生产型企业或经营型企业组织结构比较完备，企业内部数据主要来自以下部门：①业务经营部门；②财务部门；③计划统计部门；④生产技术部门（生产型企业的机构设置）；⑤档案部门；⑥其他相关部门。

一般说来，企业内部数据的来源主要分为三部分：

1.会计账目和销售记录

每家企业都保存着关于自己财务状况和销售情况的会计账目。会计账目是企业用来计划市场营销活动预算的有用信息。除会计账目外，市场营销调研人员也可以从企业的销售记录、顾客名单、销售人员报告、代理商和经销商的信函、消费者的意见及信访资料中找到有用的信息。

2.其他各类报告

其他各类报告包括以前的市场营销调研报告、企业自己制作的专门的审计报告，以及为以前的管理问题所购买的调研报告等信息资料。随着企业经营范围越来越多样化，每一次的调研与企业其他调研项目相关联的可能性也会越来越大。因此，以前的市场营销调研报告对于相近、相似的目标市场调研来说是很有用的数据来源。

3.本企业的营销信息系统和计算机数据库

许多企业都建立了以电子计算机为基础的营销信息系统，其中储存了大量有关市场营销的数据资料。这种信息系统的服务对象之一就是市场营销调研人员,因而是重要的内部数据来源。

2.1.2 企业内部数据的内容

企业内部数据的类型非常广泛,所反映的内容非常丰富。就企业内部数据所反映的内容而言,可以归纳为如下几个方面:

2.1.2.1 企业业务经营部门生成的日常管理数据

企业业务经营部门一般包括销售部、运营部(客户部)和市场部等。从企业的销售部可能获取的市场数据主要包括销售额、订单数、销售成本、销售毛利润等;从企业的运营部或客户部可能获取的市场数据主要包括新老用户数、留存率、复购率、用户流失率、转化率等,从互联网运营企业的市场部可能获取的市场数据主要包括PV(Page View,页面浏览量或点击量)/UV(Unique Visitor,独立访客)、新客数等,这些构成了企业各部门日常管理的数据报表。

2.1.2.2 企业财务部门生成的市场数据

从企业的财务部门也可以获取大量的市场数据,如产品的各项成本、销售单价的保本点、流动比率、速动比率、应收账款、应收账款周转率、存货周转率、资产负债率、所有者权益比率、负债与所有者权益比率、长期资产与长期资金比率、利润表中的各项数据等。财务部门可以准确测算出本企业销售单价的保本点(盈亏点),给予市场部价格谈判的底线,让客户部选择利润空间较大的客户。财务部门与市场部、销售部和运营部(客户部)进行交流沟通,将业务流程与财务结算流程融为一体,防止各流程之间的不协调。财务部门时时通报现金流可能中断的警戒信号,公布应收账款周转天数,为市场部和客户部提供客户信誉数据,为优化客户奠定基础。财务部门协助市场部和销售部做好成本控制,拓展利润空间,让它们在市场上能掌握具有竞争力的价格优势。

对上市公司一些常用的财务指标进行研究和分析,能够对上市公司的经营业绩和财务状况做出判断,这些财务指标能够反映上市公司的经营态势,预测公司的发展前景。这些财务指标包括营业收入、利润总额、净利润、资产总额、净资产或股东权益、每股收益、每股净资产、股东权益比率、负债比率和净资产收益率等。

1. 营业收入

营业收入是一家企业在某一时间段内通过生产、销售或提供服务等方式所取得的总收入。如一家电器商店,一年内销售了各种家用电器共2万台,平均每台的价格为2 000元,则这家电器商店的营业收入就是4 000万元;一家旅馆,全年收住宿费300万元,则这300万元就是它的营业收入;一家工厂,每年产销钢材200万吨,每吨价格3 000元,则其营业收入就是60亿元。一些初入市的股民往往容易将营业收入与净收入混为一谈,其实营业收入只是一家企业在经营过程中所收的账款,并未扣除成本消耗及应交的税费等;而净收入是一家企业在经营中扣除各项成本开支及税项后的净得。一旦企业开始运营,就总能取得一定的收入,所以营业收入总是正数,而净收入则有可能是负数。

2. 利润总额

利润总额是一家企业在营业收入中扣除成本消耗及应交的税费后的剩余,即人们通常所说的盈利,它与营业收入的关系为:

$$利润总额 = 营业收入 - 成本 - 税金及附加$$

当利润总额为负时,企业一年经营下来,其收入还抵不上支出,这就是通常所说的企业发生亏损。

当利润总额为零时,企业一年的收入正好与支出相等,企业经营不亏不赚,这就是通常所说的盈亏平衡。

当利润总额大于零时,企业一年的收入大于支出,这就是通常所说的企业盈利。

3. 净利润

净利润是指在利润总额中按规定交纳了所得税后企业的利润留成,一般也称为税后利润或净收入。净利润的计算公式为:

$$净利润 = 利润总额 \times (1 - 所得税税率)$$

净利润是一家企业经营的最终成果,净利润多,企业的经营效益就好;净利润少,企业的经营效益就差,它是衡量一家企业经营效益的主要指标。

净利润的多寡取决于两个因素:一是利润总额,二是所得税税率。企业的所得税税率是法定的,所得税税率越高,净利润就越少。当企业的利润总额相当时,所得税税率较低企业的经营效益要好一些。

例如,某电器商店一年的营业收入为4 000万元,每台家用电器的平均进价为1 500元,共购进2万台,员工一年的工资为100万元,房屋租赁等开支为400万元,税金及附加为120万元,则这家电器商店一年的总成本为:

$$\begin{aligned}总成本 &= 家用电器的总进价 + 员工工资 + 房屋租赁费用 \\ &= 2 \times 1\,500 + 100 + 400 = 3\,500(万元)\end{aligned}$$

则这家电器商店的利润总额为:

$$\begin{aligned}利润总额 &= 营业收入 - 成本 - 税金及附加 \\ &= 4\,000 - 3\,500 - 120 = 380(万元)\end{aligned}$$

当所得税税率为33%时,其净利润为:

$$\begin{aligned}净利润 &= 利润总额 \times (1 - 所得税税率) \\ &= 380 \times (1 - 33\%) = 254.6(万元)\end{aligned}$$

当所得税税率为 15% 时,其净利润为:
$$380×(1-15\%)=323(万元)$$

4. 资产总额

资产总额是一家企业进行经营时所能动用的资产总和,它包括企业自有资产与借贷资产。

例如,某股份公司在成立时以每股 2 元的价格发行股票 500 万股,所筹集的 1 000 万元都用于厂房的建设及生产设备的购置。在正式开始生产时,该公司又向银行贷款 200 万元购买原材料。则这家公司的资产总额就是 1 200 万元,它包括企业自有资产 1 000 万元与借贷资产 200 万元。

5. 净资产

净资产是一家企业的自有资本,对于股份公司来说,净资产就是股东所拥有的财产,即通常所说的股东权益。净资产等于资产总额减去负债总额。如上述股份公司,其净资产为 1 000 万元。

6. 每股收益

每股收益是股份公司中每一单位股份所摊得的净利润或税后利润,其计算公式为:
$$每股收益=税后利润总额/总股本$$

7. 每股净资产

每股净资产是股份公司中每一单位股份所摊得的净资产,它是每股股票所拥有的资产净值,其计算公式为:
$$每股净资产=净资产(或股东权益)/总股本$$

8. 股东权益比率

股东权益比率是股东的权益(净资产)在资产总额中所占的百分比,其计算公式为:
$$股东权益比率=(净资产/资产总额)×100\%$$

9. 负债比率

负债比率是企业的负债在资产总额中所占的百分比,其计算公式为:
$$负债比率=(负债总额/资产总额)×100\%$$

因股东权益与负债之和为企业的资产总额,所以股东权益比率与负债比率之间的关系为:
$$股东权益比率+负债比率=1$$

10. 净资产收益率

净资产收益率是单位净资产在某时段的经营中所取得的净收益,其计算公式为:
$$净资产收益率=(净收益/净资产)×100\%$$

净资产收益率越高,表明企业的经营能力越强。

例如,若上述股份公司在第一年盈利 150 万元,请计算该公司的每股收益、每股净资产、股东权益比率及净资产收益率。

每股收益=税后利润总额/总股本=150/500=0.3(元/股)

在年末时,由于公司盈利 150 万元,因此其净资产(股东权益)比年初增加了 150 万元,为 1 150 万元,故:

每股净资产=净资产/总股本=1 150/500 =2.3(元)

这个数值比发行股票时增加了 0.3 元,主要是公司经营获利所致。但根据中国证监会的规定,在年报中计算净资产时,不能将当年的盈利加上,因为这部分净资产属于待分配利润,所以在上市公司年报中,每股净资产不包含当年实现的盈利。

股东权益比率=(净资产/资产总额)×100%=(1 150/1 350)×100%=85.19%

在股东权益比率的计算中也包含上述问题,若不将当年实现的盈利计入,则股东权益比率的数值要小一些。

股东权益比率=(1 000/1 200)×100%=83.33%

净资产收益率=(净收益/净资产)×100%=(150/1 000)×100%=15%

2.1.2.3 互联网企业的网络运营数据

互联网企业拥有大量的网络运营数据,以腾讯为例,其拥有多种互联网业务,因此拥有海量的网络运营数据,其中以社交数据和游戏数据最为突出。社交数据最为核心的是关系链数据,用户间的互动数据,用户自己产生的文字、图片和视频内容;游戏数据主要包括大型网游数据、网页游戏数据和手机游戏数据,游戏数据中最为核心的是用户的活跃行为数据和付费行为数据,腾讯的网络运营数据最大的特点是基于社交的各种用户行为和娱乐数据。

百度、阿里巴巴、腾讯拥有的网络运营数据如表 2-1 所示。

表 2-1 互联网企业网络运营数据举例

数据类型	百度	阿里巴巴	腾讯
电商数据	—	淘宝、天猫、阿里巴巴	拍拍、京东
支付数据	—	支付宝	财付通
交友数据	—	旺旺	QQ、微信
社区数据	贴吧	—	QQ 空间
新闻资讯数据	百度新闻	—	腾讯网

（续表）

数据类型	百度	阿里巴巴	腾讯
视频数据	爱奇艺	优酷	腾讯视频
浏览器数据	百度浏览器	淘宝浏览器	搜狗浏览器、QQ浏览器
搜索数据	百度搜索	一淘	搜狗搜索、SOSO
游戏数据	百度游戏	阿里游戏	腾讯游戏
音乐数据	百度音乐	—	QQ音乐
旅游数据	百度旅游、去哪儿	穷游网	携程网
地图数据	百度地图	高德地图	腾讯地图
餐饮数据	—	—	大众点评
ID数据	百度账号	淘宝账号	QQ账号

2.2 二手数据调研方法

二手数据调研，也称为文案调查、案头调查、文献调查或间接调查，是指查询并研究与调研项目有关资料的过程，这些资料是经他人收集、整理的，其中有些是已经发表过的或经对外媒介公布的，包括各种文件档案，如年度报告、股东报告、可向新闻媒介透露的产品测试结果、相关部门及人员交流用企业刊物等。

2.2.1 二手数据调研的作用

通过二手数据调研，市场营销调研人员可以把注意力集中到那些应该着重调查的某些特定的因素上。例如，当有许多可能开发的市场摆在企业面前，企业需要做出选择时，二手数据调研可以帮助调研人员排除不理想的市场而认准最有前途的市场，并为进一步的实地调研奠定基础。二手数据调研的作用主要包括以下两个方面：

（1）二手数据是重要的信息来源，为企业营销决策的制定奠定基础。

（2）二手数据调研可以为实地调研提供必要的背景资料，使实地调研的目标更加明确，从而节省时间和调研成本。

2.2.2 二手数据调研的特点

市场营销调研一般要先从二手数据调研开始，因为二手数据调研具有以下优点：

（1）二手数据和资料的获取较为方便；

（2）大部分二手数据和资料是经过验证的；

（3）二手数据和资料获取的成本低，花费的时间较少。

但是，二手数据也存在一些缺点，如缺乏可得性、相关性、时效性，不能全面反映所需信息，有些二手数据的真实性和准确性难以判断。

2.2.3 二手数据调研的途径和方法

企业二手数据调研的主要途径包括：查阅企业内部资料，如业务资料、财务资料、统计资料和其他资料等；从本企业的营销信息系统和计算机数据库中查阅市场数据；查阅企业发布的财务报告。

2.2.3.1 查阅企业内部资料

通过查阅企业内部资料获取的二手数据包括：①业务资料，如销售合同、订货合同、发货单、销售单据；②财务资料，如会计记录、财务报表、财务分析报告、审计报告；③统计资料，如生产、销售、库存的各类统计报表、统计分析报告；④其他资料，如企业规划、文件制度、调研报告、评估报告、策划方案、企业内刊、工作计划、总结、会议纪要、客户名单等。

可以通过查看企业订货合同、发货单、销售单据、销售记录、业务员访问报告、顾客反馈信息等了解企业生产和经营产品的供应情况与需求变化情况；可以从各种财务报表、会计记录、成本资料、销售资料、税金资料等获得和掌握企业在一定时期的经济效益。

2.2.3.2 从本企业的营销信息系统和计算机数据库中查阅市场数据

随着电子计算机和信息技术日益渗透到经济发展的各个领域，许多企业引入了信息化管理方式，建立了以电子计算机为基础的ERP、CRM或OLTP、OLAP等信息系统，其中储存了大量有关市场营销的数据资料。下面简单介绍以上几款应用较为广泛的信息系统的基本架构和功能模块，以及各模块可查询的市场数据等。

1. ERP系统

ERP系统，即Enterprise Resource Planning——企业资源计划系统。该系统采用系统集成的手段，对企业管理的架构与机制进行全面整合，使企业财力、人力、物力、信息等资源得到合理配置，企业经营（生产）管理业务流程得以规范和优化，实现提升企业核心竞争力，提高企业经济效益和管理水平的目标。

ERP系统是企业资源计划系统的统称，而不是某个特指的厂商或产品，很多企业如SAP、Oracle、JDE、用友、金蝶等都陆续开发了ERP产品。其中，SAP公司是全球商业软件市场的领导厂商，提供优质的应用程序和服务，帮助超过25个行业内各种规模的企业实现卓越运营,旗下有 SAP R/3、SAP All-in-One、SAP Business One 等众多产品,目前世界 500 强企业中有 85% 都在使用这些产品,产品中融入了世界上主要的管理思想,形成了上万种管理流程。

各企业开发的 ERP 系统功能模块有所差异,但都包含一些基本功能模块,如图 2-5 所示。其中,财务管理功能模块、供应链管理(包含生产管理和销售管理)功能模块和客户管理功能模块会存储大量的市场数据。

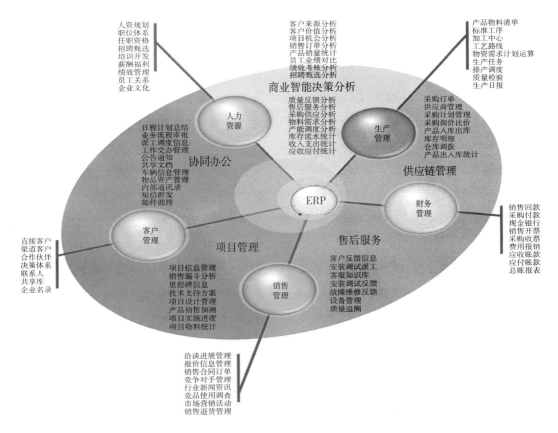

图 2-5 ERP 系统的基本功能模块

ERP 系统的基础数据包括十大类,分别是系统类基础数据、产品类基础数据、生产类基础数据、采购类基础数据、库存类基础数据、销售类基础数据、财务类基础数据、质量类基础数据、设备类基础数据、人力资源类基础数据。

各类基础数据的具体内容如图 2-6 所示。

企业内部数据主要来自产品类基础数据、库存类基础数据、销售类基础数据和财务类基础数据,通过 ERP 系统中数据访问引擎的查询功能在相应的功能模块输入查询条件,就可以获得一系列的企业内部数据。

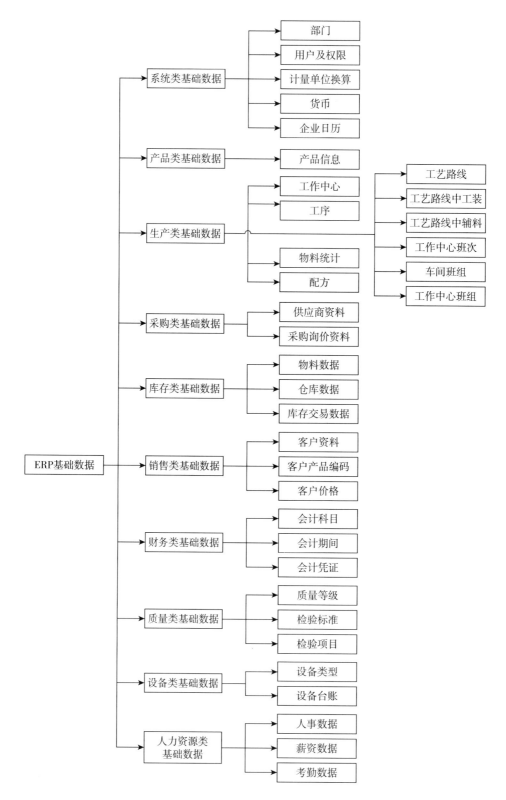

图 2-6 ERP 系统的各类基础数据

2. CRM 系统

CRM 系统以客户数据的管理为核心,记录企业在市场营销和销售过程中与客户发生的各种交互行为,以及各类有关活动的状态,提供各类数据模型,为后期的分析和决策提供支持。

该系统可以进行深层次分析和挖掘,从而发现最有价值的客户、新的市场和潜在的客户,创造业务良机。该系统具有可扩展、可连接的特性,可以与企业的 SCM(供应链管理)、ERP 系统无缝集成,实现实时的数据交换,增强企业与供应商、合作伙伴、客户之间的关系,加快企业客户服务与支持响应速度,增强企业在电子商务时代的竞争优势;具有强大的数据管理和统计分析功能,可以生成各种不同的信息,并快速查询出所需要的统计信息和相对应的柱状图、折线图、饼图;对销售机会的追踪,可以方便地了解到每一个销售机会的跟进情况;可以快速地制定客户跟进策略,并且在销售机会的详细页面上可以看到联系活动、报价单、签约单、服务单的明细情况。

CRM 系统的主要功能如图 2-7 所示。

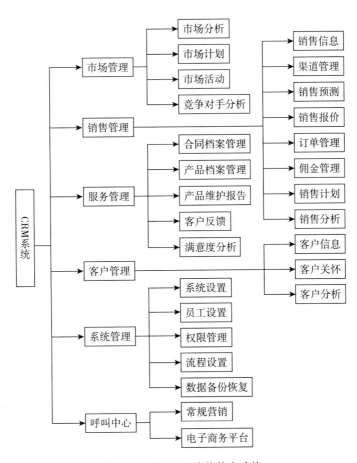

图 2-7　CRM 系统的基本功能

市场数据调研及处理

CRM 系统可以记录一系列数据,如消费频率、消费金额、消费习惯等,从而可以帮助企业实现精准销售;可以提供客户分布、发展趋势、消费能力、消费特征、消费评价等全方位的分析结果,为决策提供支撑;可以提供丰富多样的服务支持,供客户选择和搭配;等等。这些都对调研人员的工作有很大帮助。

大数据背景下,CRM 系统也随着企业数据管理的需求而颠覆了传统的营销决策模式及营销执行过程,让大数据时代的企业客户关系管理变得更精简、更高效。

3. OLTP 系统与 OLAP 系统

当今的数据处理大致可以分成两大类:联机事务处理(On-Line Transaction Processing,OLTP)和联机分析处理(On-Line Analytical Processing,OLAP)。OLTP 是传统的关系数据库的主要应用,主要用于基本的、日常的事务处理,如银行交易。OLAP 是数据仓库系统的主要应用,用来支持复杂的分析操作,侧重于决策支持,并且提供直观易懂的查询结果。

(1) OLTP 系统。OLTP 称为联机事务处理过程,或称为面向交易的处理过程,其基本特征是前台接收的用户数据可以立即传送到计算中心进行处理,并在很短的时间内给出处理结果,是对用户操作快速响应的方式之一,可以即时地处理输入的数据,即时地回答,也称为实时系统(Real Time System)。衡量 OLTP 结果的一个重要指标是系统性能,用实时请求-响应时间来表达,即用户在终端上输入数据之后,到计算机对这个请求给出答复所需要的时间。OLTP 是由前台、应用、数据库共同完成的,处理快慢及处理程度取决于数据库引擎、服务器、应用引擎。OLTP 系统旨在使事务应用程序仅写入所需的数据,以便尽快处理单个事务。支持大量并发用户定期添加和修改数据是 OLTP 最重要的特征。它能反映随时变化的单位状态,但不保存其历史记录。它的结构复杂,包含大量数据,其中包括用于验证事务的大量数据,可以进行优化以对事务活动做出响应。它能提供用于支持单位日常运营的技术基础结构。个别事务能够很快地完成,并且只需访问相对较少的数据。OLTP 旨在处理同时输入的成百上千的事务。它实时性要求高,交易一般是确定的,所以 OLTP 是对确定性的数据进行存取;它并发性要求高并且严格地要求事务的完整、安全性。

OLTP 系统中的数据主要用于支持如下事务:①记录来自销售网点终端或通过网站输入的订单;②当库存量降到指定级别时,订购更多的货物;③在制造厂中将零部件组装为成品时对零部件进行跟踪;④记录雇员数量。以电力营销管理业务为例,OLTP 系统用于抄表、收费、客户服务等电力营销日常事务处理。OLTP 系统对事务实时性要求非常高,并且支持高并发,一般采用高可用的在线系统。

OLTP 系统的分析范围扩展到近乎实时数据,尤其是客户数据;提供近乎实时的虚拟数据仓库;对主数据管理的负载进行均衡更新,增加企业信息化架构的灵活性。

(2) OLAP 系统。OLAP 的概念最早是由关系数据库之父埃德加·考特(Edgar Codd)

于 1993 年提出的。OLAP 是指分析人员、管理人员或执行人员能够从多角度对数据进行快速、一致、交互的存取,从而获得对数据更深入了解的一类软件技术。OLAP 的目标是满足决策支持或满足在多维环境下特定的查询和报表需求,其技术核心是"维"(Dimension)这个概念。通过把一个实体的多项重要的属性定义为多个维,用户能够对不同维上的数据进行比较,因此 OLAP 也可以说是多维数据分析工具的集合。以电力营销管理业务为例,OLAP 系统用于指标统计、报表统计及复杂查询等业务。为了提高海量数据查询的效率,系统建立了分区表,即电费按照地区、时间特性分区。

OLTP 系统与 OLAP 系统的区别如表 2-2 所示。

表 2-2 OLTP 系统与 OLAP 系统的区别

项目	OLTP 系统	OLAP 系统
用户	操作人员,低层管理人员	决策人员,高层管理人员
主要功能	简单事务的日常操作处理	复杂的查询与分析决策
数据库设计	面向应用	面向主题
数据	当前的,最新的,细节的,二维的,分立的	历史的,聚集的,多维的,集成的,统一的
存取	读/写数十条记录	读上百万条记录
用户数	较少,一般限于几千个	较多,可以上百万个或更多
数据库大小	100MB—100GB	100GB—100TB
时间要求	具有实时性	对时间的要求不严格
主要应用	数据库	数据仓库

以贵州电网公司应用的 OLTP 和 OLAP 并行的电力营销系统为例,该系统管理了全省 1 600 余万户用电客户档案信息、用电信息及业务办理信息等数据,数据量达 20TB,日常并发量 3 000 左右,系统登录响应时间在 2 秒以内,报表统计 15 分钟内完成,计算电费可控制在毫秒级,查询电量、电费 3 秒内完成。高性能的数据库保障了电力营销业务处理的效率,提升了用户的操作体验感。

2.2.3.3 查阅企业发布的财务报告

企业内部数据还可以通过查阅企业对外发布的财务报告获取。例如,通过证券交易所官网(深圳证券交易所官网 http://www.szse.cn/disclosure/listed/fixed/index.html;上海证券交易所官网 http://www.sse.com.cn/disclosure/listedinfo/regular/)查询上市公司的年度报告或季度报告等有关资料,以及上市公司公告、定期报告、当日公告摘要、退市整理期公司公告、独立董事信息库、董秘资格信息库、限售股份解限与减持、上市公司诚信档案、持续督导意见等。

上市公司在年报中披露的数据,包括主营业务收入、营业收入构成、费用率、费用构成、主要债权债务关系、营业成本构成、客户资料、资产构成重大变动、资产和负债、盈利能力分析、偿债能力分析、资产运营能力分析等。

2.3　一手数据调研方法

企业内部一手数据可以通过访谈法和实地观察法进行调研,即通过对营销信息系统中相关部门如市场部、销售部、客户部、信息中心的工作人员尤其是部门负责人进行访谈,可以获得渠道/品类管理情况的有关数据(如具体的销售渠道、客户信息、各品类在不同时间段的销量、产品供应链管理等),以及产品利润增长情况的有关数据,进而全面分析和掌握企业渠道/品类管理情况及产品利润增长情况。还可以跟随企业零售监测部门人员一同开展渠道监测和产品监测,以获得关于渠道和产品的一手数据。

识别一手数据线索(Ⅰ)

运用访谈法时一般按照如下流程进行:①访谈前的准备。根据需要获取的数据内容明确访谈的目的和内容,并选择适当的访谈方法,要尽可能对被访者各方面的情况和特征进行了解,以方便被访者为主选择合适的访谈时间、地点和场合。准备工具:介绍信、礼品、纸笔、照相机、录音设备或录像设备等。②进入访谈现场。一般来说,访谈者进入访谈现场,首要任务是表明来意,消除被访者的疑虑,以求得被访者的理解和支持,顺利接近被访者,这是成功进行访谈的首要前提。开场白一定要简明扼要、意图明确、重点突出、亲和力强,并创造有利于访谈的气氛。③访谈控制。包括提问控制、内容转换控制、对问题的重述和追问、掌握好发问和插话的时机、表情与动作控制、用动作中断被访者的谈话,其间,访谈者要表现出礼貌、虚心、诚恳、耐心,要对被访者的谈话表示关注,表情要契合被访者回答的内容,要恰当用眼、专心用耳。在记录过程中,访谈者的目光要恰当地同被访者保持接触。④结束访谈。掌握访谈活动的时间,关注访谈活动的气氛,真诚地感谢对方。

运用实地观察法时一般按照如下流程进行:①根据需要获取的数据内容,确定观察对象;②选择观察地点,一方面根据所确定的观察对象,另一方面基于可行性进行选择;③进入现场,取得信任和建立友善关系,以便进行实地观察,这直接决定着观察是否可顺利推进;④实地观察记录,可以采用手工记录,也可以借助录像机等设备进行记录。

2.4 企业内部数据调研方法的设计原则

调研企业内部数据时,可选用文献调查法、访谈法、实地观察法等。在设计调研方案时,调研人员需要考虑调研方案是否体现调研目的和要求,调研方案是否具有可操作性,调研方案是否科学和完整。其中,调研方法的设计尤为重要,可根据调研项目的要求,选择合适的调研方法。具体而言,调研方法的设计应遵循以下原则:

1. 有效性原则

设计调研方法需要确保数据的有效性。数据的有效性非常重要,只有依据有效的数据,才能得出科学、客观的分析结论。在极少数情况下,一些由官方公布的资料会有较全面、精确的论述,且具有与市场营销调研人员所要研究的主题相关的数据,而多数情况下并非如此,特别是在得不到直接切题的二手资料时,市场营销调研人员可能只得利用替代资料,因此要适当地对这些替代资料做一些修改或补充。

2. 相关性原则

市场营销调研人员必须研究所获取的数据是否与研究主题密切相关,任何牵强附会的数据都将导致错误的结论。例如,已公布的银行报告强调的是某一企业的经济状况,而市场营销调研人员所感兴趣的、所要研究的是一个指定产品的发展状况。尽管企业的经济状况和指定产品的发展状况可能存在一定关联,但后者应有其特殊的发展模型和速度。如果简单地使用企业经济发展数据取代指定产品的发展状况,那么企业据此做出的营销决策将对指定产品的发展毫无用处。在这种情况下,一手数据调研方法将更适合获取该项调研目标的有关信息。

3. 可行性原则

设计调研方法必须着眼于实际应用,只有可行性强的调研方案才能真正成为调研工作的行动纲要。例如,虽然二手数据具有省时、省钱等优点,但人们在选用二手数据时应考虑一些问题:数据是否能够被调研人员快速、便利、低成本地使用?一般来说,只有在迫切需要数据时才会使用昂贵的数据来源。但是,如果调研经费很少,那么成本低的数据来源应该加以优先考虑,快速和便利则成为次要考虑因素。某些企业的统计系统非常完备,调研人员可以很容易地获取所需要的数据;可是另外一些企业(特别是中小型企业)的信息管理手段落后,调研人员很难获取所需要的数据。

4. 时效性原则

设计调研方法必须充分考虑时效性,特别是一些应用型调研课题往往具有很强的时效性。从某些企业获取的数据往往已过时数年,从而无法作为企业决策的主要依据。贪图简便,用过时数据推断当前的市场状况,将使企业的调研缺乏时效性与准确性,因此无法被决策者采用。

5. 经济性原则

设计调研方法必须尽可能地节约人力、财力、物力和时间,力争用最少的调研人员、最少的经费、最少的物力和时间投入,取得最好的调研效果。

另外,应考虑数据的可比性。从不同途径获取的数据有时无法进行相互比较,这往往是条件不同、数据收集程序和统计方法不同等所致。由于不同途径获取的数据不可比,因此必然会影响数据的有用性,从而影响企业决策。

此外,调研方案应具有一定的弹性,因为任何调研方案都是事前的设想和安排,它与客观现实之间总会存在或大或小的差异,因此在进行调研方法设计时应充分考虑客观条件,当所需要的数据较难获取时,建议选择两种或两种以上的调研方案。有多种备选方案,就可以确保从中获取所需要的数据。

思考与练习

一、单选题

1. 企业销售部门的日常管理数据不包括(　　)。
    A. 销售额　　　　　　　　　　B. 订单数
    C. 销售成本　　　　　　　　　D. 用户留存率

2. 通过对上市公司的(　　)进行研究和分析,能对上市公司的经营业绩和财务状况做出判断。
    A. 财务指标　　　　　　　　　B. 留存率
    C. 复购率　　　　　　　　　　D. 转化率

3. 用于了解企业生产和经营产品的供应情况与需求变化情况的市场数据不包括(　　)。
    A. 企业发货单　　　　　　　　B. 订货合同
    C. 销售记录　　　　　　　　　D. 销售利润

4. 用于掌握企业在一定时期的经济效益的市场数据不包括(　　)。
    A. 原材料订货单　　　　　　　B. 各种财务报表
    C. 会计核算　　　　　　　　　D. 销售利润

5. 企业资源计划系统简称为(　　)。
    A. ERP 系统　　　　　　　　　B. CRM 系统
    C. OLTP 系统　　　　　　　　D. OLAP 系统

二、多选题

1. 企业内部数据包括(　　　)。
   A. 企业各类产品的销售渠道和销售方式
   B. 在某个区域某时段实现的销量、销售额和库存量
   C. 生产企业中某种产品的生产成本、销售成本、售价
   D. 经营企业中产品的进价、售价
   E. 企业利润

2. 能从企业内部资料中获取的二手资料包括(　　　)。
   A. 财务资料   B. 业务资料
   C. 统计分析报告   D. 评估报告
   E. 客户名单

3. 企业的业务资料包括(　　　)。
   A. 销售合同   B. 订货单
   C. 发货单   D. 销售单据
   E. 库存的各类统计报表

4. 目前企业常用的电子信息系统主要有(　　　)。
   A. ERP 系统   B. CRM 系统
   C. OLTP 系统   D. OLAP 系统
   E. SAP R/3 系统

5. 企业的财务资料包括(　　　)。
   A. 会计记录   B. 财务报表
   C. 财务分析报告   D. 审计报告
   E. 调研报告

三、简答题

1. 通过哪些调研方法可以获得企业内部一手资料？
2. 简述获得企业内部二手资料常用的调研方法。

实践训练

【项目一】

选择一家企业，了解企业近期遇到的市场问题，拟定所研究的问题，从问题出发，列出需要获取的市场数据清单，并与企业有关部门沟通获取企业上一年度的市场数据。

市场数据调研及处理

提示:从企业的销售部可能获取的市场数据主要包括销售额、订单数、销售成本、销售毛利润等;从企业的运营部或客户部可能获取的市场数据主要包括新老用户数、留存率、复购率、用户流失率、转化率等;从互联网运营企业的市场部可能获取的市场数据主要包括 PV/UV、新客数等,这些构成了企业各部门日常管理的数据报表。从企业的财务部门也可以获取大量的市场数据,如产品的各项成本、销售单价的保本点、流动比率、速动比率、应收账款、应收账款周转率、存货周转率、资产负债率、所有者权益比率、负债与所有者权益比率、长期资产与长期资金比率、利润表中的各项数据等。

【项目二】

选择一家上市公司作为研究对象,了解该公司上一年度的市场状况,通过该公司所在国内或国际证券交易所的官方网站或者行业官方网站所发布的年度报告,获取该公司上一年度的市场数据。

第 3 章

外部数据调研方法设计

业务案例导入

雅虎用户数据调研

雅虎(Yahoo)是美国著名的互联网门户网站,其很多广告客户都是国际知名大企业。作为一家网络媒体,雅虎有责任向在其网站上做广告的厂商提供准确的信息流量。

2013年,雅虎授权英国的一家市场营销调研企业——大陆研究公司,对德国、法国和美国的用户进行调研,并由大陆研究公司与纽约一家名为Quantime的公司合作完成该项目,该公司提供抽样调研软件及服务设备。大陆研究公司和Quantime公司设计了一个两阶段调研计划。第一阶段收集三国的雅虎商业用户及一般用户访问网站的数据,了解其上网动机及其主要网上行为。同时,要求被访者提供其电子邮件地址以备第二阶段调研时再次联系。第二阶段进行深度调研,主要是吸引并督促被访者完成调研,确保收集到最佳信息。

1. 第一阶段:收集数据

雅虎第一阶段的调研包括10个问题,涉及被访者的媒体偏好、受教育程度、年龄、消费模式等。设计调研软件的主要目的是使其保持与Quantime公司已有CATI(计算机辅助电话访问)设备的一致性。因为使用的是同种语言,所以调研软件在逻辑上与 CATI 调研相似。复杂的循环及随机程序能保证所收集数据的稳定性。而且，前面问题的回答可供后面的问题使用，以使调研适合被访者，并有效地鼓励其合作。约有 10% 的被访者没有完成全部问卷。造成这种情况的原因有很多（厌烦、断线、失去耐心等），但由于这些费用几乎为零，因此没有造成什么损失。在第一阶段，仅两周的时间便收到了 1 万份来自这三个国家的完整回答结果，这意味着调研已经接触到目标群体。

2. 第二阶段：深度调研

第一阶段是激活调研窗口并完成基础调研，而第二阶段则是对那些在第一阶段中留下电子邮件地址并同意继续接受访谈的人进行深度调研。这些被访者将收到一份通过电子邮件发出的通知，通知将告知他们调研的网址。第二阶段的调研会涉及一系列有关生活方式的深度调研问题。在对已留下电子邮件地址的人进行深度调研时，可以在其上次中断的地方重新进行访问。这样做虽然使第二阶段的问卷相对长了些，但中途断线率降至 5%～6%。在有关因特网使用情况的其他研究中，80% 的被访者为男性，60% 为受雇者，35% 年龄在 25～35 岁。这项调研还揭示了一个奇怪的现象：虽然占一半的因特网使用者使用的目的为公事、私事兼而有之，但主要还是用于商业。而在另一半使用者中，利用其进行休闲娱乐及其他私人活动的人数约为其他类型使用者的两倍。由于大陆研究公司已经了解了这些被访者的分布情况，因此可以对被访者进行登记，这样做能够准确地计算回答率。如果需要的话，公司还将寄出提醒卡，以确保每位被访者只回答一次。实际上，在通过电子邮件发出通知后的一周内，调研者便得知了预期样本数目，因此根本无须进行提醒。

资料来源：案例："雅虎"的网上调研［EB/OL］.（2018-08-08）［2020-11-09］.https://wenku.baidu.com/view/07e43086988fcc22bcd126fff705cc1754275f63.html，有删改。

知识建构

1. 了解外部数据的主要来源和内容。

2. 理解一手数据和二手数据调研方法的含义、类型、特点、工作流程等，并掌握传统的数据调研方法。

3. 掌握外部数据常用的网络调研技术。

4. 掌握外部数据调研方法的设计原则，能够根据调研数据内容和调研要求，选择恰当的调研方法进行调研。

3.1 外部数据调研概述

外部数据的来源非常广泛,既可以通过互联网、国家行业出版物(如国家年度报告、行业年度报告等)、专业杂志和期刊、调查公司的调查报告等途径获取,又可以通过拜访行业内的专家、实地调研等方式获取。

外部数据也可以分为一手数据和二手数据。一手数据又称原始数据,是指调研者出于某种特定的目的而通过专门调研获得的资料。二手数据是指在某处已经存在并已按某种目的编排整理的资料。

一手数据的调研方法主要有观察法、实验法、访谈法、问卷调查法等,如拜访行业内的专家、做问卷调查等。二手数据的调研方法主要有文案调查法,如查询网络资料,查询国家行业出版物,查阅专业杂志和期刊等。

3.1.1 外部数据的来源

一般来说,外部数据的来源包括:

1. 政府机构

(1) 政府文件(如统计年鉴等统计资料)是重要的外部数据来源。

(2) 各国政府会在国外设立官方办事机构,通过这些机构,可以系统地收集东道国的市场数据。中国国际贸易促进委员会及其各地分会掌握着大量的国外销售和投资方面的信息。

(3) 外国政府的有关部门。许多国家的政府为了促进发展中国家向其出口,专门设立了"促进进口办公室",负责提供下列信息:①统计资料;②销售机会;③进口要求和程序;④当地营销技巧和商业习俗;⑤经营某一产品系列的进口商、批发商、代理商等中间机构的名单;⑥某一类产品的求购者名单及求购数量。

2. 国际组织

许多国际组织都定期或不定期地出版大量年度报告,比如国际贸易中心(International Trade Centre,ITC)、联合国(United Nations)及其下属的粮食及农业组织(Food and Agriculture Organization,FAO)、经济合作与发展组织(Organization for Economic Cooperation and Development,OECD)、联合国贸易和发展会议(United Nations Conference on Trade and Development,UNCTAD)、联合国欧洲经济委员会(UN Economic Commissions for Europe,UNECE)、国际货币基金组织(International Monetary Fund,IMF)、联合国亚洲及太平洋经济社会委员会(U.N. Economic and Social Commission for Asia and the Pacific)。

市场数据调研及处理

3. 行业协会

许多国家都有行业协会,其会定期收集、整理甚至出版一些有关本行业的产销信息。行业协会会经常发表和保存有关行业销售情况、经营特点、增长模式等的详细信息。此外,行业协会也开展本行业中各种有关因素的专门调研。

4. 专门调研机构

这里的调研机构主要指各国的咨询公司、市场营销调研公司。这些专门调研机构经验丰富,收集的资料很有价值,但一般收费较高。

5. 联合服务公司

这是一种收费的信息来源,由许多公司联合协作,定期收发对营销活动有用的信息,并采用订购的方式向客户出售。其在联合的基础上定期提供四种基本信息:①经批发商流通的产品信息;②经零售商流通的产品信息;③消费者对营销组合各因素反馈的信息;④有关消费者态度和生活方式的信息。

6. 其他大众传播媒介

电视、广播、报纸、广告、期刊、书籍等类似的传播媒介,不仅含有技术情报,还含有丰富的经济信息,对预测市场、开发新产品、进行海外投资具有重要的参考价值。

7. 商会

商会通常能为市场营销调研人员提供的信息有其会员名单、当地商业状况和贸易条例、有关会员的信息及贸易习惯等。大的商会通常还拥有对会员开放的商业图书馆,有时,非会员也可前去阅览。

8. 银行

银行尤其是国际性大银行的分行,一般能提供下列信息和服务:①有关世界上大多数国家的经济趋势、政策及前景,重要产业及外贸发展等方面的信息;②某一国外公司有关商业资信状况的报告;③各国有关信贷期限、支付方式、外汇汇率等方面的最新情报;④介绍外商并帮助安排访问。

世界银行及其所属的国际开发协会(IDA)、国际金融公司(IFC)每年都公布许多重要的经济信息和金融信息。另外一些区域性的银行,如亚洲开发银行、欧洲投资银行等也能为市场营销调研人员提供丰富的贸易、经济信息。此外,许多国家都有以保护消费者利益为宗旨的消费者组织,这些组织的众多任务之一就是监督和评估各企业的产品及与产品有关的其他营销情况,并向公众报告评估结果。这些信息对市场营销调研人员来说具有很大的参考价值。

有关竞争对手信息的一个重要来源就是其本身。市场营销调研人员可通过直接或间接的方式从竞争对手那里获取产品目录、价格单、产品说明书、经销商名单和年度财务报告等。

9. 官方和民间信息机构

许多国家的政府经常在本国商务代表的协助下提供贸易信息以答复某些特定的资料查询。另外,各国的一些大企业会把自己从事投资、贸易等活动所获得的信息以各种方式提供给其他企业,如日本三井物产公司的"三井环球通信网"、日本贸易振兴会的"海外市场调查会"等。

中国的官方和民间信息机构主要有国家信息中心、中国国际经济交流中心、中国人民银行信息中心、新华社新闻信息中心、国家统计局、中国国际贸易促进委员会及各有关咨询公司和广告公司等。

3.1.2 外部数据调研的内容

1. 与营销环境相关的数据

营销环境包括微观环境要素和宏观环境要素两部分内容。与营销环境相关的数据是指与之相对应的一系列数据。

微观环境要素是指与企业紧密相连,直接影响企业营销能力的各种参与者要素,这些参与者包括企业的供应商、中间商、顾客、竞争对手、社会公众及影响营销决策的企业内部各个部门。

宏观环境要素是指影响企业微观环境的巨大社会力量,包括人口、经济、政治、法律、科学技术、社会文化及自然地理等多方面的因素。

2. 与市场需求相关的数据

与市场需求相关的数据包括市场需求规模、消费者购买力和影响因素、消费者行为动机、顾客满意度等顾客数据及一系列相关的数据。

3. 与企业市场营销活动相关的数据

与企业市场营销活动相关的数据包括产品数据、销售数据、促销数据等,如品牌、产品与包装、分销、价格、广告、促销等一系列市场数据。

3.1.3 外部数据调研的价值

外部数据调研的价值具体包括:

1. 用于描述问题

真实、客观、全面地了解消费群体或其他营销对象,即通过描述性调研,对企业市场营销各种要素的相关数据进行定量描述,如电视机生产企业对国内市场的具体需求进行调研;或者通过探索性调研,收集初步的数据,探索问题的性质、大小或求得解决问题的思路。

2. 用于解释问题产生的原因

科学、深入、清晰地分析营销问题产生的原因,即通过因果性调研,对市场营销众多因素的相互因果关系进行调查研究,如销售是否与促销费用、价格有因果关系。

3. 用于预测市场状况与企业发展

对营销对象进行前瞻性判断。基于描述性调研和探索性调研对未来市场状况及企业销售状况进行预测,或寻求应对某些市场问题的解决方案;或者基于因果性调研,在确定了市场营销众多因素的相互因果关系后,在具体销售指标的要求下,对促销费用进行准确预算。

4. 用于评估营销效果

通过描述性调研,收集企业市场营销活动相关的数据(包括产品数据、销售数据、促销数据等),如品牌、产品与包装、分销、价格、广告、促销等,对营销效果进行总结评估。

3.2 传统的数据调研方法

传统的数据调研方法包括观察法、实验法、询问法、问卷调查法、文案调查法等。具体如下:

3.2.1 一手数据调研方法

3.2.1.1 观察法

观察法的含义

观察法是指观察者根据一定的研究目的、研究提纲或观察表,用自己的感觉器官和辅助工具去直接观察观察对象,从而获得资料的一种方法。科学的观察具有目的性、计划性、系统性和可重复性。常见的观察方法有核对清单法、等级评定量表法、叙述性描述法。一般利用眼睛、耳朵等感觉器官去感知观察对象。由于人的感觉器官具有一定的局限性,因此观察者往往要借助各种现代化的仪器和手段,如照相机、录音机、显微录像机等来辅助观察。

识别一手数据线索(Ⅱ)

对于观察法的定义,具体有:

定义 1 观察者有目的、有计划地在自然条件下,通过感觉器官或借助于一定的科学仪器,对社会生活中人们行为的各种资料的收集过程。

定义 2 在自然情景中对人的行为进行有目的、有计划的系统观察和记录,然后对所做记录进行分析,发现心理活动变化和发展规律的方法。

定义 3 在自然条件下,观察者通过自己的感觉器官或录音、录像等辅助手段,有目的、有计划地观察观察对象的表情、动作、语言、行为等,来研究人的心理活动变化和发展规律的方法。

定义4 在自然情景中或预先设置的情景中对人或动物的行为进行直接观察、记录而后予以分析,以期获得其心理活动变化和发展规律的方法。

观察法的特点

观察法具有以下特点:

1. 能动性

科学的观察是具有能动性的感性认识活动,它与一般所说的观察不同,即不是简单反射式的感觉,而是有目的、有意识的观察与研究。它要求做到以下几点:①确定某个现象得以发展的条件;②详细描述所观察的现象;③科学地分析和说明所研究的对象。也就是查明现象及其发展的条件之间的因果联系和关系。为此,在观察之前,观察者应根据调研任务制订观察计划,包括确定观察对象、观察条件、观察范围和观察方法,以保证观察有目的地进行。这样的观察是自觉的,而不是盲目的;是能动的,而不是被动的。它要求观察者充分发挥观察中的主观能动作用。

2. 选择性

科学的观察并不是一般地认识现象和过程,而是从大量客观事实中选择观察的典型对象,选择典型条件、时间、地点,获得典型事物的现象和过程。只有把注意力有意地集中和保持在经过选择的观察对象身上,把观察始终和有意的注意结合在一起,不为无关现象所分散,尽量排除外界无关刺激的干扰,这样的观察才能获得预期的成效。

3. 客观性

即观察所获得的现象和过程要能正确反映客观事实。观察所获得的事实材料是认识事物的依据,是科学研究的基础。但是,这里有一个前提,即获得事实材料的观察是否具有客观性的品质。通过观察获得的事实材料,实际上是观察者通过观察手段对观察对象的现象或过程的一种反映和描述。

要使观察具有客观性,首先,要确保观察在自然条件下进行,绝对不能影响观察对象的常态,只有这样才能得到自然条件下的真实情况,否则所得到的事实材料反映的是反常的情况,就会导致错误的结论。也有这样一种情况,即观察对象意识到自己在接受观察,这就有可能使观察对象预先考虑给予观察者一定的反应。在这种情况下,观察者应与观察对象建立良好的关系,消除其陌生感,以尽量控制观察对象的异常状态。

其次,观察要如实地反映现实情况,观察者不能带有任何感情色彩,不允许掺杂任何个人偏见,否则就无法反映观察对象的真实情况。

最后,观察要在观察对象重复出现的情况下进行,要对观察对象进行反复观察。一方面,被观察的现象或过程只有在重复出现的情况下,观察才具有客观性。对于那些稍纵即逝的现象和过程,则不适合单独采用观察法进行研究。因为在这种情况下,观察者无法复核和确定观察结果是否正确。另一方面,要长期、连续、反复地进行观察,否则就不易分辨哪些事物现象或过程是偶然的、哪些是一贯的,哪些是表面的、哪些是本质的,哪些是片面的、哪些是全面的,等等。反复观察的次数越多,就越能准确地反映客观事物。

观察法的优点与局限性

观察法是市场数据调研的基本认识方法,但不是唯一的认识方法。观察法既有其十分明显的优点,又有其难以克服的局限性。在市场数据调研中,我们应将观察法与其他方法配合使用,扬长补短,相辅相成,充分发挥观察法的作用。

1. 观察法的优点

(1) 直接性。由于观察者与被观察的客观事物直接接触,中间不需要其他中间环节,因此通过观察所获得的信息资料具有真实可靠性,是第一手资料。

(2) 客观性。观察一般是在自然状态下实施的,对观察对象不产生作用与影响,即无外来人为因素的干扰,不会产生反应性副作用,能获得生动朴素的资料,具有一定的客观性。

(3) 及时性。观察及时,能捕捉到正在发生的现象,因此所获得的信息资料及时、新鲜。

(4) 纵贯性。观察法对观察对象可以做较长时间的反复观察与跟踪观察,可以对观察对象行为的动态演变进行分析。

(5) 普适性。观察法的适用范围较为广泛,不但自然科学研究与社会科学研究普遍适用,而且在教育技术研究中,不少方法如调查法、实验法等也与观察法有密切的关系。

2. 观察法的局限性

(1) 人的生理局限。主要表现为:①人的感觉器官使观察范围受到局限。感觉器官是有一定阈值的,超过一定的限度,就听不到、看不到、感觉不到。人的感觉器官也使观察的精度受到局限。②人们常常只能凭借感觉器官对观察对象做出大概的估计。③人的感觉器官还使观察的速度受到局限。对于处在不断运动变化中的事物的现象或过程,人们也常常观察不到。这样观察常常就只局限于了解表面的现象,不能直接深入事物的本质,难以分辨是偶然的事实还是有规律性的事实,这是观察法最主要的局限。

(2) 观察仪器的局限。随着科学技术的发展,人们在凭借感觉器官直接观察的同时,也借助于先进的科学仪器进行观察,这大大拓展了观察的广度,提高了其深度和精度。然而,观察仪器的认识功能也有其局限性。主要表现为:①缺乏直观性,间接观察还不能完全取代直接观察;②仪器设计的错误或不精确、制作和操作仪器的误差,都会导致观察结果错误;③观察仪器容易对观察对象造成干扰;等等。

(3) 观察者的解释。观察者对所获信息资料的解释,也往往容易因生理局限而带有主观色彩。

为此,在运用观察法时,除了要尽量提高观察技巧,如灵活移动观察位置、转换观察背景、延长观察时间及增加观察次数等,还要结合统计方法,对多次观察数据进行科学处理,以改善观察结果。

观察法的类型

按照调研的目的、内容、对象的不同,可以将观察法分为多种类型,具体如表 3-1 所示。

表 3-1 观察法的分类

分类标准	类型	特点
以是否通过中介物为标准	直接观察	观察者通过感觉器官在事发现场直接观察客体
	间接观察	观察者通过感觉器官借助某些仪器来观察客体,对事发后留下的痕迹(如照片、录像等)进行推测
以观察者是否参与观察对象的活动为标准	参与观察	观察者不同程度地参与到观察对象的群体和组织中,共同参与活动,从内部观察并记录观察对象的行为表现与活动过程
	非参与观察	观察者不参与观察对象的活动,不干预其发展变化,以局外人的身份从外部观察并记录观察对象的行为表现与活动过程
以观察对象是否受控制为标准	实验观察	观察者对周围条件、观察环境、观察对象等观察变量施加一定的控制,采用标准化手段进行观察
	自然观察	观察者对观察对象不施加控制,在完全自然条件下精心地观察
以是否有目的、有计划为标准	随机观察	偶然无目的、无计划地发现与记录一些事实。观察所得资料不全面、不完整、不系统,科学性不强
	系统观察	有目的、有计划、有规律地观察与记录观察对象一定时间内的行为
以观察耗费的时间与频率为标准	抽样观察	在大面积对象中抽样进行定向观察,包括时间抽样、情境抽样、阶段抽样
	跟踪观察	长期、定向地观察客体的发展演变过程

观察法的实施

观察法的实施步骤如图 3-1 所示。

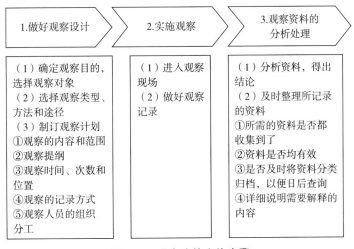

图 3-1 观察法的实施步骤

观察法的应用

1. 商品资源观察和商品库存观察

（1）商品资源观察。一些有经验的市场营销调研人员可以通过了解工农业生产状况、城市集贸市场上的商品成交量及成交价格等，判断商品资源情况，提出商品供求、竞争状况等的报告。

（2）商品库存观察。包括对库存商品进行盘点记数、观察库存商品现场情况等。

2. 顾客行为观察与需求观察

（1）顾客行为观察。通过观察顾客在营业场所的活动情况，对比了解顾客的构成、行为特征，以及不同时间顾客进出营业场所的客流情况等信息，商家能够合理地安排营业时间，更好地开展有针对性的服务活动。

（2）顾客需求观察。通过直接观察顾客实际购买情况，商家可以取得有关顾客的年龄、性别、人数、构成及所购买商品的品种、规格、花色、商标、包装等方面的资料，为市场细分确定目标消费群体提供依据。某超市顾客购物情况观察表如表3-2所示。

表3-2 某超市顾客购物情况观察表

日期：　年　月　日

时间		顾客基本情况					顾客购物情况		
		男性			女性		食品	日杂	服装
时	分	老	中	青	老	中	青		

3. 营业状况观察

通过观察营业状况，如了解橱窗布置、商品陈列、货架分布、店内广告等情况，商家能够最大限度地调动消费者的购买欲望。例如，超市往往将生活必需品摆放在其后部，目的就是希望消费者将更多的商品放到他们的购物篮中。

此外，还可将观察法用于产品质量调研、广告效果调研、城市人口流量和车流量调研等方面。某城市人口流量和车流量观察表如表3-3所示。

表3-3 某城市人口流量和车流量观察表

日期：　年　月　日

时间		步行行人						过往车辆					
		男性			女性			非机动车		轿车		卡车	
时	分	老	中	青	老	中	青	自行车	电动车	高档	中档	低档	重型	轻型

观察报告的结构要求

与一般的调研报告类似,观察报告在结构上也包括标题、导言、主体和结尾几个部分。

1. 标题

标题必须准确揭示观察报告的主题思想。标题要简单明了、高度概括、题文相符,如《××街道汽车流量观察报告》等。

2. 导言

具体包括:

(1) 观察的目的和意义;

(2) 观察的时间和地点;

(3) 观察的内容和对象;

(4) 观察的方式和方法。

3. 主体

主体部分是观察报告的主要内容。具体包括:

(1) 客观、全面地阐述观察所获得的材料、数据;

(2) 用所获得的材料、数据说明有关问题,得出有关结论;

(3) 对有些问题、现象要做深入分析、评论等。

总之,主体部分要善于运用材料表现调研的主题。

4. 结尾

具体包括:

(1) 主要是形成观察的基本结论,也就是对观察的结果做一个小结;

(2) 提出对策建议,供有关决策者参考。

3.2.1.2 实验法

实验法的含义

实验法是指调研人员有目的、有意识地改变一个或几个影响因素,按照一定的实验假设来观察现象在这些因素影响下的变动情况,以认识现象的本质特征和发展规律。

实验法是一种强有力的调研形式,它能够证明所感兴趣的变量之间因果关系的存在形式。某一商品在改变品种、品质、包装、设计、价格、广告、陈列方法等因素时都可以应用这种方法。

实验法又称因果性调研,因为它能够证明一种变量的变化能否引起另一种变量产生一些预见性的变化。需要特别指出的是,在许多营销实验中最难证明因变量的变化不是由实验变量以外的因素引起的。比如,广告增加,销量随之增加,但销量的增加也有可能是受其他因素的影响。

实验法的特点

实验法具有以下特点:

(1) 主动干预。控制实验对象,通过对实验对象的干预和控制,保证实验条件的可比性和实验过程的一致性。

(2) 具有可重复性。实验可以以相同的方式重复进行,以便验证结果的信度和效度,因此要求实验设计严密、操作严谨。

(3) 揭示现象之间的因果关系。研究过程中采用系统的操纵手段来控制条件,以判断变量之间的因果关系。

实验法的组成

1. 自变量与因变量

自变量是实验中的激发因素,是引起实验对象发生变化的原因;因变量是激发因素的受体,是要被解释的现象和变化的结果,在实验中处于关键地位。自变量与因变量在不同的实验中可以相互转化。

2. 实验组与对照组(控制组)

实验组是接受自变量激发的一组对象,对照组则是不接受自变量激发的一组或几组对象,它们在实验之前各方面的条件和状态都基本一致,如案例3-1所示。

案例 3-1

店内广播广告效果实验

美国的爱可公司为了检验店内广播广告在诱导顾客非计划的POP购买(即在购买现场做出决定的购买)方面的作用,进行了一项实验。按照商店的规模、地理位置、交通流量及年份等指标,公司选择了20个统计上可比的(相似一致的)商店,随机地选择一半的商店作为实验组,另一半作为对照组。

在实验组的商店中播放广播广告,而在控制组的商店中则不播放。在实验进行之前,实验者收集了有关销量方面7天的数据;然后进行了为期4周的实验;在实验结束之后,收集了7天的销量数据。实验的商品种类、价格等项目各不相同。结果表明,在实验组的商店中做了店内广播广告的商品其销量至少是成倍增长的。根据这一结果,爱可公司认为,店内广播广告在诱导POP购买时是十分有效的,并决定继续采用这种广告形式。

在实验中,为何要设置对照组? 对照组虽然不接受自变量激发,但受其他外部因素的影响,在经过一段时间后,也会自然而然地发生某些变化,这些变化都与实验者的因果关系假设毫不相干,因此只有从测量结果中排除这些成分,才能得到准确的实验结论。

但是,并不是所有实验都必有对照组,在单一组实验中,就不需要设定对照组。

资料来源:杨伦超.促销策划与管理[M].重庆:重庆大学出版社,2007:328。

3. 前测与后测

前测是实施实验激发之前对实验对象(包括实验组与控制组)所做的测量,后测则是实施实验激发之后对实验对象所做的测量。从两次测量结果的比较中就能看出,实验对象的因变量是否发生了变化、怎样发生了变化,以及发生了哪些变化,而这些正是实验法关注的焦点。

实验法的实施步骤

实验法的实施步骤如下:

(1) 根据市场营销调研课题,提出研究假设;

(2) 进行实验设计,确定实验方法;

(3) 选择实验对象;

(4) 进行实验;

(5) 整理、分析资料,进行实验检测,得出实验结论。

实验法的优缺点及应用范围

实验法的优缺点及应用范围如表 3-4 所示。

表 3-4　实验法的优缺点及应用范围

优点	缺点	应用范围
• 结果客观实用,有较强的说服力 • 可以探索不明确的因果关系 • 方法具有主动性和可控性	• 时间长、费用高 • 保密性差 • 管理控制困难	主要用于检验有关市场变量间的因果关系假设,研究有关的自变量对因变量的影响或效应。比如,测试各种广告的效果,测试各种促销方式的效果,研究品牌对消费者选择商品的影响,研究颜色、名称对消费者味觉的影响,研究商品价格、包装、陈列位置等因素对销量的影响,等等

实验法的实验设计

1. 事前事后对比实验

(1) 概念。事前事后对比实验是指选择若干实验对象作为实验组,通过对实验对象进行实验激发,根据前后检测对比,得出实验结论。

(2) 实验设计。如表 3-5 所示。

表 3-5　事前事后对比实验设计

项目	组别	
	实验组	对照组
事前测定值	X1	—
事后测定值	X2	—

实验效果 = 事后测定值 − 事前测定值

实验效果(E)可表达为：$E = X2 - X1$。

相对实验效果(RE)可表达为：$RE = [(X2 - X1)/X1] \times 100\%$。

例如，某食品厂生产的酥饼质量在同类产品中是比较好的，但其销量总是不尽如人意。该厂市场营销人员经过调查研究，认为是酥饼的包装不理想，因此决定把原来的纸盒包装改为铁盒包装，但对新设计包装的结果如何没有把握。为此，该厂决定运用事前事后对比实验法来考察实验结果。整个实验期为两个月，前一个月仍采用旧包装，而后一个月采用新包装。实验结果是：采用旧包装的那个月销量为 1 250 盒，采用新包装的那个月销量为 1 650 盒。试问：其实验效果如何？

解：

实验效果为：

$$E = X2 - X1 = 1\,650 - 1\,250 = 400(盒)$$

相对实验效果为：

$$RE = [(X2 - X1)/X1] \times 100\% = 32\%$$

上述结果表明，采用新包装后销量增加了 32%，效果明显。所以，该厂决定采用新包装。

(3) 实验步骤。选择实验对象，进行前测，进行实验激发，进行后测，得出实验结论。

(4) 优缺点。优点：简单易行，可以从被影响因素的变动中反映出实验控制因素的影响效果。缺点：很难测量出其他非控制因素的影响程度。

2. 实验组与对照组对比实验

(1) 概念。实验组与对照组对比实验是指选择若干实验对象作为实验组，同时选择若干与实验对象相同或相似的调查对象作为对照组，并使实验组与对照组处于相同的实验环境中，调查人员只对实验组给予实验激发，根据实验组与对照组的对比，得出实验结论。

(2) 实验设计。如表 3-6 所示。

表 3-6 实验组与对照组对比实验设计

项目	组别	
	实验组	对照组
事前测定值	—	—
事后测定值	$X2$	$Y2$

实验效果(E)可表达为:$E = X2 - Y2$。

相对实验效果(RE)可表达为:$RE = [(X2 - Y2)/Y2] \times 100\%$。

例如,某食品厂为了解面包的配方改变后消费者有什么反应,选择了 A、B、C 三家商店作为实验组,再选择与之条件相似的 D、E、F 三家商店作为对照组进行观察。其一周内销量的实验结果如表 3-7 所示。试问:其实验效果如何?

表 3-7 实验结果对比   单位:百袋

组别		新配方销量	原配方销量
实验组	A 店	43	—
	B 店	51	—
	C 店	56	—
对照组	D 店	—	35
	E 店	—	40
	F 店	—	45
合计		150	120

解:

实验效果为:

$$E = X2 - Y2 = 150 - 120 = 30(袋)$$

相对实验效果为:

$$RE = [(X2 - Y2)/Y2] \times 100\% = 25\%$$

上述结果表明,采用新配方后销量增加了 25%,效果明显。所以,该厂决定采用新配方。

(3) 实验步骤。选择实验对象(将其划分为实验组与对照组,并处于相同的市场条件下),对实验组进行实验激发,分别对实验组和对照组进行后测,得出实验结论。

(4) 优缺点。优点:采用对照组数据作为比较基础,可以控制其他因素对实验过程的影响。缺点:不能反映实验前后的变化程度。

3. 有对照组的事前事后对比实验

（1）概念。有对照组的事前事后对比实验是指对照组事前事后实验结果同实验组事前事后实验结果之间进行对比的一种实验方法。这种方法既不同于单纯的在同一个市场的事前事后对比实验，又不同于在同一时间的对照组同实验组的单纯的事后对比实验。它是在同一时间内，在不同的企业、单位之间，选取对照组和实验组，并且对实验结果分别进行前测和后测，再进行事前事后对比。这种方法的变量多，有利于消除实验期间外来因素的影响，从而大大提高实验结果的准确性。

（2）实验设计。如表3-8所示。

表3-8 有对照组的事前事后对比实验

项目	组别	
	实验组	对照组
事前测定值	$X1$	$Y1$
事后测定值	$X2$	$Y2$

实验效果（E）可表达为：$E=(X2-X1)-(Y2-Y1)$。

相对实验效果（RE）可表达为：$RE=[(X2-X1)/X1-(Y2-Y1)/Y1]\times 100\%$。

例如，某食品公司欲测定改进巧克力包装的市场效果，选定了A、B、C三家超市作为实验组，D、E、F三家超市作为对照组。在A、B、C超市以新包装销售，在D、E、F超市以旧包装销售，整个实验期为两个月，实验结果如表3-9所示。试问：其实验效果如何？

表3-9 实验结果对比　　　　　　　　　　　　　　　　单位：盒

组别	实验前1个月销量	实验后1个月销量	变动量
实验组（A、B、C）	$X1=1\,000$	$X2=1\,600$	600
对照组（D、E、F）	$Y1=1\,000$	$Y2=1\,200$	200

从表3-9中可以看出：

（1）实验组和对照组在实验前的商品销量分别为1 000盒；实验组在实验后的商品销量为1 600盒，对照组在实验后的商品销量为1 200盒；

（2）实验组实验前同实验后对比，其结果是商品销量增加了600盒；控制组实验前同实验后对比，其结果是商品销量增加了200盒。

实验效果为：

$$E=(X2-X1)-(Y2-Y1)=(1\,600-1\,000)-(1\,200-1\,000)=400(盒)$$

由上述结果可以推断巧克力采用新包装后，能够提升销量。

(3) 实验步骤。选择实验对象(将其划分为实验组与对照组,并处于相同的市场条件下),对实验组和对照组分别进行前测,对实验组进行实验激发,对实验组和对照组分别进行后测,得出实验结论。

(4) 优缺点。优点:通过实验前后的变化程度对比,既可以测定控制因素对实验过程的影响,又可以测定非控制因素对实验过程的影响。缺点:应用比较复杂;在进行消费者行为、态度测量时,将会受到调查者、被调查者态度的相互影响以及实验前后调查者与被调查者人员变动的影响。

3.2.1.3 访谈法

访谈法的含义

访谈法是将所要调查的事项以当面、书面或电话的方式,向被访者提出询问,以获得所需要的资料,它是市场调查中最常见的一种方法。通常应该事先设计好访谈程序及调查表或问卷,以便有步骤地实施。

访谈法的基本程序

1. 访谈准备

(1) "软件"准备。包括:确定访谈目的或动机;设计访谈问题;根据访谈目的,选定访谈对象;对访谈对象的情况做初步了解;确定访谈地点与时间,提前预约时间;主访人与记录人的分工。

(2) "硬件"准备。包括:访谈问题和问题表,访谈对象名单与简要情况表,录音、录像等设备,访谈记录用的笔、纸或笔记本。

(3) 制定访谈提纲。某比萨店访谈提纲如案例3-2所示。

案例 3-2

比萨店访谈提纲

(1) 预热话题和发言规则(10分钟)。

(2) 小组成员互相介绍(3~5分钟),一般从主持人开始,顺时针进行。

(3) 对到餐馆吃饭的态度和情感测试、消费行为(15分钟)(具体问题略,下同)。

(4) 对快餐的态度和情感测试、消费行为(15分钟)。

(5) 对西餐的态度和情感测试、消费行为(20分钟)。

针对没有比萨店用餐经历的小组:

(6a) 对比萨店的态度和认知度(20分钟)。

(7a) 对比萨店用餐服务的期望(10分钟)。

(8a) 对比萨店内装饰的期望(10分钟)。

针对有比萨店用餐经历的小组:

(6b) 在比萨店的消费行为细节和对用餐经历的评价(30 分钟)。

(7b) 对比萨店用餐服务的评价(10 分钟)。

(8b) 对比萨店内装饰的认知和评价(10 分钟)。

(9) 概念测试(出示概念板,10 分钟)。

感谢被访者的参与,结束访谈,并说明如何领取报酬。

2. 访谈开始

(1) 提前到达访谈地点。

(2) 若临时变化,则应及时通知被访者,致歉并另行约定访谈时间。

(3) 与被访者见面、寒暄,进行自我介绍。

(4) 谈明来访目的,确认访谈时间。

(5) 判断对方的风格、期望、顾虑。

(6) 为被访者保密。

(7) 接近访谈对象。包括:①自然接近,在某种共同活动的过程中接近对方;②求同接近,在寻找共同语言的过程中接近对方;③友好接近,从关怀、帮助被访者入手来联络感情、建立信任;④正面接近,开门见山,先自我介绍,直接说明访谈目的、意义和内容,然后进行正式访谈;⑤隐蔽接近,以某种伪装的身份、伪装的目的接近对方,并在对方没有察觉的情况下了解情况。

3. 访谈过程

(1) 访谈关键环节。包括:①提问方式。开门见山、直来直去;投石问路、先做试探;顺水推舟、逐波前进;逆水行舟、溯源而上;顺藤摸瓜、逐步发展;借题发挥、跳跃前进;层层深入;一杆到底;循循善诱……②引导和追问。当被访者对所提问题理解不正确、答非所问时;当被访者顾虑重重、吞吞吐吐、欲言又止时;当被访者一时语塞、对所提问题想不起来时……总之,当访谈遇到障碍无法顺利进行下去或偏离原定计划时,就应及时予以引导。当被访者回答前后矛盾、不能自圆其说时;当被访者回答不清、模棱两可时;当被访者的回答过于笼统、很不准确时……总之,当被访者的回答不正确、不完整时,就要适当地追问。

下面是"追问"的应用示例。

[例 3.1]

问:您喜欢这种电动工具什么呢?

第一次回答:外观漂亮。

追问:您还喜欢什么呢?

第二次回答:手感好。

追问:您还有没有喜欢的呢?

第三次回答:没有了。

[例 3.2]

问:您喜欢这种电动工具什么呢?

第一次回答:很好,不错。

追问:您所谓的"很好,不错"是指什么呢?

第二次回答:舒适。

追问:怎么个舒适法呢?

第三次回答:手握着操作时手感很舒适。

以上示例中,例 3.1 是探索性追问,通过追问扩大了被访者的回答,完整地记录下了被访者所喜欢的。例 3.2 是明确性追问,从"很好,不错"这样一般化的回答中,访谈者抽取出了更确切、得体的答案。

(2) 访谈过程中应注意的问题。包括:①访谈气氛。可以从简短的寒暄开始,从所熟悉的情况谈起,以创造轻松的访谈气氛;或者以开放式的问题切入主题。②合理有效地控制访谈进程。包括主要问题的询问、节奏的调整、深度的控制等。③照顾被访者的心理与隐私。尊重对方,拉近与被访者的距离;或者以校友、共同爱好等方式快速发现或建立共同点。④有目的地倾听,不要轻易打断对方的话题。开始时,尽量不谈敏感的话题;当被访者谈的是其认为很重要的问题时,不要轻易打断其话题。⑤访谈者行为。谦虚、认真地倾听是成功访谈的先决条件,切忌漫不经心。⑥不发表自己的观点。访谈中切记:访谈任务是听和记,不要轻易发表自己的观点。

4. 访谈结束

(1) 遵守约定的时间,养成良好的习惯,为自己树立良好的信誉;

(2) 访谈结束前可用几句话对访谈做一个总结,并照顾到以后的接触;

(3) 约定下次见面的时间与地点;

(4) 表示感谢。

5. 访谈后工作

(1) 当天及时将资料汇总;

(2) 检查访谈主要目的是否达到;

(3) 对访谈资料进行分析;

(4) 当天完成访谈记录表的填写;

(5) 保留原始访谈记录,以备查询;

（6）如需再次访谈，则做好下一步的行动计划。

访谈法的类型

访谈法的类型如图3-2所示。

1. 面谈调查

面谈调查是一种由调查人员直接与被调查者进行单独沟通交流，获得关于个人的某种态度、观念等方面信息的访谈调查方法，其中包括入户面访、街头拦访、计算机辅助面访。

多渠道访谈收集证据（Ⅰ）

（1）入户面访。入户面访的流程如图3-3所示。

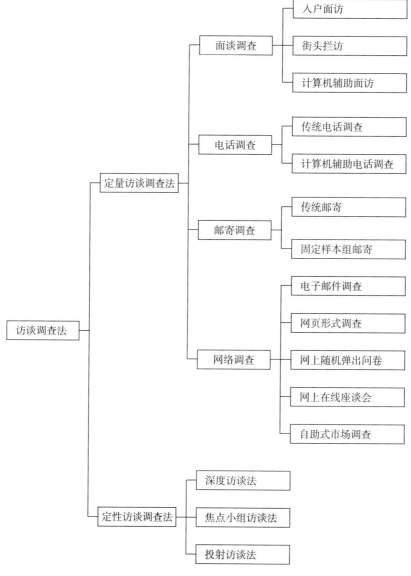

图3-2 访谈法的类型

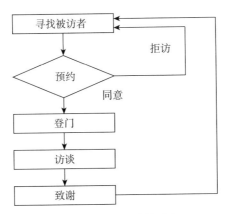

图 3-3 入户面访的流程

入户面访的优缺点及适用范围如表 3-10 所示。

表 3-10 入户面访的优缺点及适用范围

优点	缺点	适用范围
• 可取得有代表性的样本 • 可获得较多的信息和较高质量的数据 • 可根据被访者的态度、语气等特征进行访谈,灵活性较强,有激励效果	• 调查费用较高 • 调查周期较长 • 被访者容易受到访谈者态度、语气等的影响,对访谈者的要求较高 • 某些群体出于安全考虑,不愿意让陌生人入户,访谈成功率较低	• 需要使用产品样品或广告样本等辅助工具进行访谈的调查项目

入户面访时应掌握如下技巧:

第一,仪表仪态方面。具体如表 3-11 所示。

表 3-11 入户面访的仪表仪态技巧

正确的操作	错误的操作
• 穿着得体,良好的第一印象 • 亲切友好,举止大方 • 神态自然,充满自信 • 主动出示证件,消除疑虑	• 穿着太过时髦,浓妆艳抹 • 态度蛮横,语言粗鲁 • 神情紧张,缺乏自信 • 过早出示礼品,未出示证件

第二,自我介绍方面。示例如下:

[例 3.3]

女士、先生(叔叔、阿姨),您好!

我是某学校的访谈员。我们正在进行有关日用消费品的社会实践,想听取您的意见,和您做个访谈。谢谢您的支持和配合!

[例 3.4]

女士、先生(叔叔、阿姨),您好!

我是某市场营销调研公司的访谈员。我们正在进行一项有关日用消费品的研究(咨询、意见收集),想听取您的意见,和您做个访谈。谢谢您的支持和配合!

第三,选位和排除干扰方面。具体如表 3-12 所示。

表 3-12　入户面访的选位和排除干扰技巧

选位	排除干扰
• 进门后礼貌寒暄,对打扰被访者表示歉意 • 尽量选择光线较强的地方	电视机/音响: • 选择远离电视机或音响的位置 • 请求被访者调低音量或关闭干扰源 • 请求被访者背对电视或音响 家人/邻居/访客: • 礼貌婉言拒绝其他人参与访谈过程,只听取被访者个人的意见 • 请求被访者家人等的配合,访谈者尽量加快访谈速度

(2)街头拦访。街头拦访的流程如图 3-4 所示。

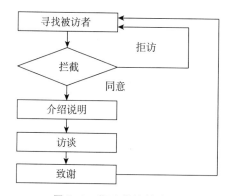

图 3-4　街头拦访的流程

街头拦访的优缺点及适用范围如表 3-13 所示。

表 3-13　街头拦访的优缺点及适用范围

优点	缺点	适用范围
• 费用低于入户面访 • 调查效率高,且避免了入户困难 • 可根据被访者的态度、语气等特征进行访谈,灵活性较强,有激励效果	• 被访者的身份难以识别 • 被访者拒访率较高时影响访谈者的工作情绪 • 被访者容易受到访谈者态度、语气等的影响,对访谈者的要求较高	• 常用于商业性的消费者意向调查,如购物场所调查等 • 需要快速完成的小样本探索性研究

(3)计算机辅助面访。计算机辅助面访可以是入户面访,也可以是街头拦访,即调查人员携带设有计算机辅助面访系统的笔记本电脑,访谈时直接将问题显示于计算机屏幕上,调查人员可以根据计算机屏幕上的问题进行访谈工作,并将被访者的答案直接输入计算机;如果被访者不愿意直接回答调查人员的问题,亦可由被访者自己将答案输入计算机内,以保护被访者的隐私。运用这种调查方法,被访者的回答率高,费用较低。

2. 电话调查

电话调查包括传统电话调查和计算机辅助电话调查两种类型。

(1)传统电话调查。传统电话调查的流程如图3-5所示。

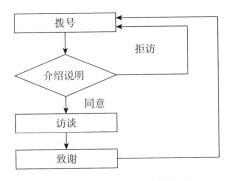

图3-5 传统电话调查的流程

电话调查开场示例如下:

"您好,我是××公司的电话访问员,正对我公司的××产品开展全国范围的调查,以了解消费者的反应。我们由随机抽样获得您的电话号码。我们的访问可能需要打扰您几分钟,如果您有任何疑问,我们将很乐意为您解答。现在我们开始第一个问题……"

传统电话调查的优缺点及适用范围如表3-14所示。

表3-14 传统电话调查的优缺点及适用范围

优点	缺点	适用范围
• 收集信息资料速度快 • 调查费用较低 • 便于在一些敏感问题的调查中得到更为坦诚的回答	• 受时间限制,访谈内容难以深入,得到的信息在数量、类型上有限 • 拒访率高 • 不适宜要求被访者看到广告、产品实物等需要实物显示的调查	• 常用于商业性的消费者意向调查 • 主要用于不太复杂问题的访谈

(2)计算机辅助电话调查。计算机辅助电话调查通常的工作形式是:访谈者坐在计算机前,面对屏幕上的问卷,向电话对面的被访者读出问题,并将被访者的回答记录到计

算机中；督导在另一台计算机前对整个访谈工作进行现场监控。这种调查方法的优点是样本不受地域限制，调查费用低。

3. 邮寄调查

邮寄调查是指通过邮寄或其他方式将调查问卷送到被调查者手中，由被调查者自行填写，然后将问卷返回的一种调查方法。

邮寄调查的优缺点及适用范围如表3-15所示。

表3-15 邮寄调查的优缺点及适用范围

优点	缺点	适用范围
• 能突破时空限制，扩大调查区域 • 保密性强 • 被调查者有充分的时间思考，回答问题更确切	• 回收率低 • 周期长 • 难免有人草率行事，结果的真实性低，问卷填写质量难以控制	• 政府主管部门采用行政手段进行的调查 • 上级对下级进行的指令性调查

4. 网络调查

网络调查是指利用互联网作为技术载体和交换平台进行调查的一种调查方法。

网络调查的优缺点及适用范围如表3-16所示。

表3-16 网络调查的优缺点及适用范围

优点	缺点	适用范围
• 调查对象广泛 • 调查速度快 • 调查费用低 • 富有灵活性	• 被调查者身份验证有很大困难 • 周期长 • 受互联网安全性影响较大	• 适合专业的调研公司使用

四种定量访谈调查法比较如表3-17所示。

表3-17 四种定量访谈调查法比较

比较项目	面谈调查	电话调查	邮寄调查	网络调查
处理复杂问题的能力	很高	高	低	一般
灵活程度	很高	高	低	一般
调查费用支出	高	较低	较低	低
回收率	高	较高	低	一般

5. 深度访谈法

深度访谈法又称深层访谈法。深度访谈法是一种无结构的、直接的、个人的访谈形式，在访谈过程中，一个掌握高级技巧的访谈者深入地访谈一个被访者，以揭示对某一问题的潜在动机、信念、态度和感情。

深度访谈法的优缺点及适用范围如表 3-18 所示。

表 3-18 深度访谈法的优缺点及适用范围

优点	缺点	适用范围
●一对一访谈容易进行感情上的交流与互动	●调查成本高 ●调查周期长	●用于获取对问题的理解和深层了解的探索性研究 ●新的设计、广告和促销方案都可以采用这种方法形成

深度访谈法的实施流程如下：

（1）接收任务书。

（2）制订约人方案。确认被访者条件，确认配额，准备确认甄别问卷，制定劳务费标准。

（3）预约被访者。①培训访谈者，向其说明被访者条件、访谈要点、劳务费标准、访谈时间、约人注意事项、约人终止时间等。为避免预约到有重大变故的被访者，要求访谈者在约定的时间内将被访者的情况及时反馈给公司。②根据被访者的背景信息，对其进行甄别。多约几人备用（具有相同的背景）；可以采用突然发问等形式的侧面甄别技术；同一个访谈者所约的被访者之间不能相互认识，并且不能是同一单位的；最后确认访谈时间。③控制被访者的分布情况，如从业时间（工龄）、行业、职务、生活背景不同的被访者尽量都涵盖。将时间安排、访谈安排发送给被访者，如有变动及时与其取得联系。

（4）正式访谈。访谈者一对一与被访者进行现场访谈；访谈者整理现场问卷、记录、录音；对于收回的问卷、记录、录音，督导要亲自过目；及时将回收的问卷、记录、录音等寄给被访者。

（5）访谈后的整理工作，记录存档留底。

（6）访谈后续工作。

6. 焦点小组访谈法

焦点小组访谈法又称小组座谈法，就是采用小型座谈会的形式，由一个经过训练的主持人以一种无结构、自然的形式与一组具有代表性的消费者或客户交谈，从而获得对有关问题的深入了解。

焦点小组访谈法的优缺点及适用范围如表 3-19 所示。

市场数据调研及处理

表 3-19 焦点小组访谈的优缺点及适用范围

优点	缺点	适用范围
• 收集信息资料速度快、效率高 • 获取的资料较为广泛、深入 • 将调查与讨论相结合,结构灵活 • 节省人力、物力和财力 • 便于互相启发、集思广益	• 对主持人的要求高 • 迫于个别专家的权威,容易迫于群体压力,形成错误判断 • 答案凌乱,难整理	• 社会公益性问题调查,如政策出台前后消费者的反应调查、房地产项目定位调查等

焦点小组访谈法的实施流程如下:

(1) 准备焦点小组访谈。①环境选择方面,一般会选择一个焦点小组测试室,主要设备应包括话筒、单向镜、室温控制器、摄像机。对调查人员来说,焦点小组访谈法是一种了解消费者动机的理想方法。②征选受访者方面,一般会在商业街上随机地拦住一些人或是随机地选择一些电话号码。征选过程中应极力避免在小组中出现重复的或"职业"性的受访者。一个小组一般包括八名受访者。注意,并不存在理想的受访人数,而应根据小组的类型确定,经历性的小组比分析性的小组所需的受访者要多。另外,经调查发现,人们同意参加焦点小组的动机依次是:报酬,对话题感兴趣,有空闲时间,认为焦点小组有意思,对产品了解得很多、好奇,它提供了一个表达的机会。

(2) 选择主持人。拥有合格的受访者和一个优秀的主持人是焦点小组访谈法成功的关键因素。焦点小组对主持人的要求是:第一,主持人必须能恰当地组织一个小组。第二,主持人必须具有良好的商务沟通技巧,以便有效地与受访者进行互动。不仅对主持人的培训和主持人自身的准备是非常重要的,而且受访者在参加焦点小组访谈之前也必须做好充分的准备。

(3) 编制讨论指南。编制讨论指南一般采用团队协作法。讨论指南要保证按照一定的顺序逐一讨论所有重点的话题。讨论指南是一份关于座谈会中所要涉及的话题概要。讨论指南一般包括三部分内容:首先,建立友好的关系,解释座谈会的沟通规则,并提出讨论的话题。其次,由主持人激发深入的讨论。最后,总结重要的结论,衡量信任和承诺的程度。

(4) 编写焦点小组访谈报告。访谈结束后主持人可做一次口头报告。正式报告的开头通常解释调查的目的,申明所调查的主要问题,描述小组成员的个人情况,并说明征选受访者的过程。接着,总结调查发现并提出建议,通常为2~3页的篇幅。如果小组成员的交谈内容经过了精心归类,那么组织报告的主体部分也就很容易了:先列出第一个主题,然后总结对这一主题的重要观点,最后使用小组成员的真实记录(逐字逐句的记录)进一步阐明这些主要观点。以同样的方式一一总结所有的主题。

要组织完成一项焦点小组访谈,需要做好三方面的工作。

(1) 做好座谈会前的准备工作,主要内容有:①确定座谈会的主题;②确定座谈会的主持人;③征选受访者;④选好座谈会的场所和时间;⑤确定座谈会的次数;⑥准备好座谈会所需要的演示和记录用具,如录音、录像设备等;⑦在需要同声传译的情况下,让翻译了解所要讨论的大概内容。

(2) 组织和控制好座谈会的全过程,主要内容有:①要善于把握座谈会的主题;②要做好与受访者之间的协调工作;③要做好座谈会记录,座谈会一般由专人负责记录,同时还常常通过录音、录像等方式记录。

(3) 做好座谈会后的各项工作,主要内容有:①及时整理、分析座谈会记录;②回顾和研究座谈会情况;③做必要的补充调查。

运用焦点小组访谈法时,应注意如下事项:

(1) 访谈的目的决定了所需要的信息,从而也决定了需要的受访者和主持人。企业可以应用一些特殊的调研技术(如测试态度的量表技术)以及一些特殊的仪器(如进行广告效果测试时,常常需要瞬间显示器和投影仪)辅助调研,这些都需要提早落实,准备到位。

(2) 曾经参加过访谈的人,是不合适的受访者。

(3) 受访者中应避免亲友、同事关系,因为这种关系会影响发言和讨论,一旦出现这种情况,就应该要求他们退出。

(4) 每个小组成员的数量。一直以来8～12人被认为是合适的,但经常有4～5人的焦点小组实施访谈,这主要应视讨论的内容而定。例如,当我们为一个家用电脑软件实施焦点小组访谈时,为了让消费者充分熟悉软件功能并尽量深入发表意见,每组只有4位成员,而座谈要持续3个小时以上。

(5) 吸引受访者参加座谈会的具体做法。给予受访者一定的报酬,报酬越高越能吸引其参与;越枯燥的调研项目报酬越要高;座谈会要尽量安排在周末举行;向目标人选描述座谈会如何有趣、有意义;强调目标人选的参与对调研十分重要。

(6) 主持人在焦点小组访谈中要明确工作职责。其工作职责包括:①与受访者建立友好的关系;②说明座谈会的沟通规则;③告知调研的目的并根据讨论的发展灵活变通;④探寻受访者的意见,激励他们围绕主题热烈讨论;⑤总结受访者的意见,评判对各种参数的认同程度和分歧。

(7) 主持人应把握会场气氛。主持人在座谈会开始时就应该亲切热情地感谢大家的参与,并向大家解释焦点小组访谈是怎么一回事,使受访者尽量放松。然后,真实坦诚地介绍自己,并请受访者一一自我介绍。沟通规则一般应包括如下内容,并应诚恳地告知受访者:①不存在不正确的意见,您怎么认为就怎么说,只要说出真心话即可。②您的意见代表着其他很多像您一样的消费者的意见,所以很重要。③应该认真听取别人的意见,不允许嘲笑贬低。④不要互相议论,应依次大声说出。⑤不要关心主持人的观点,对于这个调研课题主持人和大家是一样的,并不是专家。⑥如果您对某个话题不了解,或没有见解,不必担心,也不必勉强地临时编撰。⑦为了能在预定的时间内完成所有话题,请原谅主持人可能会打断您的发言,等等。访谈数据和资料分析要求主持人与分析人员共同参与。他们必须重新观看录像,不仅要听取受访者的发言内容,而且要观察其面部表情和肢体语言。企业在进行产品概念测试时特别要注意这一点,因为受访者往往不愿意对设计的"概念"提出激烈的反对意见,只有当企业自己观察到受访者不屑一顾的嘲讽表情时,才会意识到其概念并不受欢迎。

7. 投射访谈法

投射访谈法是指利用投射技术进行访谈调查的方法。投射在心理学上是指个人把自己的思想、态度、愿望、情绪或特征等,不自觉地反应于外界的事物或他人的一种心理作用。此种内心深层的反应,实为人类行为的基本动力,而这种基本动力的探测,有赖于投射技术的应用。常用的投射访谈法包括词语联想法、句子和故事完成法、画图测试法、照片归类法等。

(1) 词语联想法。这是一种与字、词相关联的测试方法,比如当我说出"巧克力"这个词的时候,你想到的第一个词是什么?任何人根据自己的生活经验和体会都会对"巧克力"一词产生联想,并用他们自己的语言表达出来。这种测试方法是非常实用和有效的,常用于给新产品选择名称、确定广告主题和广告文案等。具体操作方式为:主试先给被试一个词语,然后要求他说出看到这个词语后脑海中联想到的第一种事物,并快速地用一连串的词语表达出来,不要受干扰。如果被试不能在3秒钟内做出回答,那么说明他已经受到干扰了。需要强调的是,选择的被试必须是该商品的目标消费者,因为只有他们的联想才能真正代表这个群体。比如,要给一款新的罐装咖啡确定一个商品名称,就可以采用这种方法,被试会凭借自己对罐装咖啡的理解和消费经验而说出许多有趣的词语,调研人员就可从中选择作为商品名称的备选项目。

(2) 句子和故事完成法。其基本操作原理和词语联想法基本一致,只是具体做法上稍有不同,即向被试提供一段不完整的故事或是一组缺损的句子,要求将其补充完整。目的是希望被试把自己潜在的心理感觉投射到故事或句子所展现的情节中去。事实上,人们在编写故事或句子的时候,是会不自觉地将自己的感觉和愿望投入其中的。这种方法被调研人员认为是很可靠的测试方式。比如,当我们问及这样一个问题"当你被朋友邀请去高尔夫俱乐部时,你……"时,我们会要求被试根据自己的想象编一个故事,此时,他们所讲述的故事实际上是他们内心想法的投射。尽管有时被试会把自己的反应归于别人身上,但是面对问题的刺激物,他们会暴露内心潜在的感受、需要、个性、情绪、动机,等等。

当然,这些故事是需要从心理学的角度去分析和辨别的。

(3)图画测试法。图画测试法通常测试人们对两个不同类型的问题的看法,具体的测试方法是安排两个人物的对话,在一个对话框中已经写明人物对某问题的看法,在另一个对话框中则留有空白,让被试回答。人物的图像是模糊的,没有任何暗示,目的是让被试能够随意地表达自己的想法。这种方法最初用于测试儿童的智力成熟度,后来应用越来越广泛,逐步运用到对特殊群体甚至正常群体的测试和研究中。这种方法常用于测试消费者对某种产品或品牌的态度。另外,图画测试法还可以给出命题,让被试根据自己的理解和想象任意地绘制他所认为合理的图形和场景。此外,这种方法还用于分析人的价值观,比如对"养老"问题的看法,如何用画面来表达晚年生活,就是一个千姿百态、向往各异的有趣现象。这时一幅画胜似复杂的语言表达,调研人员可以从中得知丰富的信息。然而,由于该方法运用的是心理学中的图画技术,在运用中存在一定的弱点,评估工作比较难以标准化,因此对解释图画的人要求比较高,一般的调研人员很难准确地把握,需要具备专门的心理学知识背景的专家以科学、严谨的态度和丰富的经验进行分析与解释,否则就是一种简单、庸俗的研究作风。

(4)照片归类法。照片归类法是要求被试对一组特殊的照片进行归类,以此来表达他们对某品牌的感受。这种测试方法起源于美国的广告代理公司(BBDO Worldwide),具体做法是:提供给被试一组照片和一组品牌,照片中有不同的人物,从高级白领、蓝领到大学生应有尽有,然后请被试将他们与品牌对号入座。这种方法可以从被试那里分析和寻找到不同品牌的真正消费者应该是谁。广告代理公司曾用这种方法分析啤酒市场的目标消费群体,其选择了100名目标消费者进行调研,他们的特征是男性、年龄在21岁至49岁、每周至少喝6瓶啤酒。调研人员向他们出示了98张照片(不同身份特征的人),要求他们根据自己的判断为每一张照片上的人选择一个其可能喝的啤酒品牌。测试结果显示,即便是蓝领群体,由于脾气不同,选择的品牌也因此有所不同,而每一个品牌都有自己的个性和特定的消费群体。

投射访谈法具有如下特点:

(1)测试目的的隐蔽性。被试一般不知道测试的真实目的,也不知道调研人员对自己的反应会做何种心理学解释,他们所意识到的是对图形、故事或句子等刺激的反应,而他们的反应实际上把其内心一些隐蔽的东西表现了出来,这样就减少了他们伪装自己的可能性。

(2)内容的非结构性与开放性。这是指投射访谈法使用非结构化任务作为测试材料,即允许被试产生各种各样不受限制的反应。为了促使被试充分想象,投射访谈法一般只有简短的指示语,测试材料也是模棱两可的,不像一般测试方法中的试题那样非常明确。由于测试材料的模糊性,被试的反应较少受到情境线索和他人观点的影响,往往会表现出其真实的内在感受、需要、个性、情绪、动机、冲突、防御等心理内容。采用投射访谈法可以测试出被试人格更真实的面貌。

（3）反应的自由性。一般的测评技术都在不同程度上对被试的回答（反应）进行了这样或那样的限制，而投射访谈法一般对被试的回答（反应）不做任何限制，对被试而言是很自由的。

（4）整体性。这是指投射访谈法关注的是对被试的整体评估，而不是针对单个特质的测量。被试的任何反应都可能影响评估结论，在对投射访谈法进行解释时要注意它的整体性特征。

投射访谈法的优缺点及适用范围如表3-20所示。

表3-20 投射访谈法的优缺点及适用范围

优点	缺点	适用范围
• 投射访谈法的最大优点在于调研人员的目的藏而不露。这样就创造了一个比较客观的外界条件。采用投射访谈法可以测试出被试人格更真实的一面，使测试结果比较真实 • 真实性强，比较客观，对被试的心理活动了解得比较深入	• 分析比较困难，需要有经过专门培训的调研人员	• 被试常对自己的行为动机并不十分清楚，无法对调研人员讲明其真正动机 • 受到非理性因素影响。被试在被问到有关某种行为动机时，往往会隐藏自己的真正行动动机

访谈提纲与访谈计划

访谈提纲示例如下：

关于"奢侈消费"的深度访谈提纲

您好：

我是来自某学院的一名大三的学生，我正在研究关于人们选择消费品时的一些想法，不知道能不能耽误您一点时间和您聊聊您的一些情况。整个访问大约需要30分钟，您看我们是不是找个舒服一点的位置坐下来聊一聊？

1. 引出主题

• 今年圣诞节很冷啊！不过圣诞节打折促销活动搞得火热！您有没有趁着打折期间购置期待已久的物品呢？

• 您的手机很漂亮啊，很贵吧？

• 您会在什么情况下购买这些奢侈品呢？

• 假设性问题：如果您有足够的经济实力，您会选择购买奢侈品还是您认为物美价廉适合您的产品呢？

多渠道访谈收集数据（Ⅱ）

- 有些人认为奢侈消费行为是未来消费的发展方向,对于这一观点,您是怎么看的?

2. 消费与使用过程研究

从开始受到触动、有想法、收集信息、与人互动、选择购买场所、购买现场互动直到购买完成、后期使用,针对每一个环节,细致追问受访者当时的场景与感受、行为方式及原因。

3. 消费心理与价值观研究

您认为一个人可以在社会上受到尊重的原因是什么,与消费能力有关系吗?

4. 人群互动

在您周围的同事或朋友中,您的消费与他们的消费之间有何关系?他们的消费受到您影响了吗?如果回答是肯定的,那么继续追问这种影响是怎样产生的,具体描述一下当时互动的情况。

5. 结论

说到奢侈,您想到了什么?什么是奢侈消费行为?您自己有这样的消费行为吗?您的消费与您所说的奢侈消费之间有多大的差距?您认为未来消费会向哪个方向发展?您有具体的奢侈消费计划吗?实现这样的计划需要什么条件?您如何创造这些条件?

访谈计划示例如下:

关于"××××大学学生阅读情况"的访谈计划

一、访谈目的

了解此次活动的影响及访谈对象的反应。

二、访谈方式

面对面访谈。

三、访谈对象

某大学所有本科生。

四、访谈提纲

(一) 访谈开场语

您好,我是来自某专业的一名大三的学生,现在在做一个关于学生阅读情况的专题调查,最多耽误您30分钟的宝贵时间。本次访谈主要通过问答形式进行,访谈内容将严格保密!为保证访谈的有效性,请您真实地回答每一个问题。如果您没有疑问的话,我们就开始吧!

(二) 访谈对话

第一部分:对话部分

(1) 您现在是大几的学生?

（2）您每天都坚持阅读吗？

（3）您喜欢阅读自己的专业书籍吗？

（4）您每天花在阅读上的时间有多长？

（5）您平时最喜欢阅读哪种类型的课外书籍？

（6）您一般的阅读方式是怎样的？

（7）相较于专业书籍,您是否更偏爱于课外书籍？

（8）您每个月花在图书上的费用有多少？

（9）您喜欢电子书籍还是传统书籍？

（10）您认为电子书籍会取代传统书籍吗？

（11）您是否对自己阅读的专业书籍或课外书籍进行过总结？

（12）您认为课外阅读对您的帮助大吗？

（13）您是否经常去图书馆借阅与自己专业相关的书籍？

（14）您觉得大学生是否有必要多进行课外阅读？

（15）您进行课外阅读的主要目的是什么？

（16）您平时会出于什么原因而没有进行课外阅读？

第二部分：访谈结束语

再次感谢您的配合,祝您学习进步,生活愉快！

五、访谈步骤

（1）观察活动现场；

（2）选取对象；

（3）开始访谈并记录；

（4）访谈反思与评估。

六、可能遇到的问题

（1）被访者拒答；

（2）访谈地点受干扰性大；

（3）访谈过程中被访者不耐烦；

（4）访谈过程被第三者打断；

（5）被访者敷衍回答。

七、设想解决的方法

（1）选取适当的访谈对象,靠观察选取容易接近的,明确告知其访谈目的；

（2）选取适当的访谈时机和地点；

（3）尽量速战速决,在活动现场多数人可能都是匆匆而过不愿合作的,所以时间宝贵；

（4）也可以一对多地进行访谈，采取交流小组的形式；

（5）如果访谈对象敷衍回答，则应尽早结束访谈，并将此次访谈作废。

八、访谈前所需准备

（1）笔记本、笔及相关个人证件；

（2）录音笔；

（3）访谈提纲。

访谈报告

一般来说，访谈报告都包括标题、导言、主体和结尾几个部分。

1. 标题

标题必须准确揭示访谈报告的主题思想。标题要简单明了、高度概括、题文相符，如《××市居民住宅消费需求访谈报告》《关于奢侈品消费访谈报告》等。

2. 导言

（1）访谈的目的和意义；

（2）访谈的内容和对象；

（3）访谈的方式。

3. 主体

主体部分是访谈报告的主要内容，这部分要善于运用材料来表现访谈的主题。具体包括：

（1）客观、全面地阐述访谈所获得的材料、数据；

（2）用所获得的材料、数据说明有关问题，得出有关结论；

（3）对有些问题、现象要做深入分析、评论等。

4. 结尾

（1）主要是形成访谈的基本结论，也就是对访谈的结果做一个小结；

（2）提出对策建议，供有关决策者参考。

3.2.1.4 问卷调查法

问卷调查法也称问卷法，它是调查者运用统一设计的问卷向被选取的调查对象了解情况或征询意见的调查方法。按照问卷填答者的不同，问卷调查可分为自填式问卷调查和代填式问卷调查。其中，自填式问卷调查按照问卷传递方式的不同，可分为报刊问卷调查、邮政问卷调查和送发问卷调查；代填式问卷调查按照与被调查者交谈方式的不同，可分为访问问卷调查和电话问卷调查。

问卷设计和抽样设计是问卷调查的两项关键技术。

市场数据调研及处理

问卷设计

问卷是指调查者事先根据调查的目的和要求所设计的,由一系列问题、说明、备选答案组成的调查项目表格,所以又称调查表。问卷设计是根据调查目的,将所需调查的问题具体化,使调查者能顺利地获取必要的信息资料,并便于统计分析。由于问卷调查通常是依靠被调查者通过问卷间接地向调查者提供资料,因此作为调查者与被调查者之间中介物的调查问卷,其设计是否科学合理,将直接影响问卷的回收率及资料的真实性、实用性。因此,在市场调查中,应对问卷设计给予足够的重视。

问卷调查业务流程介绍(Ⅰ)

1. 问卷的结构

一份完整的调查问卷通常由标题、卷首语、被调查者基本情况、调查主题内容、编码、结束语、调查情况记录等部分组成。

(1) 标题。每份问卷都有一个调查研究主题。问卷的标题应概括地说明调查研究主题,使被调查者对所要回答的问题有一个大致的了解。标题应简明扼要,易于引起被调查者的兴趣。例如"××××大学大学生消费状况调查""北京消费者对大型综合超市满意状况调查"等。不要简单采用"问卷调查"这样的标题,否则容易引起被调查者不必要的怀疑从而拒答。

(2) 卷首语。卷首语又称说明信或开场白,它是写在问卷开头的一段话,是调查者给被调查者写的简短的信,用来介绍调查者并说明调查的目的、意义以及有关填答问卷的要求等。卷首语一般包括如下内容:①问候语。有称呼和问候,如"××先生/女士:您好!"。问候语需要用敬语,口吻要亲切,态度要诚恳,从而增加被调查者回答问题的热情,并激发他们的兴趣,得到积极配合。②调查者自我介绍。表明调查者的个人身份或组织名称。③调查的目的与意义。简单的内容介绍、对调查目的的说明以及合作请求,是问卷设计中十分重要的方面。④关于匿名的保证。如涉及需为被调查者保密的内容,则必须指明予以保密、不对外提供等,以消除被调查者的顾虑,获得准确的数据。⑤填表说明。填表说明是对被调查者回答问题的要求,主要在于规范和帮助被调查者对问卷的回答,是对被调查者填答问题的各种解释和说明。比如,关于选出答案做记号的说明:凡在回答中需选择"其他"一项作为答案的,请在后面的"_____"中用简短的文字注明实际情况。⑥表示感谢。最后要对被调查者的配合表示真诚的感谢,或说明将赠送小礼品。大量的实践表明,几乎所有拒绝合作的人都是在开始接触的前几秒钟内就表示不愿参与的。因此,卷首语是不可或缺的,尤其前三项是必须具备的内容,其他内容视具体情况而定。

卷首语示例如下：

尊敬的先生/女士：

您好！我是成都××公司的调查员，目前正在进行一项本地市民饮料消费状况的市场调查，希望得到您的支持。答案没有对错之分，请您根据实际情况和感受回答问题。您的回答将按照《中华人民共和国统计法》予以保密。对您的合作我们将奉上一份小小的礼品以示感谢。谢谢您的支持！

此例中包含了问候语、调查者身份、调查内容、保密措施和感谢语。

填表说明示例如下：

1. 请在每一个问题后适合您个人情况的答案序号上画圈，或在_____处填上适当的内容；
2. 问卷每页右边的数字及短横线是录入计算机时用的，您不必填写；
3. 如无特殊说明，每一个问题只能选择一个答案；
4. 填答问卷时请不要与他人商量。

有些问卷还有其他事项说明等，例如：

"娃哈哈第五届全国高校市场营销大赛调查问卷"问卷说明

本问卷是娃哈哈第五届全国高校市场营销大赛指定的调查问卷模板。其中，产品测试部分包含娃哈哈的四种产品，分别是冰糖雪梨、启力、激活和酸牛奶。

（3）被调查者基本情况。这是指被调查者的一些主要特征，比如在消费者调查中，消费者的性别、年龄、民族、家庭人口、婚姻状况、文化程度、职业、单位、收入、所在地区等。又如在企业调查中，企业的名称、地址、所有制性质、主管部门、职工人数、商品销售额（或产品销售量）等。通过这些项目，调查者能够方便地对调查资料进行统计分组、分析。在实际调查中，列入哪些项目，列入多少项目，应根据调查目的、调查要求而定，并非多多益善。尽管被调查者往往对这部分问题比较敏感，不愿意回答，但有些问题与调查目的密切相关，如消费者个体特征不同对某一特定事物的态度、意见及行为倾向存在很大差异。

（4）调查主题内容。调查主题内容是调查者所要了解的基本内容，也是调查问卷中最重要的部分。它主要是以提问的形式提供给被调查者，这部分内容设计得好坏直接影响整个调查的价值。调查主题内容主要包括以下几个方面：①对人们的行为进行调查。包括了解被调查者本人的行为及通过被调查者了解他人的行为。②对人们的行为后果进行调查。③对人们的态度、意见、感觉、偏好等进行调查。

（5）编码。在问卷调查中，大量的问卷收回后，需要对每个问题的答案进行整理、汇总。为了充分利用问卷中的调查数据，提高问卷的录入效率及分析效果，需要对问卷中的数据进行科学的编码。编码就是对一个问题的不同答案给出一个电脑能够识别的数字代码的过程,在同一道题目中,每个编码仅代表一个观点,然后将其以数字形式录入电脑中。通过编码,将不能直接统计计算的文字转变成可直接计算的数字,将大量文字信息压缩成一份数据报告,使信息更为清晰和直观,以便对数据进行分组和后期分析。这就使问卷编码工作成为问卷调查中不可缺少的流程,也成为数据整理汇总阶段重要而基本的环节。

(6)结束语。结束语一般置于问卷主体的后面,有的问卷也可以省略。结束语要简单明了,用来简短地对被调查者的合作表示感谢,也可以设置开放性问题,征询被调查者的意见、感受及其他补充说明等。

(7)调查情况记录。在问卷的最后,附上调查人员(访问人员)的姓名、访问日期、时间等,以明确调查人员完成任务的情况。如有必要,还可写上被调查者的姓名、单位或家庭住址、电话等,以便于审核和进一步的追踪调查。但对于一些涉及被调查者隐私的问卷,上述内容则不宜列入。

2. 问卷设计的原则

(1)目的性原则。问卷调查是通过向被调查者询问问题来进行调查的,因此询问的问题必须与调查主题密切相关。这就要求在问卷设计时,重点突出,避免可有可无的问题;将主题分解为更详细的条目,即把它分别做成具体的问题供被调查者回答。

问卷调查业务流程介绍(Ⅱ)

(2)可接受性原则。问卷的设计要比较容易让被调查者接受。由于被调查者对是否参与调查有着绝对的自由,调查对他们来说是一种额外的负担,他们既可以采取合作态度接受调查,又可以采取对抗态度拒绝回答,因此请求合作就成为问卷设计中一个十分重要的问题。应在问卷说明中,将调查目的明确地告知被调查者,让对方知道该项调查的意义和他的回答对整个调查结果的重要性。问卷说明要亲切、温和,提问部分要自然、有礼貌和有趣味,必要时可采用物质激励的方式,并代被调查者保密,以消除其产生的某种心理压力,使其自愿参与,认真填好问卷。此外,还应使用适合被调查者身份、水平的用语,尽量避免列入一些令被调查者难堪或反感的问题。

(3)顺序性原则。这是指在设计问卷时,要讲究问卷的排列顺序,使问卷条理清楚、顺理成章,以优化问题回答的效果。问卷中的问题一般可按下列顺序排列:①容易回答的问题(如行为性问题)放在前面,较难回答的问题(如态度性问题)放在中间,敏感性问题(如动机性、涉及隐私等问题)放在后面,关于个人情况的事实性问题放在末尾。②封闭性问题放在前面,开放性问题放在后面。这是由于封闭性问题已由设计者列出备选的全部答案,较易回答,而开放性问题需要被调查者花费一些时间考虑,放在前面易使被调查者产生畏难情绪。要注意问题的逻辑顺序,如可按时间顺序、类别顺序等合理排列。

(4)简明性原则。简明性原则主要体现在以下方面:①调查内容要简明。没有价值或无关紧要的问题不要列入,同时要避免重复,力求以最少的问题获取必要的、完整的信息资料。②调查时间要简短。问卷问题和整个问卷都不宜过长。设计问卷时,不能单纯从调查者的角度出发,而要为被调查者着想。调查内容过多,调查时间过长,都会招致被调查者的反感。调查的场合一般都在路上、店内或居民家中,被调查者行色匆匆,或不愿让调查者在家中久留等;而有些问卷过长,让被调查者望而生畏,一时勉强做答也只能草率应付。根据经验,一般问卷回答时间应控制在30分钟左右。③问卷设计的形式要简明易读、易懂。

(5) 匹配性原则。匹配性原则是指要使被调查者的回答便于进行检查、数据处理和分析。所提问题应事先考虑到能对问题回答做适当分类和解释,使所得资料便于做交叉分析。

3. 问卷设计的程序

问卷设计是由一系列相关的工作过程构成的,为使问卷具有科学性和可行性,需要按照一定的程序进行。

(1) 准备阶段。准备阶段应根据调查目的确定调查主题的范围,将所需问卷资料一一列出,分析哪些是主要资料,哪些是次要资料,哪些是调查的必要资料,哪些是可有可无的资料,并分析哪些资料需要通过问卷获取、需要向谁调查等,对必要资料加以收集。同时,要分析调查对象的各种特征,即分析了解各调查对象的社会阶层、行为规范、社会环境等社会特征,文化程度、知识水平、理解能力等文化特征,需求动机、行为等心理特征,以此作为拟定问卷的基础。在此阶段,应充分征求有关人员的意见,以了解问卷中可能出现的问题,力求使问卷切合实际,能够充分满足各方面分析和研究的需要。可以说,问卷设计的准备阶段是整个问卷设计的基础,是问卷调查能否成功的前提条件。

(2) 初步设计。在准备工作的基础上,设计者可以根据收集到的资料,按照设计原则设计问卷初稿,主要是确定问卷结构,拟定并编排问题。在初步设计中,首先要标明每项资料需要采用何种方式提问,并尽量详尽地列出各种问题,然后对问题进行检查、筛选、编排,设计每个项目。对提出的每个问题,都要充分考虑是否有必要、能否得到答案。同时,要考虑问卷是否需要编码,或是否需要向被调查者说明调查目的、要求、基本注意事项等。这些都是设计调查问卷时十分重要的工作,必须精心研究,反复推敲。

(3) 试答和修改。一般说来,所有设计出来的问卷都存在一些问题,因此需要将初步设计出来的问卷在小范围内进行试验性调查,以便弄清问卷在初稿中存在的问题,了解被调查者是否乐意回答和能否回答所有的问题,哪些语句不清、多余或遗漏,问题的顺序是否符合逻辑,回答的时间是否过长等。如果发现问题,则应做必要的修改,使问卷更加完善。试验性调查与正式调查的目的是不一样的,它并非要获得完整的问卷,而是要求回答者对问卷各方面提出意见,以便于修改。

市场数据调研及处理

(4) 付印。付印就是将最后定稿的问卷,按照调查工作的需要打印复制,制成正式问卷。

4. 问卷设计的技巧

问卷的语句由若干个问题构成,问题是问卷的核心,在进行问卷设计时,必须仔细考虑问题的类别和提问方法,否则会使整个问卷产生很大的偏差,导致市场调查失败。因此,在设计问卷时,设计者应对问题有较为清楚的了解,并善于根据调查目的和具体情况选择适当的询问方式。

(1) 问题的主要类型及询问方式。根据不同的分类标准,可将问题分为不同的类型。

第一,根据提问方式,可将问题分为直接性问题、间接性问题和假设性问题。

直接性问题是指在问卷中能够通过直接提问的方式得到答案的问题。直接性问题通常给回答者一个明确的范围,所问的是个人基本情况或意见,比如"您的年龄""您的职业""您最喜欢的洗发水是什么牌子的?",等等,这些都可以获得明确的答案。这种提问方式比较便于统计分析,但遇到一些窘迫性问题时,可能无法得到所需要的答案。

间接性问题是指那些不宜于直接回答,而采用间接提问的方式得到所需答案的问题。通常是指被调查者因对所需回答的问题有所顾虑而不敢或不愿真实地表达意见的那些问题。调查者不应为得到直接的答案而强迫被调查者,使他们感到不愉快或难堪。这时,如果采用间接提问的方式,使被调查者认为很多意见已被其他调查者提出来了,他所要做的只不过是对这些意见加以评价罢了,就能破除调查者和被调查者之间的某些障碍,使被调查者有可能对已得到的结论不带掩饰地提出自己的意见。例如,"您认为妇女权益是否应该得到保障?"大多数人都会回答"是"或"不是"。而实际情况则表明许多人对妇女权益有着不同的看法。如果采用以下提问方式效果应会有所不同。

A:有人认为妇女权益问题应该得到重视。

B:另一部分人认为妇女权益问题并不一定需要特别提出。

您认为哪种看法更为正确?

对 A 种看法的意见:

①完全同意;②有保留的同意;③不同意。

对 B 种看法的意见:

①完全同意;②有保留的同意;③不同意。

采用这种提问方式会比直接提问方式收集到更多的信息。

假设性问题是通过假设某一情景或现象存在而向被调查者提出的问题。例如,"有人认为目前的电视广告过多,您的看法如何?""如果在购买汽车和住宅中您只能选择一种,您可能会选择哪一种?"这些都属于假设性问题。

第二,根据作答方式,可将问题分为开放性问题和封闭性问题。

开放性问题是指针对所提问题并不列出所有可能的答案,而是由被调查者自由作答的问题。开放性问题一般比较简单,回答比较真实,但结果难以做定量分析,在对其做定量分析时,通常是对回答进行分类。

封闭性问题是指已事先设计了各种可能的答案,被调查者只要或只能从中选定一个或几个现成答案的问题。封闭性问题由于答案标准化,不仅回答方便,而且易于进行各种统计处理和分析。但缺点是被调查者只能在规定的范围内被迫回答,无法反映其他各种有目的的、真实的想法。

第三,根据问题所涉及的内容,可将问题分为事实性问题、行为性问题、动机性问题和态度性问题。

事实性问题是要求被调查者回答一些有关事实性的问题。例如,"您通常什么时候看电视?"这类问题的主要目的是获得有关事实性资料。因此,问题的内容必须清楚,以使被调查者容易理解并回答。通常在一份问卷的开头和结尾都要求被调查者填写其个人资料,如职业、年龄、收入、家庭状况、受教育程度、居住条件等,这些问题均为事实性问题,对此类问题进行调查,可为统计处理和分析提供资料。

行为性问题是有关被调查者行为特征的问题。例如,"您是否拥有某物?""您是否做过某事?"。

动机性问题是为了了解被调查者行为的原因或动机的问题。例如,"您为什么购买某物?为什么做某事?",等等。在提出动机性问题时,应注意人们的行为可以是出于有意识动机,也可以是出于半意识动机或无意识动机。对于前者,被调查者有时会出于种种原因而不愿真实回答;对于后两者,因被调查者对自己的动机也不十分清楚,所以会造成回答上的困难。

态度性问题是关于被调查者的态度、评价、意见等的问题。例如,"您是否喜欢某品牌的电动汽车?"。

以上是从不同角度对各种问题所做的分类。应该注意的是,在实际调查中,几种类型的问题往往是结合使用的。在同一个问卷中,既有开放性问题,又有封闭性问题。甚至在同一个问题中,也可以将开放性问题与封闭性问题结合起来,组成结构式问题。例如:"您家里目前有空调吗?若有,是什么牌子的?"同样,事实性问题既可以采取直接提问的方式(对于被调查者不愿直接回答的问题),又可以采取间接提问的方式。问卷设计者可以根据具体情况选择不同的提问方式。

(2)问题的措辞。对问卷设计总的要求是:问卷中的问句表达要简明、生动,注意概念的准确性,避免提出似是而非的问题,具体应注意以下几点:

第一,避免提出一般性的问题。一般性的问题对实际调查工作并无指导意义。例如,

市场数据调研及处理

"您对某百货商场的印象如何?"这样的问题过于笼统,很难达到预期效果,可具体提问:"您认为某百货商场商品品种是否齐全?营业时间是否恰当?服务态度怎样?"。

第二,避免使用不确切的词语,如"普通""经常""一些"等,以及一些形容词,如"美丽"等。对于这些词语,各人的理解往往不同,因此在问卷设计中应避免或减少使用。例如:"您是否经常购买洗发露?"被调查者不知经常是指一周、一个月还是一年,可以改问:"您上个月共购买了几次洗发露?"

第三,避免使用含糊不清的句子。例如:"您最近是出门旅游还是休息?"出门旅游也是休息的一种形式,它和休息并不存在选择关系,正确的问法是:"您最近是出门旅游还是在家休息?"

第四,避免提出引导性的问题。如果提出的问题不是中立的,而是暗示出调查者的观点和见解,力求被调查者跟着这种倾向回答,那么这种提问就是引导性提问。例如:"消费者普遍认为某品牌的冰箱好,您的印象如何?"引导性提问会导致两个不良后果:一是被调查者不加思考就同意所引导问题中暗示的结论;二是由于引导性提问大多是引用权威或大多数人的态度,因此被调查者考虑到这个结论既然已经是普遍的结论,就会产生心理上的顺向反应。此外,对于一些敏感性问题,在引导性提问下,被调查者也不敢表达其他想法等。因此,这种提问是调查的大忌,常常会引出和事实相反的结论。

第五,避免提出断定性的问题。例如:"您一天抽多少支烟?"这种问题即为断定性问题,被调查者如果根本不抽烟,就无法回答。正确的处理办法是加一条"过滤"性问题,即"您抽烟吗?"。如果被调查者回答"是的",则可继续提问,否则终止提问。

第六,避免提出令被调查者难堪的问题。如果有些问题非问不可,那么也不能只顾调查需要、穷追不舍,而应考虑被调查者的自尊心。例如:"您是否离过婚?离过几次?是谁的责任?"又如,直接询问女士的年龄也是不太礼貌的,可列出年龄段"20岁以下,20～30岁,31～40岁,40岁以上",由被调查者挑选。

第七,问题要考虑到时间性。时间过久的问题易使人遗忘,例如:"去年您家庭的生活费支出是多少?用于食品、衣服的支出又分别是多少?"除非被调查者连续记账,否则很难回答出来。一般可问:"上个月您家庭的生活费支出是多少?"显然,缩小时间范围可使问题回忆起来较为容易,答案也比较准确。

第八,拟定问题要有明确的界限。对于年龄、家庭人口、收入等调查项目,通常会产生歧义,如年龄有虚岁、实岁之分,家庭人口有常住人口和生活费开支在一起的人口之分,收入是仅指工资还是包括奖金、补贴、其他收入、实物发放折算收入在内。如果调查者对此没有明确的界定,那么调查结果也很难达到预期要求。

第九,问题要具体。一个问题最好只问一个要点,如果一个问题中包含过多的询问内容,则会使被调查者无从答起,从而给统计处理带来困难。例如:"您为何不看电影而看电视?"这个问题包含了"您为何不看电影?""您为何要看电视?"和"什么原因使您改看电视?"……防止出现此类问题的办法是分离语句中的提问部分,使得一个语句只问一个要点。

第十,避免问题与答案不一致。所提问题与所设答案应做到一致。例如:

"您经常看哪个电视栏目?

经济生活□;新闻栏目□;电视购物□;经常看□;偶尔看□;根本不看□"

(3)问题的编排顺序。一份调查问卷往往是由许多问题组成的。在设计好每个单独问题之后,下一步就要考虑如何将它们按照一定的顺序纳入问卷之中。如果问题的顺序编排得合理,那么将有助于资料的收集;反之,将有可能影响被调查者作答,甚至影响调查结果。问题编排顺序的设计应注意以下几个方面:

第一,预热效应。预热效应是指提问时应按照问题的复杂程度,先易后难,由浅入深地进行排列。最初的问题应能激发被调查者的兴趣和积极性,难度较大的问题和开放性问题、敏感性问题应尽量放在后面,以避免被调查者因感到费力而对完成问卷失去兴趣或者干脆拒绝接受访问。一般来说,有关被调查者本身的问题,不宜放在问卷开头,例如受教育程度、经济收入、家中耐用消费品数量等。

第二,逻辑效应。在一份调查问卷中,通常会包含不同类型的问题。同类性质的问题应尽量排列在一起,以利于被调查者集中思考作答。此外,调查者应将一些无关紧要或被调查者难以回答的问题予以剔除,或者采用"跳答"的形式,请与该问题有关的被调查者回答,以提高问题的针对性。

第三,漏斗效应。在问题编排顺序上,可运用"漏斗法",即最初提问的范围较为广泛,然后根据被调查者的回答情况逐渐缩小提问的范围,即由广泛性问题到一般性问题,最后是某个专题性问题。

第四,激励效应。在调查过程中,被调查者可能随着问题的深入出现厌烦情绪,直至拒绝继续接受访问。此时,调查者应适当添加一些鼓励性语言,例如"下面的几个问题比较简单""再有三个问题就结束了"等,以此不断增加被调查者的兴趣。

第五,提示顺序。在使用提示方式回答时,应注意提示顺序,在不同的问卷中做合理的顺序变换可以保证回答的客观性。例如:

"您喜欢什么形状的车把(山地自行车)?

平把□   燕形把□   羊角把□   牛角把□   其他□"

如果几个选项提示顺序相同,那么位于前面的选项占有优势,容易使被调查者先入为主,因此需要准备几种选项不同的提示表以便交互向被调查者提示,保证回答尽量客观、真实。

第六,问卷的一般编排技巧。一份调查问卷的编排从整体上看,大约可分为五个部

市场数据调研及处理

分:①过滤性问题,主要是为了识别被调查者的身份。②预热性问题,是最初的少数几个问题,这些问题往往易于回答,以便取得被调查者的配合。③过渡性问题,这部分问题是被调查者稍作思考就可以回答的,问卷前1/3的问题多属于此种类型。④复杂性、困难性问题,这部分问题需要被调查者思考后再进行回答,如开放式问题,问卷中间1/3的问题属于此种类型。⑤有关被调查者基本情况的问题,例如性别、年龄、受教育程度等,这些问题可放在问卷的最后部分。

此外,调查问卷的编排宗旨就是要使问卷方便作答、记录,尤其是让被调查者自己填写的问卷,更要充分考虑到各种可能性,最好能把问卷分成若干部分,并分别标上编号,例如 A 甄别部分、B 品牌认知、C 消费行为、D 媒体习惯、E 背景材料等。

(4)问卷回答项目的设计。问卷的回答项目归结起来可分为两类:一类是封闭式问题的回答项目,另一类是开放式问题的回答项目。封闭式问题的回答项目包括多种类型,如二项选择法、多项选择法、顺位法、比较法、评分法等。在市场调查中,无论是何种类型的问题,都需要事先对问题答案进行精心设计。在设计问题答案时,可以根据具体情况采用不同的设计形式。开放式问题大多采用自由问答式,但在市场调查中,为挖掘被调查者潜意识的动机和态度,还可以采用词语联想法、句子和故事完成法、画图测试法等更生动灵活的方式。

第一,封闭式问题回答项目的设计。封闭式问题易于理解并可迅速得到明确的答案,便于统计整理和分析。但被调查者没有进一步阐明理由的机会,难以反映被调查者意见与程度的差别,了解的情况也不够深入。在设计封闭式问题的回答项目时,可以根据具体情况采用不同的形式。

① 二项选择法。二项选择法又称真伪法或二分法,是指提出的问题仅有两种答案可供选择,如"是"或"否","有"或"无"等。这两种答案是对立的、排斥的,被调查者的回答非此即彼,不能有更多的选择。例如:"您家里现在有吸尘器吗?"回答只能是"有"或"无"。又如:"您是否打算在近五年内购买住房?"回答只能是"是"或"否"。这种方法适用于互相排斥的两项择一式问题及询问较为简单的事实性问题。

② 多项选择法。多项选择法是指对所提出的问题事先预备好两个以上的答案,被调查者可任选其中的一项或几项。例如:

"您喜欢下列哪种品牌的牙膏?(在您认为合适的□内打√)

A.中华□   B.云南白药□   C.洁银□   D. 竹盐□   E.高露洁□

F.黑妹□   G.其他□"

由于所设答案不一定能表达出被调查者所有的看法,所以在问题的最后通常可设"其他"项目,以便被调查者表达自己的看法。这种方法的优点是比二项选择法的强制选择有所缓和,答案有一定的范围,也便于统计整理。但采用这种方法时,设计者要考虑到以下两种情况:其一,要考虑到可能出现的全部结果及答案可能出现的重复和遗漏。其二,要注意答案的排列顺序。有些被调查者常常喜欢选择第一个答案,从而使调查结果发生偏差。此外,答案较多会使被调查者无从选择或产生厌烦情绪,当样本量有限时,多项选择易使结果分散,缺乏说服力。多项选择法的答案一般应控制在8个以内。

③ 顺位法。顺位法是列出若干项目,由被调查者按重要性决定先后顺序。顺位法主要有两种方式:一种是对全部答案排序,另一种是只对其中的某些答案排序。究竟采用何种方式,应由调查者决定,具体排列顺序则由被调查者根据自己所喜欢的事物和认识事物的程度等决定。例如:

"您选购空调的主要条件是?(请将所给答案按重要性1,2,3……填写在□中)

价格便宜□　　外形美观□　　维修方便□　　牌子有名□

经久耐用□　　噪音低□　　制冷效果好□　　其他□"

顺位法便于被调查者对其意见、动机、感觉等进行衡量和比较性的表达,也便于对调查结果加以统计。但调查项目不宜过多,否则容易分散,很难顺位;此外,项目的排列顺序也可能对被调查者产生某种暗示影响。这种方法适用于要求答案有先后顺序的问题。

④ 比较法。比较法通常是把同一类型不同品牌的商品,每两个配成一对,由被调查者进行对比,将其认为好的在调查问卷的有关栏内填上规定的符号,由此来了解被调查者的态度。为便于了解被调查者对所调查商品态度上的差别,也可以在不同商品品牌之间划分若干评价尺度,以利于被调查者评定。该方法主要用于调查消费者对商品的评价,以此选择商品的品牌、商标、广告等,还可用于比较商品质量和效用等。应用比较法要确保被调查者对回答项目是熟悉的,否则将会导致空项出现或调查结果缺乏真实性。例如,各类牙膏品牌偏好比较如表3-21所示。

表3-21　各类牙膏品牌偏好比较

品牌	洁银	佳洁士	康齿灵	高露洁	两面针
洁银	/	0	0	1	0
佳洁士	1	/	0	1	0
康齿灵	1	1	/	1	1
高露洁	0	0	0	/	0
两面针	1	1	0	1	/
合计	3	2	0	4	1

表中每一行列交叉点上的元素表示该行品牌与该列品牌进行比较的结果,其中元素"1"表示被调查者更喜欢这一列的品牌,"0"表示更喜欢这一行的品牌。将各列取值进行加总,得到表中合计栏,表明各列的品牌比其他品牌更受偏爱的次数。从表中可以看到,被调查者在洁银牙膏和佳洁士牙膏中更偏爱前者。在可传递性假设下,可将配对比较的结果转换成等级顺序。所谓可传递性,是指如果一个人喜欢 A 品牌甚于 B 品牌,喜欢 B 品牌甚于 C 品牌,那么他一定喜欢 A 品牌甚于 C 品牌。将表中各列数字分别加总,计算出每个品牌比其他品牌更受偏爱的次数,就可得到被调查者对 5 个牙膏品牌的偏好,即从最喜欢到最不喜欢,依次是高露洁、洁银、佳洁士、两面针和康齿灵。

⑤ 评分法。评分法又称数值分配法,是指调查者对所调查问题列出程度不同的几个答案,并对答案赋值,由被调查者选择其一,最后将全部调查问卷汇总,通过总分统计,了解被调查者的大致态度。评分法可以采用 5 分制、10 分制,也可以采用 100 分制,还可以采用正负分值对比等形式,来对不同品牌的同类型商品进行各种性能的评比。例如:

"根据评分标准,请给下列品牌电视机质量评定分数,并将分数填入括号内。

评分标准:很好,10 分;较好,8 分;一般,6 分;较差,4 分;差,2 分。

海信(　) 康佳(　) TCL(　) 长虹(　) 创维(　)"

第二,开放式问题回答项目的设计。开放式问题只提问题不给具体答案,要求被调查者根据自身实际情况自由作答。一般说来,因为回答不受限制,所以开放式问题常常能揭露出更多的信息。

① 自由回答法。自由回答法是指提问后,调查者事先不拟定任何具体答案,被调查者可以自由发表意见。自由回答法比较适用于调查消费者心理因素影响较大的问题,如消费习惯、购买动机、服务质量、服务态度等,因为这些问题一般很难预期或限定答案范围。这种方法在探测性调查中常常被采用。例如:"您觉得这种电器有哪些优缺点?""您认为应该如何改进电视广告?""您对本商场有何意见或建议?"……自由问答法的主要优点是被调查者的观点不受限制,便于深入了解被调查者的建设性意见、态度、需求等;涉及面广,灵活性大,被调查者思维不受束缚,能够充分发表意见,畅所欲言;调查者可以收集到某种意料之外的资料。缺点是由于被调查者的想法和回答的角度不同,因此在答案分类时往往会出现困难,使调查结果难以统计整理和分析。同时,由于时间关系或缺乏心理准备,被调查者往往放弃回答或答非所问,因此自由回答法应尽量少用。

② 词语联想法。词语联想法是给被调查者一连串的词语,每给出一个词语,都让被调查者回答其最初联想到的词语(叫反应词语)。在给出的一连串词语中,也有一些中性的或充数的词语,用于掩盖调查目的。调查者会逐字记录被调查者对每一个词语的反应及反应时间,这样反应犹豫者(要花 3 秒钟以上来回答)就可以识别出来。这种方法的潜在假定是,联想可以让被调查者暴露出他们对有关问题的潜在态度或情感。这种方法可以

在被调查者对某个问题不愿回答的情况下掩盖调查目的,挖掘被调查者的潜在动机和态度。调查者可通过计算每个反应词语出现的频数、被调查者在给出反应词语之前耽搁的时间长度、在合理的时间段内对某一刺激词语完全无反应的被调查者的数目等对回答或反应进行分析。词语联想法又可以分为自由联想法及限制联想法两种。自由联想法提供相应的词语让被调查者随意发挥。例如,"提到面包时您会想到什么?"即属于自由联想法,被调查者可以任意回答;而"提到面包时您最先想到的品牌是_____?"显然被局限在品牌范围之内做出选择,这就是限制联想法。无论是自由联想法还是限制联想法,都要考虑下列原则:符合调查目的,使用简洁的语句,避免使用具有多重意义和可能有多种反应的刺激性词语。

句子和故事完成法、画图测试法在前文已有叙述,此处不再赘述。

5. 态度测量量表的使用技巧

在市场调查中,经常要取得被调查者的态度、意见、感觉等心理活动方面的信息,如消费者对某企业促销活动的反应、对某品牌的喜爱程度等,对于这类信息往往要借助各种量表加以判别和测定,即态度测量量表法。

运用量表调研
客户数据(Ⅰ)

(1) 态度测量的含义与作用。测量是根据一定的规则,给事物的特性分配一定的数字或序号,从而将其特性量化的过程。例如,"买鞋时,您购买品牌 A 的可能性有多大?"可能的答案是"肯定购买""可能购买""肯定不买",我们可以用数字 1 表示"肯定购买",用数字 2 表示"可能购买",用数字 3 表示"肯定不买"。测量的主要作用在于确定所测对象特性的类别或水平。给事物的特性分配一定的数字或序号提供了对态度进行统计分析的可能性,数字或序号有助于测量规则与结果的传达。

(2) 测量尺度。具体包括:

第一,定类尺度。定类尺度是一种标记方法,其中数字只用作对事物进行识别和分类的标准或标签。定类尺度之间只能进行"="或"≠"的运算,即进行"是"或"否"的运算,如性别编号。

第二,定序尺度。定序尺度是一种排序尺度,分配给事物的数字表明了事物拥有某些特性的相对程度。定序尺度之间不仅可以进行"="或"≠"的运算,还可以进行"<"或">"的运算,如质量排序、考试成绩排名等。

第三,定距尺度。定距尺度上数字相等的距离代表了被测特性的相等值,又称间隔尺度、区间尺度。定距尺度之间除可以进行"="或"≠"、"<"或">"的运算外,还可以进行"+"或"-"的运算,如温度、质量评分。

第四,定比尺度。除具有定类、定序、定距尺度的特性外,定比尺度还有一个绝对的零点。因此,定比尺度可以进行"="或"≠"、"<"或">"、"+"或"-"的运算,还可以进行"×"

或"÷"的运算,如长度、重量、销量等。

(3) 测量量表的类型。测量量表是测量的工具,通常表现为一系列结构化的问题、符号或数字及其所代表的事物特性等。具体包括以下类型：

第一,类别量表。类别量表是根据被调查者的性质进行分类的,一般而言,该量表中所罗列的答案都是不同性质的,每一类答案只表示分类,不存在比较关系,被调查者只能从中选择一个答案,而不必对每个答案进行比较(除性质外,它不能用来指出其他差异性),其真正的目的在于对被调查者做出一定的分类,如性别、出生地、喜欢的电脑品牌、购买者/非购买者,以及其他用"是"或"否"、"同意"或"反对"来回答的问题。例如：

"您的职业是(　　)？

作家□　医生□　教师□　工程师□　其他□

您的性别是(　　)？

男□　女□

请指出所有您可能购买的笔记本电脑品牌：

联想□　苹果□　戴尔□　华硕□　其他□

您是否同意以下说法：'网络教学是一种发展趋势？'

是□　否□"

这些例子只提供个体消费者特征,而不提供其他信息。

第二,顺序量表。顺序量表中所罗列答案之间具有顺序关系,而且其顺序关系是由每个调查者根据自己的态度确定的。顺序量表比类别量表要多一个特性,即顺序量表必须充分考虑每个备选答案,逐一比较,然后确定每个备选答案的顺序。如 A>B>C>D>E>F,就形成了顺序量表。顺序量表指出了特指对象间规模的差异,具有比较的特性,可以比较出各项备选答案之间的先后顺序,但是无法知道其差距究竟有多大,因为各项备选答案不具有差距度量的特性。例如,某研究机构要求全职太太根据她们心中的偏好,对五种品牌的洗衣粉依最喜欢到最不喜欢排序,最喜欢给 5 分,最不喜欢给 1 分,这就是一个顺序量表。如果某全职太太的答案是"汰渍 5,奥妙 4,超能 3,雕牌 2,白猫 1",则只能表明她对各品牌洗衣粉的偏好,并不能说明各品牌洗衣粉之间的差距有多大,也就是说,在该全职太太看来,并不是说奥妙洗衣粉比白猫好 4 倍。

第三,等距量表。等距量表不仅能表达各项备选答案(态度)之间的顺序关系,还可以测定各项备选答案之间的差距。在上例中,如果以 100 分为满分,被调查者(全职太太)给出的分数分别是 90 分、70 分、50 分、30 分、10 分,那么这就可以表示顺序和差距。我们可以确定地指出,90 分与 70 分之间的差距等于 70 分和 50 分之间的差距。这种差距通常被定义为一个等级单位。等距量表上并没有一个真正的零点(真零)。例如,评价某家商店的售货员,设定"非常友好""比较友好""友好""比较不友好""非常不友好"五个评价等级。当然，这种评价带有一定的主观性。有时，调查人员必须暗示自己，每个等级之间的差距是相等的。

第四，等比量表。等比量表除具有等距量表所有的特性外，还具有一个真正的零点，也就是说，等比量表中的各项备选答案之间具有类别关系、顺序关系、差距关系、等比关系和比率关系。比如，市场营销研究中的销售额、生产成本、市场份额、消费者数量等；被调查者的物理特性，如体重、年龄、身高、收入等；面积、距离、货币单位、回报率、人口统计、时间间隔等可以通过等比量表来表述。不过，在态度测量方面，运用等比量表就非常困难：当消费者给某个品牌100分而给另外一个品牌50分时，并不能说明他对前者的喜爱程度是后者的两倍。由此可见，态度测量本质上是一种顺序概念，不太适宜采用等比量表或等距量表测量。

以上四种测量量表所表达的信息逐渐增加，其测量值的数量化程度也依次加深。但也应注意到，等距量表及等比量表在测量人们的态度时也存在一定的局限性。因此，调查人员在问卷设计过程中，应准确把握各种量表的含义，根据调查的目的和采用的分析方法来确定测量量表，从而确保信息的正确性，减少误差。

四种测量量表及其适用统计方法的比较如表 3-22 所示。

表 3-22　四种测量量表及其适用统计方法的比较

量表类型	描述性统计	推论性统计	营销实例
类别量表	百分比、众数	卡方检验	商店类型、性别
顺序量表	百分位数、中位数	方差检验	偏好排序、市场地位
等距量表	全距、平均数、标准差	t 检验等	态度、指数
等比量表	几何平均数、调和平均数	变异系数等	成本、销售额

例如一项对十个电视栏目的调查，见表 3-23。"栏目编号"一栏采用数字对应十个栏目，属于类别量表；"按喜好程度排序"一栏是被调查者对这十个栏目按照喜好程度的排序，用数字 1~10 表示，属于顺序量表；"按喜好程度打分"一栏是被调查者对每个栏目按照喜好程度的打分，不一定要用 1~7 的分制和固定的起点，从 1 开始和从 11 开始是一样的，都是等距量表；"上个月内的收视时间"一栏属于等比量表。

表 3-23　对十个电视栏目的调查

栏目名称	类别量表	顺序量表	等距量表		等比量表
	栏目编号	按喜好程度排序	按喜好程度打分		上个月内的收视时间（小时）
			1~7 的分别	11~17 的分别	
A	1	7	5	15	20
B	2	2	7	17	40

(续表)

类别量表		顺序量表	等距量表		等比量表
栏目名称	栏目编号	按喜好程度排序	按喜好程度打分		上个月内的收视时间(小时)
			1~7 的分别	11~17 的分别	
C	3	8	7	17	0
D	4	3	6	16	35
E	5	1	7	17	50
F	6	5	5	15	30
G	7	9	4	14	0
H	8	6	5	15	20
I	9	4	6	16	35
J	10	10	2	12	2

(4) 市场调查中常用的几种量表。如前所述,量表作为一种测量工具,试图用数字来代表测量对象的某一特性,从而对测量对象的不同特性以多个不同的数字来表示。下面介绍市场调查中经常用到的几种态度测量量表。

运用量表调研客户数据(Ⅱ)

第一,评价量表。评价量表也叫评比量表,是市场调查中最常用、最基本的一种顺序量表形式。它是由调查人员事先将相关问题各种可能的答案标示在一个评价量表上,然后要求被调查者在量表上指出其态度或意见。量表的两端设置极端答案,中间一般为中性答案,两个极端答案之间被划分为若干等级。根据量表的形式,评价量表又可分为图示评价量表和列举评价量表。图示评价量表一般要求被调查者在一个有两个固定端点的图示连续谱上进行选择,列举评价量表则要求被调查者在有限类别的表格标记中进行选择。评价量表获得的数据通常作为等距数据使用和处理,下面分别对这两种评价量表进行说明。

① 图示评价量表。图示评价量表的形式如图 3-6 所示。

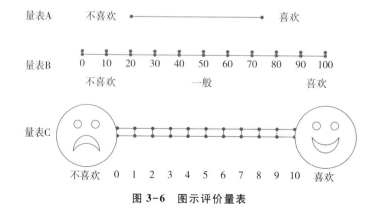

图 3-6 图示评价量表

图示评价量表制作简单,使用方便,文字、数字和插图的配合使用构成了一个容易为不同区域、不同被调查群体所理解的叠加的评价系统。图示评价量表不仅具有定序的性质,而且获得的数据可做定距处理。然而,由于被调查者不太清楚调查人员的评价标准且在其难以做出选择的情况下,往往倾向于选择中间答案。

② 列举评价量表。列举评价量表一般用于品牌的比较和产品各方面性能的测试。由于列举评价量表要求被调查者在有限的类别中做出选择,因此相对而言具有更高的准确性。下面列举三种主要的列举评价量表。

量表 A 示例:

下面我将向您列举一些白酒品牌,当我提到每一种品牌时,请您告诉我您认为该品牌的电视广告是非常差、差、一般、好还是非常好。(从起点位置●开始循环读出)

起点位置●	○五粮液	●剑南春	○衡水老白干	○郎酒
1 非常差	□	□	□	□
2 差	□	□	□	□
3 一般	□	□	□	□
4 好	□	□	□	□
5 非常好	□	□	□	□

量表 B 示例:

下面我将向您列举一些平板电视品牌,当我提到每一种品牌时,请您告诉我您认为该品牌的知名度是非常低、低、一般、高还是非常高。(从起点位置●开始循环读出)

起点●	非常低	低	一般	高	非常高
○康佳	□5	□4	□3	□2	□1
○长虹	□5	□4	□3	□2	□1
● TCL	□5	□4	□3	□2	□1
○创维	□5	□4	□3	□2	□1
○海信	□5	□4	□3	□2	□1

量表 C 示例:

您认为喜之郎公司的水晶之恋果冻的味道怎么样?

量表 A 和量表 B 中品牌的起点位置是循环的,因此相同的起点会给被调查者带来影响,可能成为误差的一个来源。量表 C 适用于针对儿童进行的调查,表中的表情有助于儿童的理解和反应,同时也增加了调查的趣味性。

市场数据调研及处理

列举评价量表比图示评价量表容易构造和操作,研究表明在可靠性方面也比图示评价量表要好,但是列举评价量表不能像图示评价量表那样衡量出客体的细微差别。总体来讲,评价量表具有许多优点,如省时、有趣、用途广、可以用来处理大量变量等,因此在市场调查中被广泛采用。但是这种方法也可能产生三种误差:①仁慈误差。有些人对客体进行评价时,倾向于给予较高的评价,这就产生了所谓的仁慈误差;反之,有些人总是给予较低的评价,从而引起负向的仁慈误差。②中间倾向误差或偏差。有些人不愿意给予被评价的客体很高或很低的评价,特别是当不了解或难以用适当的方式表达出来时,往往倾向于给予中间性的评价。可以采用以下方法防止这种误差的出现:调整叙述性形容词的强度,如将完全反对变为通常反对;增大中间性的评价语句在整个量表中的空间;加大靠近量表两端的各级在语意上的差别,使其大于中间各级间的语意差别;增加量表的层次。③晕轮效应所致的系统偏差。如果被调查者对被评价的客体有一种整体印象,则可能导致系统偏差。预防方法是对所有客体每次只评价一个变量或特性;或者问卷每一页只列一种特性,而不是将所有变量或特性全部列出。

第二,语义差异量表。在市场调查中,语义差异量表常常用于测量人们对研究对象的印象。在设计语义差异量表时,首先要确定与研究对象相关的一系列属性,对于每个属性,选择一对意义相反的形容词或短句,分别放在量表的两端,中间划分为 7 个连续的等级。被调查者被要求根据他们对研究对象的看法评价每个属性,在合适的等级位置上做标记,从而实现个人的定性判断向定量分析的转换。在使用语义差异量表测定印象时,奥斯古德将构成印象的因素分为以下三种:一是评价因素,二是潜在因素,三是行动因素。现代研究者一般将形容词或短语进一步细化为以下三个维度:一是评价(好与坏、善良与残酷、重要与不重要),二是力量(强与弱、硬与软、刚与柔等),三是行动(主动与被动、快与慢等)。语义差异量表的示例如下:

您对 A 酒店的看法如何?

下图是一系列评价标准,每个标准两端是描述其意义的相反的形容词。请用这些标准来评价 A 酒店,并在您认为合适的地方做标记。请确保在每个标准上都做了标记。

```
                1  2  3  4  5  6  7
低级的         ---------------------        高级的
黑暗的         ---------------------        明亮的
宾至如归       ---------------------        感觉冷漠
现代的         ---------------------        传统的
花色齐全       ---------------------        品种不多
好吃的         ---------------------        不好吃的
环境不佳       ---------------------        环境舒适
服务欠缺       ---------------------        服务完善
价廉的         ---------------------        昂贵的
地理位置优越的 ---------------------        地理位置不佳的
```

由于功能的多样性,语义差异量表被广泛地应用于市场调查,用于比较不同品牌商品、厂商的形象,以及帮助企业制定广告战略、促销战略和新产品开发计划等。语义差异量表也存在不足之处,在使用时需要注意以下几点:首先,避免晕轮效应。在市场调查中,两极化的形容词或短句如果全部按照"不利位置"到"有利位置"从左到右排序,则很容易影响被调查者对研究对象总体形象的评判。因此,一般应打乱置放两极化反义词的次序,使之随机分布;或者预先设计两份量表,重新编排次序;或者增大样本量。这样可以最大限度地减少晕轮效应的出现,降低对调查结果的影响。其次,评价等级的设定。在市场调查中,基本上没有一套标准模式可遵循。但在评价标准上,如果评价等级太少,则量表就会过于粗糙,从而丢失很多信息;而评价等级过多,又可能超出被调查者的分辨能力。一般来说,7级评价标准测量的效果比较令人满意。最后,中间值的设定。采用7级评价标准,我们就要考察中间值回答的具体情形,即中间值回答有时未必是中间态度的反映,可能是对此陈述根本不了解。此外,使用语义差异量表时务必注明指导语,最好举例示范,从而减少被调查者因对填答理不清头绪而放弃回答的情况。

第三,李克特量表。李克特量表是问卷调查中运用十分广泛的一种量表。这种量表由能够表达对所测量的事物肯定或否定态度的一系列陈述构成;要求被调查者按照对每一条陈述肯定或否定的强弱程度进行表态,并折合成分数。对这些分数进行加总,可以测定被调查者的态度。李克特量表的设计过程可分为以下几个步骤:第一步,收集大量(50~100个)与测量的概念相关的陈述语句。第二步,调查人员根据测量的概念将每个测量的项目划分为"有利"和"不利"两类,有利和不利的项目一般都应保持一定的数量。第三步,选择部分被调查者对全部项目进行试调查,要求被调查者指出每个项目是有利的还是不利的,并在陈述语句中进行选择,一般采用5点量表,即"a.非常同意;b.同意;c.无所谓(不确定);d.不同意;e.非常不同意"。第四步,对每个回答给定一个分数,如从非常同意到非常不同意的有利项目分别为1、2、3、4、5分,不利项目分别为5、4、3、2、1分。第五步,根据被调查者各个项目的分数计算代数和,得到个人态度的总得分,并依据总分多少将被调查者划分为高分组和低分组。第六步,选出若干个在高分组和低分组之间有较高分辨力的项目,构成一个李克特量表。例如,可以计算每个项目在高分组和低分组中的平均得分,选择那些在高分组平均得分较高而在低分组平均得分较低的项目。李克特量表的示例如下:

下面列出的是对 A 超市的几种不同观点,请您对每种观点发表看法。

项目	非常同意	同意	无所谓	不同意	非常同意
(1) A 超市有很好的信誉	1	2	3	4	5
(2) A 超市销售质量差的商品	5	4	3	2	1
(3) 我喜欢在 A 超市购物	1	2	3	4	5
(4) A 超市内的商品品种少	5	4	3	2	1
(5) A 超市服务人员的态度很差	5	4	3	2	1
(6) 很多人都喜欢在 A 超市购物	1	2	3	4	5
(7) A 超市的价格比较合理	1	2	3	4	5
(8) A 超市的购物环境很差	5	4	3	2	1
(9) A 超市收银台工作效率很高	1	2	3	4	5
(10) 我不喜欢 A 超市的广告	5	4	3	2	1

通过对上述李克特量表进行试调查,筛选出具有代表性的陈述语句,组成正式的量表。如何进行筛选呢?这就需要检测各条陈述语句的分辨力。分辨力是指一条陈述语句到底能否区别出人们的不同态度及态度的不同程度。在试调查中,首先,分别统计每个被调查者在每条陈述语句上的得分及量表总得分;然后,对量表总得分进行高低排序,从中取出得分最高的 25% 的被调查者与得分最低的 25% 的被调查者,分别计算出他们在每条陈述语句上的平均分;最后,将两个平均分相减,所得即为分辨力系数(见表 3-24)。

表 3-24 分辨力系数

被调查者		陈述语句										个人总分
		1	2	3	4	5	6	7	8	9	10	
个人总分得分最高的 25% 的被调查者	某 1	5	3	2	4	5	4	5	4	5	5	42
	某 2	5	5	2	4	4	3	4	3	4	5	39
	某 3	3	4	2	4	5	5	4	3	4	4	38
	某 4	4	4	1	3	4	4	4	5	4	4	37
	某 5	3	5	2	3	4	4	2	4	5	4	36
	某 6	2	2	2	4	5	4	3	4	4	5	34
	……											
	某 15	4	4	3	2	3	2	2	1	2	5	28

(续表)

被调查者		陈述语句										个人总分
		1	2	3	4	5	6	7	8	9	10	
个人总分得分最低的25%的被调查者	某16	4	4	2	2	3	2	2	1	2	5	27
	某17	2	3	2	4	2	2	3	1	2	4	25
	某18	2	1	2	3	3	1	2	2	1	5	22
	某19	2	4	1	2	3	1	2	2	1	5	21
	某20	1	3	3	1	2	1	2	2	1	3	19
分辨力系数		1.8	1.2	−0.2	1.2	1.1	2.6	1.8	1.8	3.0	0.2	

分辨力系数越小，意味着此陈述语句的分辨力越低，可以将其删除。由表3-24可以发现，第3条和第10条陈述语句的分辨力最低，可以将其删除。

在市场调查中，李克特量表的使用十分普遍，因为它比较容易设计和处理，被调查者也容易理解，所以在邮寄访问、电话访问和人员访问中都适用。李克特量表的主要缺点是回答时间长，因为被调查者需要阅读每条态度陈述语句。李克特量表是顺序量表，每条态度陈述语句的得分及每个被调查者的态度得分都只能用作比较态度有利或不利程度的等级，对于态度得分相同的情况，则不能测量态度之间的差异。

第四，等级量表。等级量表是一种顺序量表，它是将许多研究对象同时展示给被调查者，并要求他们根据某个标准对这些对象排序或将其分成等级。例如，要求被调查者根据总体印象对不同品牌的商品进行排序。典型地，这种排序要求被调查者将他们认为最好的品牌排"1"号，次好的排"2"号，依此类推，直到量表中所列举的每个品牌都有了相应的序号。一个序号只能用于一种品牌。顺位法、比较法、评分法都是等级量表的具体表现形式。

抽样设计

1. 对普查与抽样调查的基本认知

（1）普查。普查是指为了特定目的而对所有调查对象进行的全面调查。例如，为了了解学生对新教材的意见，学校向使用新教材的每一个学生发了一张意见征询表进行调查。普查虽然可以直接获得总体的情况，但有时总体中个体数目较多，普查的工作量较大；有时受客观条件限制，无法对所有个体进行调查；有时调查具有破坏性，不允许普查。这时可以采用另一种调查方法，即抽样调查。

（2）抽样调查。抽样调查是相对于普查而言的，普查是对构成总体的所有个体进行调查，并从中得出有关总体特征结论的一种调查方法；而抽样调查是从总体中抽取部分有代表性的个体进行调查的一种调查方法。从总体中抽取的个体叫作总体的一个样本。抽样调查通过调查有代表性的样本,获得样本的特征,再以样本的特征来推断总体的特征。例如,为了了解一批灯泡的使用寿命,从中抽取20只进行实验,用抽样调查方式来收集数据。与普查相比,抽样调查具有无可争议的优越性。

第一,经济性。就调查对象的数量而言,普查是对所有个体进行调查,而抽样调查是从总体中抽取部分有代表性的个体进行调查。显然,后者的数量较少,相应的调查问卷数量、问卷收集工作量、调查人员数量减少,调查费用会随之降低。

第二,高效性。凭借完备的抽样技术,仅对相对较少的具有代表性的个体进行调查,既能保证调查的质量,又可快捷地完成调查任务。因此,抽样调查的高效性使之特别适用于要求在短时间内完成的调查项目。

第三,高精度性。调查的精度主要受样本误差以及调查者的专业化程度及被调查者的配合和支持程度的影响。抽样调查所抽取的样本较少,可以保证由受过培训的专业调查人员进行,同时,可以有效地控制样本误差。

第四,信息深入性。由于普查面对的调查对象众多,为控制工作量,调查的形式设计往往比较简单,从而收集到的信息量也较为有限。而抽样调查只针对较少的调查对象,调查者有充足的时间与精力进行深入的访问和信息收集,因此所收集的信息更加深入和全面。

第五,较小的破坏性。有些调查工作需要对调查产品进行破坏性试验或研究,例如电器寿命的测试、某些食品口味喜好的调查、轮胎耐磨性能的研究等。抽样调查可以通过从总体中抽取有代表性的相对少量的个体进行破坏性试验,从而得到关于总体特征的认识。

尽管抽样调查具有诸多优点,但也存在某些局限性,它通常只能依据样本结果推断总体的共性特征,而缺少详细的分类资料或对某些个性特征的认识,在某种程度上难以满足对市场经济活动深入分析的需要;并且当抽样样本不足时,将会直接影响调查结果的准确性;方案设计较为复杂,对方案设计人员的要求较高。

(3)抽样调查中的几个基本概念如下所示:

第一,总体与样本、样本容量。①总体,又称全及总体或母体,是指所要调查观测的全部事物。总体可以是一群人、一类团体、一家企业、一种情境或一项活动等。一般调查总体可以从地域特征、人口统计学特征、产品或服务使用情况或者产品或服务的认知度等方面来描述。总体单位数用 N 表示。②样本,又称抽样总体或子样,是指从总体中按照一定程序抽取出来进行调查观测的部分。样本单位数用 n 表示。当 $n \geq 30$ 时,常被界定为大样本;当 $n < 30$ 时,常被界定为小样本。③样本单位数又称样本容量。例如,当我们的课题是研究某指定区域女性对某品牌化妆品的购买行为时,所有该地区现实的或潜在的购买该品牌化妆品的女性就构成了一个总体。抽取出在近期(一年内)购买或使用了该品牌化妆

品或竞争品牌化妆品的女性作为调查对象,这部分女性就构成了样本。

第二,总体参数与样本统计量。①总体参数,又称全及指标或总体指标,是指根据总体各个单位标志值计算出来的综合指标,反映总体的数量特征,通常用 X 表示。总体参数主要包括总体平均数($\bar{X}$)、总体成数(P 或 Q)、总体方差(σ^2)和总体标准差(σ)。②样本统计量简称统计量,又称抽样指标,是指根据样本总体各个单位标志值计算出来的综合指标,反映样本的数量特征,通常用 x 表示。样本统计量主要包括样本平均数($\bar{x}$)、样本成数(p 或 q)、样本方差(S^2)和样本标准差(S)。

第三,抽样框与抽样单元。①抽样框又称抽样结构、抽样范畴,是指涵盖总体的一个详细名单,即对可以选择作为样本的总体抽样单元列出名册或顺序编号,以确定总体的抽样范围和结构。例如,要从 50 000 名员工中抽取 300 名组成一个样本,则 50 000 名员工的名册就是抽样框。理想的抽样框应具备以下几个条件:包含尽可能多的样本单元,而且总体是清晰的、易确定的;所有样本单元出现在这一集合中的概率相等;可以按照一定的原则和方法进行人为的假定。抽样框采取的形式多样,依据所采取的形式不同,抽样框可分为名单抽样框、区域抽样框、时间表抽样框等。抽样框必须是有序的,即抽样单元必须顺序编号,以保证无论抽样框采取何种形式,在抽样之后,调查者都能够根据抽样框找到具体的抽样单元。抽样框中包含的抽样单元要保证"不重不漏",否则将出现抽样误差。②抽样单元,又称样本单元或样本点,是指构成抽样框的单元。抽样单元不一定是组成总体的最小单位——基本单元,抽样单元可能包含一个或一些基本单元。例如,在手机调研中,我们抽取一栋居民楼作为样本,其中居民楼是抽样单元,而楼中的每个居民是基本单元。

第四,重复抽样与不重复抽样。①重复抽样,又称重置抽样,是指每次抽取一个单元记录其标志表现后再放回总体,使其重新参与下一次的抽选。在抽样过程中,总体单位数不变,每个抽样单元被抽中的概率完全相等。②不重复抽样,又称不重置抽样,是指每次从总体中抽取一个单元记录其标志表现后不再放回总体,从剩余的单元中抽取下一个单元。所有单元在同一次抽样中被抽中的概率相等,每个单元在各次抽样中被抽中的概率是不等的。

第五,精确度与准确度。①精确度用以衡量估值可依赖的程度。②准确度用以衡量估值与实际总体特征间的差异。

2. 抽样设计的基本内容与抽样调查的一般程序

(1)抽样设计的基本内容。抽样设计一般需要确定如下基本内容:①抽样调查的目的、任务和要求;②调查总体的范围和抽样单元;③抽样方法;④必要的样本数;⑤对主要抽样指标的精确度要求;⑥样本容量的估算方法;⑦实施总体方案的办法和步骤。

(2)抽样调查的一般程序。一般应按照以下程序进行抽样调查:

第一,界定调查总体的范围及抽样单元。详细说明和描述提供信息或与所需信息有关的个体或实体所具有的特征,确定调查总体的范围及抽样单元。目标总体应根据个体、抽样单元、范围(即地理界限)和时间来界定。总体中的每一个个体应该属于并且只属于一个抽样单元。明确总体范围和抽样单元后,需要使用过滤性问题识别合格的被调查者。

第二,选择抽样框。通常,总体和抽样框之间不一定完全一致,在某些情况下,这种不一致性可以忽略不计。但在大多数情况下,调查人员必须处理抽样框误差。通常有两种处理方法:第一种是根据抽样框重新界定总体。如调查某区域的人群对某种产品的使用情况,抽样框是电话簿,则家庭成员总体可以被重新界定为列入电话簿中的那部分家庭成员。第二种则是筛选个体,可以依据人口统计学特征、产品的使用习惯特征等筛选被调查者,剔除抽样框中不适当的个体。

第三,选择抽样方法。根据调查要求,可以从多种抽样方法中选择适当的方法。按照抽样的随机性,抽样方法可以分为随机抽样(又称概率抽样)和非随机抽样(又称判断抽样)两大类,而且根据抽样形式与特点可以对随机抽样和非随机抽样进一步加以细分,如图3-7所示。

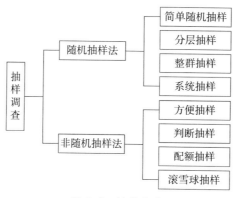

图3-7 抽样方法

专栏 3-1

抽样方法

1.1 随机抽样

随机抽样又称概率抽样,是指总体的全部基本单位都有同等被抽中的机会的抽样方法。随机抽样的一般过程是:先按照随机原则从总体中抽取调查样本,然后依据样本调查结果推算出总体结果,并计算出抽样误差。一般在调查之前应明确抽样误差的允许范围,这样就可了解调查的精确度。人们创造了多种多样的随机抽样方法,其中主要有简单随机抽样、分层抽样、整群抽样和系统抽样。

1.1.1 简单随机抽样

简单随机抽样又称单纯随机抽样,是最简单、最基本的抽样方法。简单随机抽样能够确保总体中的每个基本单位都有同等被抽中的机会,样本抽选完全按照随机原则。其优点是简便易行,比较适用于总体特征分布均匀的总体,并具有较高的可靠性。通常采用抽签法和随机号码表法来随机抽取样本。

1.1.1.1 抽签法

抽签法是先将调查总体的每个单位编号,然后采用随机的方法抽取任意号码,直到抽足样本的一种方法。抽签法的步骤如下:①对总体中的个体进行编号;②把号码写在号签上,将号签放在一个容器中搅拌均匀;③每次从中抽取一个号签,连续不放回抽取 n 次;④将取出的 n 个号签上所对应的 n 个个体取出,得到一个容量为 n 的样本。

1.1.1.2 随机号码法

利用随机号码表抽选样本,是最常用的一种随机抽样方法,具体是指将 0~9 这 10 个自然数,按编码位数要求(如两位或三位为一组,甚至五位或十位为一组),利用特制的摇码器,自动摇出一定数目的号码编成随机号码表或通过计算机自动生成随机号码表以备查。随机号码表内任何号码的生成,都有同等的可能性。随机号码表的数字应不受任何限制,可以任意指定一个数字,然后按上下左右的顺序或按一定的间隔顺序读起;数字可以按排列顺序用作两位数的号码或四位数的号码,也可以用作三位数的号码或五位数的号码。利用随机号码表抽取样本能够大大简化抽样程序。

简单随机抽样特别适用于市场调查对象不明,难以对其进行分类,或总体内个体之间差异较小的情况。如果市场调查总体范围广,内部各个体之间差异较大,则一般不直接采用此方法,而应该与其他方法结合进行抽样。

1.1.2 分层抽样

分层抽样又称类型抽样或分类抽样,是将调查总体分成若干层,再从各层中随机抽取所需数量的基本单位,综合成一个调查样本。分层抽样在分层时,要求将同一性质的基本单位分在同一层,而处于不同层的基本单位的特征应具有较大差异,即分层后要做到层内个体特征相似,能够代表该层中基本单位的某些特征;层间个体特征相异,能够代表不同层中基本单位的不同特征。这种方法适用于总体基本单位特征存在较大差异且分布不均匀的总体,如果采用简单随机抽样,则有可能出现因样本集中于某些特征而造成样本缺乏代表性,而分层抽样能够有效地避免这样的问题。

分层抽样的实质是将分层与简单随机抽样结合进行。例如,调查某地区药品经营企业的资金周转情况,需要先按其经营方式分为药品批发企业、药品零售连锁企业和药品零售企业(单体店)三种类型,同时还可以将每一类按照经营规模进一步划分为大型企业、中型企业和小型企业，根据分层情况再从各层(类型)中分别随机抽出样本。分层情况如图3-8所示。

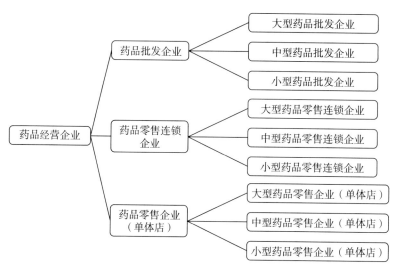

图 3-8 对药品经营企业的分层情况

实际操作中，使用分层抽样需要特别注意以下几点：①可以把总体分隔为相互排斥的层次；②必须与调查项目所关注的总体特征相关；③层间个体特征相异，而层内个体特征相似；④各层单位数目和比例可以获得；⑤层次数量不能太多；⑥在各层抽取样本的方法依然是简单随机抽样。

依据具体形式的不同，分层抽样可分为分层比例抽样、分层最佳抽样、最低成本抽样和多次分层抽样。其中，多次分层抽样是对调查总体分层以后，再对某层做一次或两次的分层，然后用随机抽样法抽样。以下重点介绍前三种分层抽样方法。

1.1.2.1 分层比例抽样

分层比例抽样是指按照各层基本单位数占总体的比例来确定各层所抽取的样本数的一种分层抽样方法。采用分层比例抽样可以提高样本的代表性，同时能够更精确地确定总体指标的估计值，并避免简单随机抽样所出现的集中于某些特征或遗漏掉某些特征的缺陷。

分层比例抽样包括三个步骤：①将调查总体按照一定的标准分层；②计算出各层的样本数；③从各层中随机抽选样本单位开展调查。其中，各层的样本数可以按照如下公式计算：

$$n_i = n \times \frac{N_i}{N}$$

式中，n_i 代表第 i 层应抽取的样本数，n 代表样本总数，N_i 代表第 i 层所含基本单位的数目，N 代表总体所含基本单位的数目。

例如,某地调查药品经营企业的销售情况。该地区有药品经营企业500家,即调查总体所含基本单位数目,按照图3-8所示的分层情况对应各层的基本单位数分别为:药品批发企业100家,药品零售连锁企业50家,药品零售企业(单体店)350家。如果确定样本数为100家,采取分层比例抽样方法,计算各层应抽取的样本数。

[解]

对于药品批发企业,该层应抽取的样本数:

$$n_i = n \times \frac{N_i}{N} = 100 \times \frac{100}{500} = 20(家)$$

对于药品零售连锁企业,该层应抽取的样本数:

$$n_i = n \times \frac{N_i}{N} = 100 \times \frac{50}{500} = 10(家)$$

对于药品零售企业(单体店),该层应抽取的样本数:

$$n_i = n \times \frac{N_i}{N} = 100 \times \frac{350}{500} = 70(家)$$

1.1.2.2 分层最佳抽样

分层最佳抽样又称非比例抽样,是指根据各层中基本单位标准差的大小来调整各层的样本数的一种分层抽样方法。当遇到分层后层内个体间差异较大时,就要采用考虑层内标准差因素的抽样方法,即分层最佳抽样。对于各层差异过分悬殊,存在某些层的重要性大于其他层的情况,若采取非比例抽样,则需要从重要性强的层中抽取较多的样本数,而从重要性弱的层中抽取较少的样本数。由于这种方法同时兼顾了层间与层内差异程度,因此有利于提高样本对总体特征的代表性,从而提高样本的可信程度。

分层最佳抽样中,样本数的计算公式如下:

$$n_i = \frac{n \times N_i S_i}{\sum N_i S_i}$$

式中,n_i代表第i层应抽取的样本数,n代表样本总数,N_i代表第i层所含基本单位的数目,S_i代表第i层基本单位的标准差。

各层的标准差估计值,反映了各层的每一个基本单位的值和该层平均值之间的差异。若某层中各基本单位的特征差异较小,那么从理论上来说标准差就较小,则即使抽取较少的样本仍具有代表性,能够反映该层的特征。若某层中各基本单位的特征差异较大,那么从理论上来说标准差就较大,则要适当多抽取一些样本。各层标准差估计值可以通过在各层中先抽取少量样本,再用预调研抽取数据计算得到。

例如,调查某地居民对空调的潜在需求。该地的家庭总数为100万户,已确定计划抽取样本1 000户。按照家庭收入的高、中、低分层,其中高收入家庭为15万户,中等收入家庭为 65 万户,低收入家庭为 20 万户。假定已知高、中、低收入家庭对应各层的标准差估计值 S_i,$\sum N_i S_i = N_高 S_高 + N_中 S_中 + N_低 S_低 = 15 \times 300 + 65 \times 200 + 20 \times 50 = 18\ 500$,计算各层应抽取的样本数。

[解]

高收入家庭应抽取的样本数为:

$$n_高 = \frac{n \times N_i S_i}{\sum N_i S_i} = \frac{1\ 000 \times 15 \times 300}{18\ 500} = 243(户)$$

中等收入家庭应抽取的样本数为:

$$n_中 = \frac{n \times N_i S_i}{\sum N_i S_i} = \frac{1\ 000 \times 65 \times 200}{18\ 500} = 703(户)$$

低收入家庭应抽取的样本数为:

$$n_低 = \frac{n \times N_i S_i}{\sum N_i S_i} = \frac{1\ 000 \times 20 \times 50}{18\ 500} = 54(户)$$

1.1.2.3 最低成本抽样

最低成本抽样是指根据调查费用来调整各层应当抽取的样本数的一种抽样方法。与主要关注统计效果的分层比例抽样和分层最佳抽样相比,最低成本抽样不仅关注统计效果,还兼顾各层之间调查费用的明显差异,通过进行层间抽样数目的合理调整,达到较好的经济效果。

最低成本抽样中,样本数的计算公式如下:

$$n_i = n \times \frac{N_i S_i / \sqrt{C_i}}{\sum_{i=1}^{k}(N_i S_i / \sqrt{C_i})}$$

式中,n_i 代表第 i 层应抽取的样本数,n 代表样本总数,N_i 代表第 i 层所含基本单位的数目,S_i 代表第 i 层基本单位的标准差,C_i 代表分配到第 i 层的调查费用。

1.1.3 整群抽样

整群抽样又称分群随机抽样、聚类抽样,是将市场调查总体按某种方式(如地区、单位)分为若干个群体,然后以群体为抽样对象,抽取若干个群体作为调查样本,对群体内的所有基本单位进行普查。整群抽样区别于分层抽样,分层抽样要求所分各层之间具有差异性,各层内部的基本单位之间具有相似性;而整群抽样恰恰相反,要求各群体之间具有相似性,各群体内部的基本单位之间具有差异性。

采用整群抽样的优势在于,抽取的单位比较集中,因此调查起来较为方便、省时、省力。但是在分群过程中,需要注意分成的各群体之间差异要小,只有这样才能确保抽取的某一个或某几个群体具有代表性,否则,抽中的群体就不能很好地体现总体特征,抽样误差就大。

分层抽样适用于界限分明的总体抽样;而整群抽样则适用于界限不明显,总体中不同质单位多、混乱度高,不便于判定分层标准的总体抽样,可以用地域或外部特征将调查总体分为若干群体。整群抽样可以设计为单阶段整群抽样、两阶段整群抽样和多阶段整群抽样。

1.1.3.1 单阶段整群抽样

单阶段整群抽样是将总体分成若干个群体,然后从中随机抽取若干个群体作为样本,再直接对抽取的部分群体内的所有基本单位进行普查。

如调查某地大学生消费支出情况,拟抽取 10 000 个样本。假定该地共有 20 所高校,每所高校大约有 5 000 名学生,共有大学生 100 000 名。这样,学生按学校分群,按随机原则从 20 所高校中抽取 2 所,然后把这 2 所高校的学生约 10 000 人作为调查样本,对其消费支出情况进行调查(如图 3-9 所示)。

图 3-9 单阶段整群抽样

1.1.3.2 两阶段整群抽样

两阶段整群抽样是将调查总体各基本单位按照一定标准(如区域)分成若干个群体形成抽样的"一段群体",然后将每个"一段群体"按照另一标准分成若干个小的群体,作为"二段群体",之后再按照随机原则抽取若干个一段群体作为"一段样本群",并在一段样本群中抽取"二段样本群",最后对二段样本群进行普查以推断总体情况。

如上例调查某地大学生消费支出情况,拟抽取 10 000 个样本。首先按照学校划分,列出该地共有 20 所高校,每所高校都是一个一段群体;然后将每个一段群体按照班级分成 2 500 个小的群体(假设每所高校平均有 125 个班,每班平均有 40 人)作为二段群体;之后再按照随机原则抽取一段群体中的 5 个单位即 5 所高校为一段样本群,并在这 5 所高校中各抽取 50 个班级共 250 个班级作为二段样本群;最后对这 250 个班级共 10 000 名学生进行调查(如图 3-10 所示)。

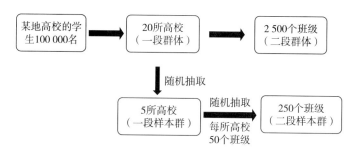

图 3-10 两阶段整群抽样

上例中,一段抽样比($P1$)为 5/20,即 1/4,二段抽样比($P2$)为 50/125,即 2/5,总抽样比($P=P1\times P2$)为 1/10。一段抽样比较大时,样本单位分布更广、更均匀,样本的代表性较好,统计效果会较优;而二段抽样比较大时,会出现抽取的许多样本来自同一群体的情况,从而使实地调查集中在少数群体,节省了调查费用,经济效果会较优。由于总抽样比与两段抽样比存在一定关系,即 $P=P1\times P2$,因此在实际抽样过程中,需要兼顾经济效果和统计效果两个因素,确定最佳的两段抽样比。

1.1.3.3 多阶段整群抽样

根据调查需要,调查人员也可以采用多阶段整群抽样。如全国性抽样,可以从 34 个省级行政区(34 个群体)中抽取部分一段群体,从抽取的一段群体中分别抽取部分区县作为二段群体,从抽取的二段群体中分别抽取部分乡镇或街区作为三段群体,从抽取的三段群体中分别抽取部分村庄或居委会作为四段群体,最后从抽取的四段群体中分别抽取某些家庭组成调查样本。

1.1.4 系统抽样

系统抽样又称等距抽样或机械抽样,是将调查总体中的基本单位按照一定标志进行排序,然后按照固定顺序和一定间隔抽取样本。系统抽样时,可以按照与调查目的无关的标志对基本单位进行排序,如调查某地的家庭对空调的需求时,按照住户所在街道的门牌号码排序(门牌号码与家庭对空调的需求无关),然后按照一定号码间隔抽取住户进行调查;也可以按照与调查目的有关的标志对基本单位进行排序,仍以上述调查某地的家庭对空调的需求为例,按照住户平均月收入进行排序(因为家庭收入状况会影响其对空调的需求,所以家庭收入状况即为与调查目的有关的标志),然后按照一定间隔抽取住户进行调查。抽样间隔(h)的计算公式如下:

$$k = N/n$$

式中,N 代表调查总体,n 代表样本数。

例如,从 100 个家庭中抽取 10 个家庭进行调查。首先用 1～100 的数字对 100 个家庭进行编号,抽样间隔=100/10=10;然后对 1～10 号随机抽取起始号码,假设起始号码为 3,

则按照抽样间隔,抽出号码为"3,13,23,33,…,93"的10个家庭进行调查。

当不能均匀分段,即 k 不是整数时,可采用随机方法从总体中剔除一些个体,使总体中剩余的个体数(N')满足 k 为整数。例如,要从某汽车厂生产的3 005辆汽车中随机抽取100辆,当采用系统抽样法时,由于 $k(=3\,005/100)$ 不是整数,因此需要先随机从总体中抽出5辆汽车,剔除这5辆汽车后,总体 $N'=3\,000$(辆),能满足 $k=N'/n=3\,000/100=30$,然后再按照抽样间隔对3 000辆汽车进行系统抽样。

系统抽样法尤其适用于调查对象特征差异较大,而随机抽取的样本数又不太多的情况,因为系统抽样法可以使抽出的样本均匀地分布于调查总体中,在这种情况下,系统抽样法比简单随机抽样法更为有效。

1.2 非随机抽样

随机抽样要求每一个基本单位被抽取的机会是相等的,因此其调查结果可信度高,误差小。但是随机抽样不仅要求市场调查人员掌握总体的某些基本信息,并具有比较熟练的抽样技术与丰富的工作经验,而且需要花费较长时间,费用支出较多。因此,实际调查时,随机抽样并不是对所有市场调查都适用。在一些市场调查中,在对调查总体不甚了解或调查总体过于庞杂时,往往采用非随机抽样的方法抽取样本。

非随机抽样是指从总体中非随机地选择特定要素,按照特定要素进行抽样的一种方法。比如,根据简便易行、节约开支的原则对总体进行抽样。非随机抽样能够节约调查时间和调查经费,但是与随机抽样不同,非随机抽样可能导致系统地排除总体的某些部分或强调某部分的重要性而抽取相应的部分。非随机抽样属于机会性或目的性的抽样,一方面是出于方便的目的,另一方面是为了尽快确定有典型意义或代表性的样本单位。由于非随机抽样是根据主观标准来抽取样本的,因此不能计算其抽样误差,从而也就很难客观评估非随机抽样的总体质量。

采用非随机抽样通常是出于以下几个原因:①受客观条件限制,无法进行严格的随机抽样;②为了快速获得调查结果;③调查对象不确定或无法确定,如对某一突发(偶然)事件进行现场调查等;④总体中各单位间离散程度不大,且调查人员具有丰富的调查经验。

非随机抽样方法主要有方便抽样、判断抽样、配额抽样和滚雪球抽样。

1.2.1 方便抽样

方便抽样又称任意抽样,是建立在方便或"易接近"基础上的一种抽样方法。例如,在入户调查中,调查人员只选择家中有人的住户;在街头向路过的行人做拦截式访问;利用客户名片上的通信地址或电话进行调查;零售商店在销售商品的过程中,向购买者进行调查;将问卷刊登在宣传媒体上,让读者自填后寄回等,都属于方便抽样。

采用方便抽样是基于这样一种假设,即认为总体中的每一个基本单位都是同质的,随意抽取任何一个单位都是一样的。而事实上，并非所有总体中的每一个基本单位都是同质的，在有的总体中，每一个基本单位都是同质的；而在有的总体中，单位间是异质的。只有在总体中的每一个基本单位都是同质的情况下，才适合采用方便抽样。

方便抽样是非随机抽样中最简便、最节省费用的一种方法，但是如果总体中基本单位之间差异较大，则会造成抽样误差较大，其结果的可信度将大大降低。方便抽样多用于市场初步调查或对市场情况不甚明了的情况，在正式的市场调查中较少采用。

1.2.2　判断抽样

判断抽样是由市场调查人员根据经验判断选定样本的一种非随机抽样方法。判断抽样简单易行、调查回收率高，但是调查样本的代表性完全取决于调查人员对调查总体的熟悉程度及调查人员的工作经验和判断能力。

判断抽样符合调查目的和特殊需要，可以充分利用调查样本的已知资料，被调查者配合较好，调查回收率高。但是，这种方法常因主观判断而产生抽样误差，由于无法确定抽样中各个调查个体被抽中的概率，因此无法计算抽样误差和可信度。判断抽样适用于样本数较少，同时调查者对总体的有关特征相当了解（即明白调查的具体指向）的情况，适合特殊类型的调查（如产品口味测试），且由于费用支出较少、方便快捷，在商业性调查中采用较多。

由于判断抽样的结果受调查人员的主观判断影响较大，若主观判断存在偏差，则不能直接对调查总体进行推断，因此只有对总体的基本特征相当了解，才可能使所选定的样本具有代表性、典型性，从而才可能透过对所选样本的调查研究，掌握总体的情况。

市场调查实践中，常用的判断抽样方法主要有典型抽样调查、重点抽样调查两种。例如，调查企业管理水平，可以按照个人经验选取若干个管理水平高、中、低的三类典型企业作为调查样本进行调查，这属于典型抽样调查。再如，以行业中的大型企业为调查对象进行的抽样调查，即属于重点抽样调查。

1.2.3　配额抽样

配额抽样是指对调查总体按照一定的特征进行分层，对分层后的各层次按照一定的特征（也称为控制特征）规定配额，配额内的样本则由调查人员根据主观判断进行非随机抽样。以某些社会的、经济的特征（如被调查者的年龄、性别、收入水平、受教育程度等）为配额抽样的基础，选定的这类特征就叫作控制特征。一方面，从对调查总体按照一定的特征进行分层来看，配额抽样同分层抽样有相似之处；另一方面，从层内的抽样方法来看，分层抽样采用的是随机抽样方法抽取样本，而配额抽样采用的是判断抽样方法抽取样本。所以，从一定意义上讲，配额抽样也是一种分层抽样。

采用配额抽样是基于这样一种假设，即分层后的调查对象的特征具有同质性。例如，分层后，层内的调查对象为同一年龄段、同一性别、同一收入水平的消费者，他们对市场需求的反应相似，因此他们的消费行为、习惯、态度与反应都基本一致。正因为其差异不明显，所以配额抽样就不必再按随机抽样抽取样本，只采用判断抽样即可反映调查总体的特征。

配额抽样简便易行、节省费用，能较快地取得调查结果，而且调查样本在各层分布较合理。只要调查项目设计得当，分析方法正确，所取得的调查结果就比较可靠。配额抽样也存在一些不足之处，如仍会因非随机抽样中的主观判断而引起偏差。然而，配额抽样已被人们广泛采用，成为非随机抽样中最流行的一种方法。

配额抽样方法按照控制特征的要求不同，分为独立控制配额抽样和相互控制配额抽样两种。

1.2.3.1 独立控制配额抽样

独立控制配额抽样是指调查人员只规定几种控制特征以及各控制特征的抽样配额，而不规定这几种控制特征之间各抽样配额的相互关系的一种非随机抽样方法。独立控制配额抽样简便易行，调查人员有较大的自由去选择抽样样本，但也可能因图一时方便而造成选择样本时过于偏向某一组别，会过多地选择易于获取资料的被调查者，进而影响样本的代表性。

例如，采用独立控制配额抽样调查某品牌手机的市场需求情况，计划抽取400人，试编制抽样方案。

[解]

可以分别按照收入水平、年龄、性别特征分层，进行独立控制配额抽样，如表3-25所示。当按照收入水平进行独立控制配额抽样时，高、中、低收入层的人数分别为160人、140人、100人，在160人的高收入层内就不再做诸如年龄或性别之类的任何规定，同理，在中收入层、低收入层也不做任何规定。依此类推，按照年龄、性别特征分层的独立控制配额抽样也是在各层内完全由调查人员根据主观判断选取样本。各控制特征的抽样配额是彼此独立的。

表3-25 独立控制配额抽样

按照收入水平		按照年龄		按照性别	
收入水平	样本数（人）	年龄（岁）	样本数（人）	性别	样本数（人）
高收入	160	18~34	150	男	200
中收入	140	35~44	120	男	200
低收入	100	45~60	80	女	200
低收入	100	60以上	50	女	200
合计	400	合计	400	合计	400

1.2.3.2 相互控制配额抽样

相互控制配额抽样又称交叉配额抽样,是指在分层时规定各控制特征的抽样配额,并且在规定配额的同时也规定各控制特征在每一类次总体之间的相互关系。由于这种方法对调查总体的分层与配额都进行了严格的规定,因此其样本具有较强的代表性,克服了独立控制配额抽样的缺点,取得的调查结果更为可靠。

例如,采用相互控制配额抽样调查某品牌手机的市场需求情况,计划抽取400人。其中,高、中、低收入的人数比例为10∶6∶4,四个年龄段(18～34岁,35～44岁,45～60岁,60岁以上)的人数比例为7∶6∶4∶3,男、女性别的人数比例为1∶1。试编制抽样方案。

[解]

采用相互控制配额抽样的结果如表3-26所示。

表3-26 相互控制配额抽样　　　　　　　　　　单位:人

年龄	收入水平					
	高		中		低	
	男	女	男	女	男	女
18～34岁	35	35	21	21	14	14
35～44岁	30	30	18	18	12	12
45～60岁	20	20	12	12	8	8
60岁以上	15	15	9	9	6	6
小计	100	100	60	60	40	40
合计	200		120		80	

根据国内外市场调查的实践经验,相互控制配额抽样可依据"先粗后细、先外后内"的原则逐步推进,大致分为四个步骤:

(1) 确定控制特征。确定控制特征,主要是确定以哪些特征为总体分层的标准,如年龄、性别、收入水平、受教育程度等。选定哪些控制特征则取决于调查的目的、调查对象的性质和客观环境的条件。如上例中选取了收入水平、年龄、性别三个特征作为分层标准。

(2) 按控制特征划分副次总体层,确定各层之间的比例关系。如上例中按照收入水平分为高、中、低三个层次,收入水平由高到低各层的人数比例为10∶6∶4;按照年龄分为18～34岁、35～44岁、45～60岁、60岁以上四个层次,年龄由低到高各层的人数比例为7∶6∶4∶3;按照性别分为男、女两个层次,各层的人数比例为1∶1。

(3) 确定各层总体(副次总体层)的样本数,即按照比例确定各层样本数。这一步骤通常是依据各层总体在总体中所占的比例来分配样本数。如上例中总样本数为400人,根据收入水平由高到低各层的人数比例为10∶6∶4,可计算出收入水平由高到低各层的配额(即人数)分别为200人、120人、80人。依此方法,按照相互控制的比例再细化到更小的副次总体层,逐一确定各收入层中男女的配额以及各收入层中四个年龄段的配额。

(4)配额指派,即各层的样本数确定以后,由调查人员在指派的样本数内,自由地选择调查对象。

1.2.4 滚雪球抽样

滚雪球抽样是在对随机方式抽取的一组符合要求的样本进行调查的基础上,根据他们提供的信息或由他们推荐选择下一组调查对象,进一步对下一组样本进行调查。这样,通过上一组选择下一组,像滚雪球一样不断继续下去,直到满足样本量要求(如图3-11所示)。除第一组调查样本为随机方式抽取之外,后续的若干组调查样本都是通过非随机方式获得的。

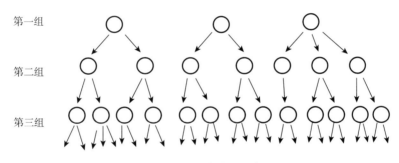

图3-11 滚雪球抽样示意图

滚雪球抽样适用于分析调查总体中的稀有特征,如对特殊疾病、特殊生活习惯等的调查。这种非随机抽样方法通过对调查总体设定期望的特征,增强了样本个体的相似性,因此抽样误差较小、费用较低。

1.3 抽样方法的选择

为了确保抽样调查的准确性,以样本结果推断总体特征,必须最大限度地降低抽样误差。而要降低抽样误差,关键在于适当地抽取样本,只有正确地选定抽取样本的方法,才能使抽取出来的样本真正代表总体,而这直接关系到抽样调查结果的准确程度。抽取的调查样本,要能够真正代表、反映总体的情况和特征,成为总体的缩影;否则,结果就会不准确,也就失去了调查的实际意义。

面对诸多的抽样方法,何时选择随机抽样?何时选择非随机抽样?首先需要综合考虑各种主客观因素,依据调查总体的规模和特点、调查的目的和性质、抽样框资料、对调查结果的精确性要求(置信度与精度)、经济实力、时间限制等综合做出决策。

随机抽样与非随机抽样的比较如表3-27所示。

表 3-27 随机抽样与非随机抽样比较

因素	随机抽样	非随机抽样
调查性质	描述性	探索性
总体中个体的特点	异质	同质
抽样框确定	容易	难
调查费用	较高	较低
统计分析	适合	不适合
主要误差	抽样误差	非抽样误差

根据以上对比,我们不难做出抽样方法的选择:

(1) 对总体规模大的调查,通常采用随机抽样中的多阶段整群抽样。

(2) 对异质性较强的总体,采用随机抽样。

(3) 抽样框资料难以获得时,采用非随机抽样。

(4) 调查经费有限时,非随机抽样可以节省费用。

(5) 对调查结果的精确度要求较高时,采用随机抽样。

(6) 调查属于预备性研究性质的,采用非随机抽样中的方便抽样和判断抽样。

不同的抽样方法适用于不同的调查要求。从抽样方法本身来看,应力求做到使总体中每个个体被抽中的机会相等。只有做到机会相等,才能使样本代表总体的特征。另外,在不影响工作效果的前提下,应尽可能使抽样方法简便易行。

例如,假设某汽车厂要对近期生产的 3 005 辆汽车进行出厂前某些性能指标的抽样检测,要求随机抽取 100 辆汽车进行测试,请选择合适的抽样方法并写出抽样过程。

[分析]

此调查目的是测试汽车某些性能的稳定性,所以假设总体可能存在差异性,需要采用随机抽样方法来确定其性能稳定性。系统抽样法尤其适用于调查对象特征差异较大,而随机抽取的样本数又不太多的情况,因为系统抽样法可以使抽出的样本均匀地分布于调查总体中,在这种情况下,系统抽样法比简单随机抽样法更为有效。

[解]

采用系统抽样法的过程为:

第一步,将 3 005 辆汽车随机编号;

第二步,从总体中随机剔除 5 辆汽车(可用随机数表法),将剩下的 3 000 辆汽车重新编号,并平均分成 100 段,抽样间隔为 30;

第三步,从第一段 001,002,003,…,030 中抽取一个数(可采用简单随机抽样)作为起

始值 L；

第四步，将编号为 $L, 30+L, 60+L, \cdots, L+2\,070$ 的汽车作为样本。

再如，调查某区域人群对娱乐休闲设施的需求，调查结果将为该地区娱乐休闲设施的规划布局提供参考。预定样本容量为 1 000 人。请选择合适的抽样方法并写出抽样过程（假设该区域有三所大学、一所中学和若干家公司。人群以大学生、中学生和公司白领为主，年龄范围主要集中在 14～40 岁）。

[分析]

此调查项目适合采用配额抽样法。因为通过配额抽样可以先对调查对象进行分层，层内的调查对象为同一年龄段、同一性别、同一收入水平的消费者，他们对市场需求的反应相似，因此他们的消费行为、习惯、态度与反应都基本一致。分层后的调查对象的特征具有同质性，在这种情况下再进行判断抽样，抽出的样本即能够反映调查总体的特征。

[解]

采用配额抽样法的配额情况如下：

按照职业、年龄、性别特征分层，计划抽取 1 000 人。其中，中学生、大学生、公司白领的人数比例为 3∶5∶2，三个年龄段（14～18 岁、19～26 岁、27～40 岁）的人数比例为 3∶5∶2，男、女性别的人数比例为 1∶1。

抽样结果如表 3-28 所示。

表 3-28 抽样结果　　　　　　　　　　　　　　　　单位：人

年龄	职业					
	中学生		大学生		公司白领	
	男	女	男	女	男	女
14～18 岁	45	45	75	75	30	30
19～26 岁	75	75	125	125	50	50
27～40 岁	30	30	50	50	20	20
小计	150	150	250	250	100	100
合计	300		500		200	

然后按照各层抽样配额，分别在该区域内的三所高校、一所中学和金融街区进行拦截式问卷调查或访谈，收集相关调查资料。

第四，确定抽样误差与样本容量。选定抽样方法后，接下来就要确定合适的样本容量。对于非随机抽样，通常只需要依据经费预算、抽样规则来确定样本容量；而对于随机抽样,需要在允许的误差水平和置信度下,确定样本容量。调查结果的准确性是调查组织者最关心的问题之一,其准确性是借助抽样误差的大小来反映的。抽样误差与样本容量的确定是随机抽样调查中的两个重要问题。

专栏 3-2

抽样误差与样本容量的确定方法

1.1 调查误差的分类

调查误差是指在调查中测定的样本参数与总体实际的特征值之间的偏差。调查误差一般分为两种,即技术性误差和代表性误差。技术性误差是指在调查过程中,出于各种主观或客观原因而引起的误差。调查范围越广,规模越大,产生这种误差的可能性就越大。代表性误差是指调查中用样本推断总体所产生的误差。另外,调查误差还可以分为非抽样误差和抽样误差,按产生来源还可以对非抽样误差做进一步的细分(如图 3-12 所示)。

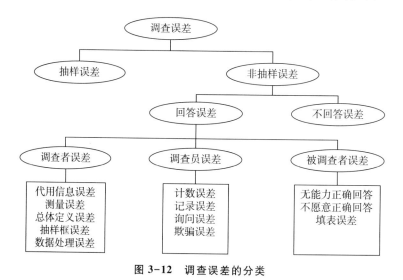

图 3-12 调查误差的分类

1.1.1 非抽样误差

非抽样误差是抽样之外的其他许多原因产生的误差,如在理论方面,调查者的概念性错误、逻辑性错误、对回答的错误解释等都可导致这类误差的出现。基于对大量调查过程的具体分析发现,常常会因出现如下问题而产生非抽样误差:①资料的说明与调查目的不一致或不相称;②地区单位界限不清或查询不明,引起资料的遗漏或重复;③访问技术及度量方法不当,或列表、定义、说明等不清楚;④缺乏熟练的督导人员;⑤回答误差和其他形态的回答误差(包括不回答误差);⑥基本资料审查不当;⑦编码、打印、确认及制表等误差;⑧排版、印刷及绘图等误差。由此可见,非抽样误差是完全可以避免的。因此在调查中必须尽可能地减少甚至避免非抽样误差,这要求调查者必须认真对待调查工作,切实做好调查准备和方案策划,并严格按照调查要求实施。

1.1.2 抽样误差

抽样误差是指样本指标与总体实际指标之间的偏差。例如,某居民区全体居民人均年收入水平为 12 000 元(总体平均数),而采取抽样调查所得的样本人均年收入水平为 11 000 元(样本平均数),则用样本平均数推算总体平均数的实际误差为 1 000 元。

由于实际工作中总体指标是不知道或不可能得到的,因此,只能采用样本指标(如平均数、成数)来代替总体指标。可以通过计算样本指标同总体指标的平均离差,来反映样本指标对总体指标代表性的大小。通常所说的"抽样误差"指的就是"抽样平均误差"。抽样误差也可以被定义为在遵循随机原则的基础上,用样本指标代表总体指标,即用样本特征推断总体特征而产生的误差。

抽样误差是不可避免的误差,只能力求控制在允许的范围内。由于总体平均数、总体成数是唯一确定的,而样本平均数、样本成数是随机变量,因此抽样误差也是一个随机变量。抽样误差越小,说明样本的代表性越好;反之,样本的代表性越差。

影响抽样误差的因素主要包括:

(1) 样本数(即样本容量)。在抽样调查中,样本容量越大,则抽样结果越接近总体实际特征,抽样误差越小;反之,则抽样误差越大。由此可以看出,扩大样本容量,有利于控制抽样误差,但是当样本数达到总体容量时,抽样调查就变成了市场普查,也就失去了抽样调查的意义。因此,要减小抽样误差,只有把抽取的样本数控制在合理的范围内才具有实际意义。

(2) 总体各单位间的差异程度。在其他条件都相同的条件下,抽样误差与总体中各单位间的差异程度成正比关系,即各单位间的差异程度越大,抽样误差就越大;反之,抽样误差就越小。

(3) 抽样方法的选择。抽样方法不同,抽样误差也会有所差异。一般情况下,不重复抽样比重复抽样的抽样误差要小,简单随机抽样比分层抽样、整群抽样的抽样误差要大。

(4) 抽样组织方式。不同的抽样组织方式所抽取的样本不同,对总体的代表性也不同。

鉴于以上因素对抽样误差的影响,调查者可以通过调整样本数、确定合适的抽样方法来控制抽样误差。若调查项目允许的抽样误差较小,则可以通过增加样本数,选择整群抽样或分层抽样等恰当的方法将随机误差降至尽可能小的范围之内。另外,调查者必须确保调查员严格执行抽样计划,避免人为因素造成非抽样误差。

1.2 抽样误差的计算

在抽样调查中可以通过抽样方案的合理设计,严格控制抽样过程来尽可能地减小抽样误差。但是抽样误差产生的根本原因是样本不足以完全代表总体的特征,所以抽样误差无法完全避免,可以运用公式通过计算来预先估计。下面介绍几种不同条件下抽样误差的计算方法。

1.2.1 平均数抽样误差的计算

重复抽样平均数抽样误差的计算公式如下:

$$\mu_{\bar{x}} = \sigma/\sqrt{n} = \sqrt{\sigma^2/n}$$

式中,$\mu_{\bar{x}}$ 代表抽样误差;σ 代表总体标准差,即样本指标与总体指标之间的差异;σ^2 代表总体方差;n 代表样本数。

由于在实际调查中,往往因不知道总体标准差而无法计算抽样误差,因此常用样本标准差(S)来代替总体标准差。样本标准差可以根据抽样结果来计算。

不重复抽样平均数抽样误差的计算公式如下:

$$\mu_{\bar{x}} = \sqrt{\frac{\sigma^2}{n}\left(\frac{N-n}{N-1}\right)}$$

式中,N 代表总体单位数,$\left(\dfrac{N-n}{N-1}\right)$ 代表修正系数,其他参数定义同前。

在总体单位数(N)足够大的条件下,($N-1$)就可以近似为 N,则上式可以简化为:

$$\mu_{\bar{x}} = \sqrt{\frac{\sigma^2}{n}\left(\frac{N-n}{N}\right)}$$

即

$$\mu_{\bar{x}} = \sqrt{\frac{\sigma^2}{n}\left(1-\frac{n}{N}\right)}$$

例如,某地区对居民家庭的月平均消费支出进行抽样调查,在 1 000 户居民家庭中采取不重复抽样选取 50 户,经调查家庭月平均消费支出为 6 200 元,已知样本标准差为 50 元,求其平均数抽样误差。

[解]

由于总体标准差未知,故用样本标准差来代替。在不重复抽样的条件下,抽样误差为:

$$\mu_{\bar{x}} = \sqrt{\frac{\sigma^2}{n}\left(1-\frac{n}{N}\right)} = \sqrt{\frac{S^2}{n}\left(1-\frac{n}{N}\right)}$$

$$= \sqrt{\frac{50^2}{50}\left(1-\frac{50}{1\,000}\right)} = 6.89(\text{元})$$

由计算可知平均数抽样误差为 6.89 元,说明样本家庭平均月消费支出与总体平均月消费支出平均数抽样误差为 6.89 元。

1.2.2 成数抽样误差的计算

所谓成数,是指具有研究标志的样本数在总体中所占的比重。例如,合格品占产品总量的比重、女性占总人口的比重等。

重复抽样成数抽样误差的计算公式如下:

$$\mu_p = \sqrt{\frac{P(1-P)}{n}}$$

式中,μ_p 代表抽样误差;P 代表总体成数,一般常用抽样成数代替或根据经验估算;n 代表样本单位数。

不重复抽样成数抽样误差的计算公式如下:

$$\mu_p = \sqrt{\frac{P(1-P)}{n}\left(\frac{N-n}{N-1}\right)}$$

式中,N 代表总体单位数,$\left(\frac{N-n}{N-1}\right)$ 代表修正系数,其他参数定义同前。

在总体单位数(N)足够大的条件下,($N-1$)就可以近似为 N,则上式可以简化为:

$$\mu_p = \sqrt{\frac{P(1-P)}{n}\left(1-\frac{n}{N}\right)}$$

例如,某企业针对近期生产的产品进行抽样,从生产的 10 000 件商品中随机抽取 50 件进行质量检验,发现其中 48 件合格,已知样本成数为 0.96,试求这批商品合格率的成数抽样误差。

[解]

$$\mu_p = \sqrt{\frac{P(1-P)}{n}\left(1-\frac{n}{N}\right)}$$

$$= \sqrt{\frac{0.96 \times (1-0.96)}{50}\left(1-\frac{50}{10\ 000}\right)} = 4.23\%$$

1.3 样本容量的确定

样本容量是指一个样本的必要抽样单位数目。例如,中国人的身高为一个总体,如果随机抽取 100 个人的身高,则这 100 个人的身高数据就是总体的一个样本。某一个样本中个体的数量就是样本容量。合理确定样本容量对抽样调查具有重要意义。若样本容量过大,则会增加调查工作量,造成人力、物力、财力、时间的浪费;若样本容量过小,则样本对总体缺乏足够的代表性,从而难以保证推算结果的精确度和可靠性。因此,需要科学合理地确定样本容量。

在抽样方式和总体既定的前提下,抽样误差的大小主要取决于样本容量的大小。所以,需要通过控制样本容量来实现控制抽样误差,进而保证调查结果的准确性。确定样本容量,可以依据所要达到的置信度水平、允许的误差和总体标准差,利用抽样误差计算公式推导而得。

1.3.1 平均数条件下样本容量的计算

平均数条件下重复抽样样本容量的计算公式如下:

$$n = \frac{t^2 \sigma^2}{\Delta_x^2}$$

式中,n 代表样本容量(即必要的样本量),t 代表概率度,σ^2 代表总体方差,Δ_x 代表平均数允许误差。

参数说明如下:

(1) 允许误差是指根据抽样指标估计总体指标所允许的误差范围,用 Δ_x 来表示。

(2) 概率度。概率度是在计算抽样置信度的过程中引出的一个量,用 t 表示。在数值上,它表示抽样极限误差为抽样平均误差的若干倍;从实际意义来看,它反映了抽样极限误差的相对程度。在实际调查中,可以根据专门的标准正态分布表,由给定的置信度查出相应的概率度,进而计算允许的误差范围。置信度又称概率保证度,用 $F(t)$ 表示,它描述了样本指标与总体指标的误差不超过一定范围的可靠程度,即表明抽样误差落在允许误差范围内的可能性程度。概率度与置信度的对应关系是:置信度越大,则概率度越大,估计的可靠性越强,样本指标与总体指标之间正负偏离的变动范围也越大。概率度每取一个值,都有唯一确定的置信度值与之对应。

(3) Δ_x 与 t 和 μ_x 的关系为:$\Delta_x = t\mu_x$。

平均数条件下不重复抽样样本容量的计算公式如下:

$$n = \frac{t^2 \sigma^2 N}{N\Delta_x^2 + t^2 \sigma^2}$$

式中,n 代表样本容量(即必要的样本量),t 代表概率度,σ^2 代表总体方差,Δ_x 代表平均数允许误差,N 代表总体单位数。

1.3.2 成数条件下样本容量的计算

成数条件下重复抽样样本容量的计算公式如下:

$$n = \frac{t^2 P(1-P)}{\Delta_P^2}$$

式中,n 代表样本容量(即必要的样本量),t 代表概率度,P 代表成数,Δ_P 代表成数允许误差。

成数条件下不重复抽样样本容量的计算公式如下：

$$n = \frac{t^2 N_P(1-P)}{N\Delta_P^2 + t^2 P(1-P)}$$

式中，n 代表样本容量（即必要的样本量），t 代表概率度，P 代表成数，Δ_P 代表成数允许误差，N 代表总体单位数。

第五，制定抽样操作程序。根据调查目的与要求，制定抽样操作程序如下：①确定调查总体，即明确调查的全部对象及其范围。②确定抽样框和个体编号。由抽样所用调查对象的详细名单构成抽样框。在没有现成名单的情况下，由调查人员自行编制，然后对调查总体中的个体进行编号。③选择调查样本。根据选定的抽样技术（随机抽样还是非随机抽样）、具体的抽样方法（如分层抽样还是整群抽样等），以及确定的样本数量，按照预定的要求选择调查的样本。④实施抽样调查。

第六，进入调查实施阶段。对选定的样本运用不同的抽样方法逐个进行调查，从而取得第一手资料。

3.2.2 二手数据调研方法——文案调查法

3.2.2.1 文案调查法的含义

文案调查法又称资料查阅寻找法、间接调查法、资料分析法或室内研究法，是指围绕一定的调查目的，通过查看、检索、阅读、购买、复制等手段，收集并整理企业内部和外部现有的各种信息、情报资料，对调查内容进行分析研究的一种调查方法。

3.2.2.2 文案调查法的特点

调查必须选用科学的方法，调查方法选择恰当与否，对调查结果影响甚大。各种调查方法都有利有弊，只有充分了解各种方法，才能正确选择和应用。

与实地调查相比，文案调查具有以下几个特点：

（1）文案调查是收集已经加工过的资料，而不是对原始资料的收集。

（2）文案调查以收集文献性信息为主，它具体表现为收集各种文献资料。在我国，目前仍主要以收集印刷型文献资料为主。当代印刷型文献资料又有许多新的特点，即数量急剧增加、分布十分广泛、内容重复交叉、质量良莠不齐等。

（3）文案调查所收集的资料包括动态和静态两个方面，尤其偏重于从动态角度收集各种反映调查对象变化的历史与现实资料。

文案调查法的优缺点如图 3-13 所示。

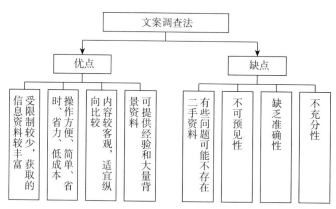

图 3-13 文案调查法的优缺点

3.2.2.3 文案调查法的功能

在市场调查中,文案调查有着特殊的地位。作为收集信息的重要手段,文案调查一直得到世界各国的重视。文案调查的功能表现在以下四个方面:

1. 文案调查可以发现问题并提供重要参考

根据市场调查的实践经验,文案调查常被作为调查的首选方式。几乎所有的调查都可始于收集现有资料,只有当现有资料不能提供足够的证据时,才进行实地调查。因此,文案调查可以作为一种独立的调查方法加以采用。

2. 文案调查可以为实地调查创造条件

如有必要进行实地调查,则文案调查可为实地调查提供经验和大量背景资料。具体表现在:

(1) 通过文案调查,可以初步了解调查对象的性质、范围、内容和重点等,并提供实地调查无法或难以取得的各方面的宏观资料,便于进一步开展和组织实地调查,取得良好的效果。

(2) 文案调查所收集的资料可用来证实各种调查假设,即可通过对以往类似调查资料的研究来指导实地调查的设计;将文案调查资料与实地调查资料进行对比,可鉴别和证明实地调查结果的准确性与可靠性。

(3) 利用文案调查资料并经实地调查,可以推算所需掌握的数据。

(4) 利用文案调查资料可以帮助探讨现象发生的各种原因并进行说明。

3. 文案调查可用于经常性的调查

实地调查费时费力,操作起来比较困难,而文案调查如果经调查人员精心策划,则具有较强的机动灵活性,能随时根据需要,收集、整理和分析各种调查信息。

4. 文案调查不受时空限制

从时间上看,文案调查不仅可以掌握现实资料,还可以获得实地调查所无法获得的历史资料;从空间上看,文案调查既能对内部资料进行收集,还能掌握大量的有关外部环境方面的资料。尤其对于因地域遥远、条件各异、采用实地调查需要更多的时间和经费而不便进行的调查,进行文案调查较为合适。

3.2.2.4 文案调查的数据收集方法

1. 文案调查的方式

一般来说,获取二手数据的方式有两种分类法:一种可分为有偿方式和无偿方式,另一种可分为直接方式和间接方式。

对于企业外部数据的收集,可以视不同的情况,采取不同的方式:

(1) 对于具有宣传广告性质的许多资料,如产品目录、说明书等可以无偿取得;而对于需要采取有偿方式取得的资料,会产生调查成本,因此需要考虑成本和收益问题。

(2) 对于公开出版、发行的资料,一般可通过订购、邮购、更换、索取等方式直接取得;而对于对使用对象有一定限制或具有保密性质的资料,则需要通过间接方式取得。

2. 文案调查的方法

(1) 查找法。这是取得二手数据的基本方法。从操作的次序来看,首先要注意在企业内部查找,另外还应从企业外部各有关部门查找。它常采用的方法有:

第一,查阅目录。目录是一种题录性的检索工具,一般只列出文献的题目、作者、出处。它是引导调查者查询资料的向导。目录主要有分类目录、书名目录、著作目录、主题目录等。

第二,参考文献查找法。它是以有关著作正文后列举的参考文献目录或文中提到的某些文献资料为线索,追踪、查找有关文献资料的方法,可以提高查找效率。

第三,检索工具查找法。它是利用已有的检索工具逐个查找文献资料的方法。依检索工具的不同,主要有手工检索和计算机检索两种方式。

(2) 索取法。指市场调查人员向有关机构直接索取某方面的市场情报。

(3) 收听法。指用人工、录音等方法收听广播及新兴媒体播发的各种政策法规和经济信息。

(4) 咨询法。比如通过电话向企业内部相关部门查询某些业务数据或要求声讯服务。

(5) 采集法。比如在农交会、展览会等场合现场采集大量企业介绍、产品介绍、产品目录等资料。

(6) 互换法。指向平时与本企业业务往来多的企事业单位寄送本企业的资料,然后设法换回所需的资料。

(7) 购买法。指购买定期或不定期出版的市场行情资料和市场分析报告。

(8) 委托法。指委托专业市场调研公司收集和提供企业产品营销诊断资料等。

3.3 网络调研方法

3.3.1 网络调研基本认知

随着互联网技术的应用和普及,网络调研成为获得市场数据的重要方法。网络调研是指通过互联网的交互式信息沟通渠道来收集有关统计资料和数据。这种资料收集方法包括两种形式:一是在互联网上直接使用问卷进行调研(网络直接调研),即通过互联网、计算机通信设备和数字交互式媒体发布调研信息,并在互联网上收集、记录、整理、分析和公布网民反馈信息的调研方法,是传统调研方法在互联网上的应用和发展;二是通过互联网收集调研所需的二手资料。网络调研以技术创新为突破口,缩短了数据采集的周期,也加快了企业应对市场变化高效决策的进程。

3.3.1.1 网络直接调研

网络直接调研的优点总结如下:

(1) 收集的数据广泛。由于互联网使用不受时间、地域的限制,因此网络调研收集的数据非常广泛,这与受地域限制的传统调研方式有很大不同。如果我们利用传统调研方式在全国范围内进行市场调研,则需要各个区域代理的配合。澳大利亚一家市场调研公司,仅用两个月的时间就完成了包括中国在内的 7 个国家的互联网用户的在线调查活动。这样的调查活动如果利用传统调研方式是无法想象的。

(2) 数据及时。在数字化飞速发展的今天,网络调研较好地解决了传统调研方式所得的调研结果存在时效性这一难题。只要轻轻一点,世界任何一个角落的用户都可以参与其中,从用户输入信息到公司接收,只不过几秒钟的时间。利用计算机软件整理资料,马上可以得出调研结果。

(3) 经济便捷。在互联网上进行市场调研,无论是调查者还是被调查者,只需拥有一台计算机、一个调制解调器、一部电话(或一台多媒体电视机和一部电话)就可以进行。若是采用问卷调查的方法,则调查者只要在企业网络站点上发出电子调查问卷并提供相关信息,就可以利用计算机对被调查者反馈的信息进行整理和分析。这不仅十分便捷,而且会大大减少企业市场调查的人力和物力耗费,降低调查成本,此外,调研的组织也非常简单。

(4) 调研结果客观。在网络调研中,调查者不与被调查者进行任何的接触,可以较好地避免来自调查者的主观因素的影响;被调查者接受询问、观察,均是处于自然、真实的状态;企业网络站点的访问者一般都具有一定的文化知识,易于配合调研工作的进行;企业网络站点的访问者一般都对企业具有一定的兴趣,不会像传统调研方式下那样单纯为了抽号中奖而被动回答,所以网络调研的结果比较客观和真实,能够反映市场的历史和现状。

但网络调研也存在一些缺点,如调研范围受到一定的限制,网民的代表性存在不准确性,受访对象难以限制。此外,在调研时,网络的安全性不容忽视,有可能遭到计算机病毒的干扰和破坏。

3.3.1.2 网络间接调研

网络间接调研的应用也越来越普遍。一些官方和民间信息机构的网站提供数据检索服务,主要包括国家信息中心、中国国际经济交流中心、中国人民银行信息中心、新华社新闻信息中心、国家统计局、中国国际贸易促进委员会及各有关咨询公司和广告公司等。

例如,阿里数据和阿里指数是以阿里电商数据为核心,面向媒体、市场研究人员及社会大众的社会化大数据展示平台,提供地域、行业等角度指数化的数据分析,作为市场及行业研究的参考、社会热点的洞察工具。

另外,可以登录彭博网站获得大量市场数据。彭博有限合伙企业(Bloomberg L. P.)简称彭博(Bloomberg),是全球商业、金融信息和财经资讯的领先提供商,彭博的产品包括彭博终端(Bloomberg Terminal)、交易执行管理(Trade and Order Management)等,为财经及商界专业人士提供数据、新闻和分析工具。

此外,还可以利用搜索引擎技术、传感技术、爬虫技术进行市场数据的网络调研。

3.3.2 网络调研技术应用[①]

3.3.2.1 搜索引擎技术

随着互联网的迅猛发展以及网站信息的增加,用户要在信息海洋中查找自己所需的信息就像大海捞针一样,搜索引擎技术恰好解决了这一难题。搜索引擎是指互联网上专门提供检索服务的一类网站,这些网络的服务器通过搜索软件或网络登录等方式,将互联网上大量网站的页面信息收集到本地,经过加工处理后建立信息数据库和索引数据库,从而对用户进行的各种检索做出响应,提供用户所需的信息。用户的检索途径主要包括自由词全文检索、关键词检索、分类检索及其他特殊信息检索。然而,搜索引擎虽然能够帮助用户找到信息,但是无法验证信息的可靠性。因为任何人都可以在网上发布信息,搜索

---

① 参见孙立伟等.网络爬虫技术的研究[J].电脑知识与技术,2010(15):4112-4115。

引擎无法确保信息的准确性,只要网上出现非违法的信息都会抓取。

搜索引擎由很多技术模块构成,各模块分别负责整体功能的一部分,它们相互配合形成了完善的整体架构,如图3-14所示。

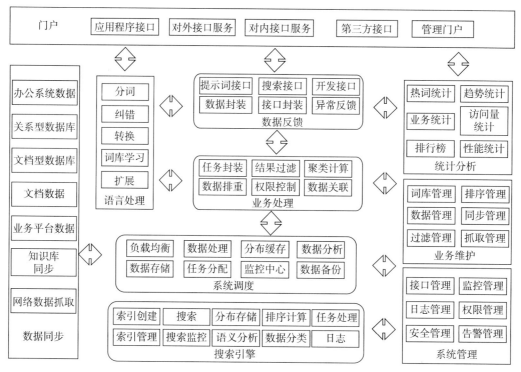

图3-14 搜索引擎架构

搜索引擎技术的应用一般分为如下几种形式:

(1)政府机关应用。包括:①实时追踪、采集与业务工作相关的信息;②全面满足内部工作人员对互联网信息的全局观测需求;③及时解决政务外网、政务内网的信息源问题,实现动态发布;④快速解决政府主网站对各地级子网站的信息获取需求;⑤全面整合信息,实现政府内部跨地区、跨部门的信息资源共享与有效沟通;⑥节约信息采集的人力、物力、时间,提高办公效率。

(2)企业应用。包括:①实时准确地监控、追踪竞争对手的动态,是企业获取竞争情报的利器;②及时获取竞争对手的公开信息以便研究同行业的发展与市场需求;③为企业决策部门和管理层提供便捷、多途径的企业战略决策工具;④大幅提高企业获取、利用情报的效率,节省情报信息收集、存储、挖掘的相关费用,是提高企业核心竞争力的关键;⑤提高企业整体分析研究能力、市场快速反应能力,建立起以知识管理为核心的竞争情报数据仓库,成为提高企业核心竞争力的神经中枢。

(3)新闻媒体行业应用。包括:①快速准确地自动追踪、采集数千家网络媒体信息,扩大新闻线索,提高采集速度;②支持每天对数万条新闻进行有效抓取,监控范围的深度、广度可以自行设定;③支持对所需内容的智能提取、审核;④实现互联网信息内容采集、浏览、编辑、管理、发布的一体化。

(4) 行业网站应用。包括:①实时追踪、采集与网站相关的信息;②及时追踪行业网站的信息来源,自动、快速地更新网站信息;③实现互联网信息内容采集、浏览、编辑、管理、发布的一体化;④针对商务网站提出商务管理模式,大大提高了行业网站的商务应用需求;⑤针对资讯网站分类目录,生成网站分类结构,并实时增加与更新分类结构,不受目录级别的限制,从而大大提高了行业的应用性;⑥提供搜索引擎广告,建立行业网站联盟,提高了行业网站知名度。

(5) 网络信息监察与监控应用。包括:①网络舆情系统,如千瓦通信的"网络舆情雷达监测系统";②网站信息监察与监控系统,如千瓦通信的"网站信息与内容的监测与监察系统(站内神探)"。

3.3.2.2 传感技术

传感技术是指高精度、高效率、高可靠性的采集各种形式信息的技术,如各种遥感技术(卫生遥感技术、红外遥感技术)和智能传感技术等。随着科学技术的迅猛发展及相关条件的日趋成熟,传感技术逐渐受到更多人士的高度重视。当今传感技术的研究与发展,特别是基于光电通信和生物学原理的新型传感技术的发展,已成为推动国家乃至世界信息化产业进步的重要标志与动力。

由于传感器具有频率响应、阶跃响应等动态特性以及诸如漂移、重复性、高精度等静态特性,因此外界因素的改变与动荡必然会造成传感器自身特性的不稳定,从而给其实际应用造成较大影响。这就要求我们针对传感器的工作原理和结构,在不同场合对传感器提出相应的基本要求,以最大限度地优化其性能参数与指标。

3.3.2.3 爬虫技术

网络爬虫(Web Crawler)又称网络蜘蛛(Web Spider)、网络机器人或Web信息采集器,是一种按照一定规则,自动抓取万维网信息的程序或自动化脚本。网络爬虫通常从一个称为种子集的URL集合开始运行,先将这些URL全部放入一个有序的待爬行队列中,按照一定的顺序从中取出URL并下载所指向的页面,分析页面内容,提取新的URL并存入待爬行队列中,如此重复上面的过程,直到URL队列为空或满足某个爬行终止条件,从而遍历Web。这一过程就被称为网络爬行(Web Crawling)。

网络爬虫的分类

网络爬虫按照系统结构和实现技术,大致可以分为通用网络爬虫(General Purpose Web Crawler)、聚焦网络爬虫(Focused Web Crawler)、增量式网络爬虫(Incremental Web

Crawler)、深层网络爬虫（Deep Web Crawler）等类型。实际的网络爬虫系统通常是几种爬虫技术相结合实现的。

（1）通用网络爬虫又称全网爬虫(Scalable Web Crawler)，爬行对象从一些种子 URL 扩充到整个 Web，主要为门户站点搜索引擎和大型 Web 服务提供商采集数据。这类网络爬虫的爬行范围和数量巨大，对于爬行速度和存储空间要求较高，对于爬行页面的顺序要求相对较低，同时由于待刷新的页面太多，通常采用并行工作方式，但需要较长时间才能刷新一次页面。虽然存在一定缺陷，但通用网络爬虫适用于为搜索引擎搜索广泛的主题，有较强的应用价值。通用网络爬虫的结构大致可以分为页面爬行模块、页面分析模块、链接过滤模块、页面数据库、URL 队列、初始 URL 集合几个部分，其系统结构如图 3-15 所示。

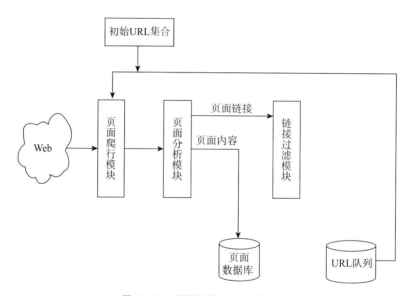

图 3-15　通用网络爬虫系统结构

为了提高工作效率，通用网络爬虫会采取一定的爬行策略。常用的爬行策略有深度优先策略、广度优先策略。①深度优先策略是按照深度由低到高的顺序，依次访问下一级网页链接，直到无法再深入。爬虫在完成一个爬行分支后返回到上一链接节点进一步搜索其他链接。在遍历所有链接后，爬行任务结束。这种策略比较适合垂直搜索或站内搜索，但爬行页面内容层次较深的站点时会造成资源的巨大浪费。②广度优先策略是按照网页内容目录层次的深浅来爬行与抓取页面，处于较浅目录层次的页面首先被爬行；在同一目录层次中的页面爬行完毕后，爬虫再深入下一层继续爬行。这种策略能够有效控制页面的爬行深度，避免遇到一个无穷深层分支时无法结束爬行的问题，实现方便，无须存储大量中间节点，不足之处在于需要较长时间才能爬行到目录层次较深的页面。典型的通用爬虫有 Google Crawler、Mercator。Google Crawler 是一个分布式的基于整个 Web 的爬虫,采用异步 I/O 而不是多线程来实现并行化。它有一个专门的 URL Server 进程负责为多个爬虫节点维护 URL 队列。Google Crawler 还使用了许多算法优化系统性能,如 Page Rank 算法。

(2)聚焦网络爬虫又称主题网络爬虫(Topical Web Crawler),是指选择性地爬行那些与预先定义好的主题相关页面的网络爬虫。与通用网络爬虫相比,聚焦网络爬虫只需要爬行与主题相关的页面,极大地节省了硬件和网络资源,保存的页面也由于数量少而更新快,还可以很好地满足一些特定人群对特定领域信息的需求。聚焦网络爬虫和通用网络爬虫相比,增加了链接评价模块及内容评价模块,其系统结构如图 3-16 所示。

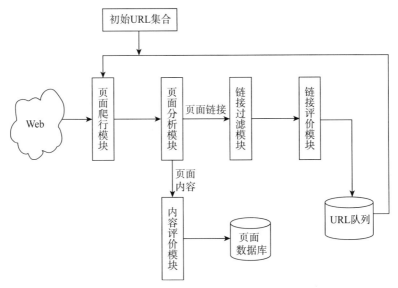

图 3-16 聚焦网络爬虫系统结构

聚焦网络爬虫爬行策略实现的关键是评价页面内容和链接的重要性,不同的方法计算出的重要性不同,由此导致链接的访问顺序也不同。其一是基于页面内容评价的爬行策略,通过 Fish Search 算法将文本相似度的计算方法引入网络爬虫中,将用户输入的查询词作为主题,包含查询词的页面被视为与主题相关。其局限性在于无法评价页面与主题相关度的高低。后来对 Fish Search 算法进行了改进,提出了 Shark Search 算法,利用空间向量模型计算页面与主题相关度的高低。其二是基于链接结构评价的爬行策略,通过 Page Rank 算法或 HITS 方法评价链接价值并以此决定链接的访问顺序。Web 页面作为一种半结构化文档,包含很多结构信息,可用来评价链接的重要性。Page Rank 算法最初用于搜索引擎信息检索中对查询结果进行排序,也可用于评价链接的重要性,即每次选择 Page Rank 值较大页面中的链接来访问。HITS 方法通过计算每个已访问页面的 Authority 权重和 Hub 权重,来决定链接的访问顺序。其三是基于增强学习的爬行策略,将增强学习引入聚焦网络爬虫,利用贝叶斯分类器,根据整个网页文本和链接文本对超链接进行分类,为每个链接计算出重要性,从而决定链接的访问顺序。其四是基于语境图(Context Graphs)的爬行策略,通过建立语境图学习网页之间的相关度,训练一个机器学习系统,通过该系统可计算当前页面到相关 Web 页面的距离,距离越近的页面其链接优先被访问。印度理工大学和 IBM(国际商业机器公司)研究中心的研究人员开发了一个典型的聚焦网络爬虫。该爬虫对主题的定义既不是采用关键词又不是采用加权矢量,而是采用一组具有相同主题的网页。它包含两个重要模块:一个是分类器,用来计算所爬行的页面与主题的相关度,确定是否与主题相关;另一个是净化器,用来识别通过较少链接连接到大量相关页面的中心页面。

（3）增量式网络爬虫是指对已下载页面采取增量式更新和只爬行新产生的或已经发生变化的页面的网络爬虫,它能够在一定程度上保证所爬行的页面是尽可能新的页面。与周期性爬行和刷新页面的网络爬虫相比,增量式网络爬虫只会在需要的时候爬行新产生或已经发生变化的页面,并不重新下载没有发生变化的页面,可有效减少数据下载量,及时更新已爬行的页面,减少时间和空间上的耗费,但是增加了爬行算法的复杂度和实现难度。增量式网络爬虫的系统结构如图 3-17 所示。它包含爬行模块、排序模块、更新模块、本地页面集、待爬行 URL 集合以及本地页面 URL 集合。

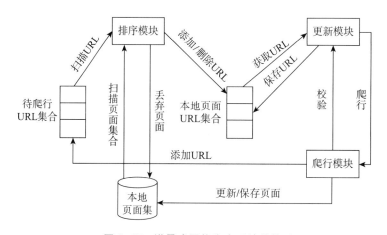

图 3-17　增量式网络爬虫系统结构

增量式网络爬虫有两个目标,即保持本地集中存储的页面为最新页面和提高本地集中存储页面的质量。为了实现第一个目标,增量式网络爬虫需要通过重新访问网页来更新本地集中存储页面的内容,常用的方法有:①统一更新法。爬虫以相同的频率访问所有网页,不考虑网页的更新频率。②个体更新法。爬虫根据各网页的更新频率来重新访问各网页。③基于分类的更新法。爬虫根据各网页的更新频率将其分为更新较快的网页子集和更新较慢的网页子集两类,然后以不同的频率访问这两类网页。为了实现第二个目标,增量式网络爬虫需要对网页的重要性进行排序,常用的策略有广度优先策略、Page

Rank 优先策略等。IBM 开发的 Web Fountain 是一个功能强大的增量式网络爬虫,它采用一个优化模型控制爬行过程,并没有对页面更新过程做任何统计假设,而是采用一种自适应的方法根据先前爬行周期里的爬行结果和网页实际更新速度对页面更新频率进行调整。北京大学的天网增量爬行系统旨在爬行国内 Web,将网页分为变化网页和新网页两类,分别采用不同的爬行策略。为了缓解对大量网页更新进行历史维护导致的性能瓶颈,它根据网页更新时局部性规律,在短时期内直接爬行多次更新的网页。为了尽快获取新网页,它利用索引型网页追踪新出现网页。

(4) 深层网络爬虫。Web 页面按存在方式可以分为表层网页(Surface Web)和深层网页(Deep Web)。其中,Surface Web 是指通过超链接可以被传统搜索引擎索引到的页面的集合。Deep Web 是指那些大部分内容不能通过静态链接获取的、隐藏在搜索表单后的,只有用户提交一些关键词才能获得的 Web 页面。例如,那些用户注册后内容才可见的网页即属于 Deep Web。Deep Web 中可访问的信息容量是 Surface Web 的几百倍,是互联网上最大、发展最快的新型信息资源。深层网络爬虫的系统结构如图 3-18 所示。它包含六个基本功能模块和两个爬虫内部数据结构,六个基本功能模块分别是爬行控制器、解析器、表单分析器、表单处理器、响应分析器、LVS 控制器,两个爬虫内部数据结构是指 URL 列表和 LVS 列表。其中 LVS(Label Value Set)表示标签/数值集合,用来表示填充表单的数据源。

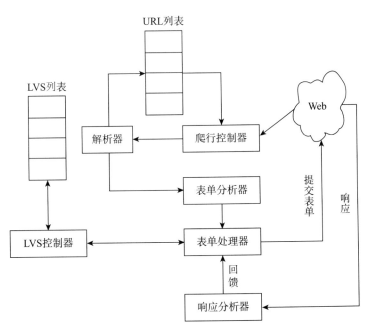

图 3-18 深层网络爬虫系统结构

深层网络爬虫爬行过程中最重要的部分就是表单填写，包含两种类型：一是基于领域知识的表单填写。此方法一般会维持一个本体库，通过语义分析来选取合适的关键词填写表单。其中，获取 Form 表单信息的多注解方法是将数据表单按语义分配到各个组中，对每组从多方面进行注解，结合各种注解结果来预测一个最终的注解标签；也可以利用一个预定义的领域本体知识库来识别 Deep Web 页面内容，同时利用一些来自 Web 站点的导航模式来识别自动填写表单时所需进行的路径导航。二是基于网页结构分析的表单填写。此方法一般无领域知识或仅有有限的领域知识，将网页表单表示成 DOM 树，从中提取表单各字段值。LEHW 方法是将 HTML 网页表示为 DOM 树形式，将表单区分为单属性表单和多属性表单，分别进行处理；也可以基于 XQuery 的搜索系统，模拟表单和特殊页面标记切换，把网页关键字切换信息描述为三元组单元，按照一定规则排除无效表单，将 Web 文档构造成 DOM 树，利用 XQuery 将文字属性映射到表单字段；或是利用 HIWE 系统，爬行管理器负责管理整个爬行过程，分析下载的页面，将包含表单的页面提交表单处理器处理，表单处理器先从页面中提取表单，从预先准备好的数据集中选择数据自动填充并提交表单，由爬行控制器下载相应的结果页面。

3.3.3 网络调研方案设计

3.3.3.1 选择适宜的网络调研方法

调研人员应根据市场调研的目的和内容，选择适宜的网络调研方法，如网络问卷调查法，或者登录官方和民间信息机构的网站进行数据检索，还可以应用网络调研技术如搜索引擎技术、传感技术、爬虫技术进行数据挖掘。

3.3.3.2 确定网络调研技术的应用策略

1. 搜索引擎技术的应用策略

搜索引擎技术的应用策略包括：

（1）使用某个具体的关键词。如果想要搜索以手机为主题的网络站点，则可以在搜索引擎中输入关键词"手机"。但是，搜索引擎会因此返回大量无关信息。为了避免这种问题的出现，应使用更为具体的关键词，如"华为手机"。所提供的关键词越具体，搜索引擎返回无关网络站点的可能性就越小。

（2）使用多个关键词。可以通过使用多个关键词来缩小搜索范围。例如，如果想要搜索有关华为手机配件的信息，则输入两个关键词"华为手机"和"手机配件"。如果只输入其中一个关键词，那么搜索引擎就会返回一些无关信息。一般而言，提供的关键词越多，搜索引擎返回的结果越精确。

（3）搜索引擎返回的结果。搜索引擎返回的网络站点顺序可能影响人们的访问。好的搜索引擎会鉴别网络站点的内容,并据此安排它们的顺序。此外,因为搜索引擎经常对最为常用的关键词进行搜索,所以许多网络站点在自己的网页中隐藏了同一关键词的多个副本。这使得搜索引擎不再去查找互联网,以返回与关键词有关的更多信息。

2. 传感技术的应用策略

传感技术的应用依赖于硬件与软件的集成,应用在不同领域,所采用的硬件与软件有很大差别,所以此处不做详细阐述。

3. 网络爬虫技术的应用策略

为了提高工作效率,通用网络爬虫会采取一定的爬行策略。常用的爬行策略有深度优先策略和广度优先策略。这两种爬行策略前文已做详细阐述,此处不再赘述。

思考与练习

一、单选题

1. 电话访问最重要的特点是(　　)。
   A. 便于操作　　　　　　　　B. 回收率高
   C. 成本较低　　　　　　　　D. 调查内容单一

2. 网络调研的突出优点是(　　)。
   A. 不存在系统误差　　　　　B. 成本较低、传播迅速
   C. 调研过程易于控制　　　　D. 调研对象范围较广

3. 当需要研究在其他条件如产品质量和营销环境保持不变的条件下,价格对销量的影响时,合适的调研方法是(　　)。
   A. 投射访谈法　　　　　　　B. 文案调查法
   C. 观察法　　　　　　　　　D. 实验法

4. 某企业关注如何能以最低的广告费用求得最大的媒体影响力,这时应开展(　　)。
   A. 广告诉求调查　　　　　　B. 公共关系调查
   C. 广告媒体调查　　　　　　D. 营业推广调查

5. 下列哪种情况适合采用抽样调查法进行调研(　　)。
   A. 总体规模小　　　　　　　B. 研究对象特征的差异性大
   C. 抽样误差的成本高　　　　D. 非抽样误差的成本高

6. 下列拒访处理方式不正确的是(　　)。
   A. 致歉并再约回访时间　　　B. 表示诚恳的歉意

C. 生气地离开　　　　　　　　　　D. 礼貌地拒绝并报告给督导

7. 面访的主要优点在于(　　)。
   A. 可进行单一内容的调查　　　　B. 能取得较高的回答率
   C. 容易管理　　　　　　　　　　D. 可节省调查费用

8. 可以直接记录调查的事实和被调查者在现场的行为,少受语言交流与人际交往影响的调查方法是(　　)。
   A. 深度访谈法　　　　　　　　　B. 文案调查法
   C. 观察法　　　　　　　　　　　D. 投射访谈法

9. 问卷设计中要注意问题的生成、问题的排列、问题之间的关系等,这是指问卷设计中的(　　)。
   A. 方便性原则　　　　　　　　　B. 目的性原则
   C. 中立性原则　　　　　　　　　D. 逻辑性原则

10. 下列各项中不属于问题答案设计原则的是(　　)。
    A. 通俗性原则　　　　　　　　　B. 中立性原则
    C. 穷尽性原则　　　　　　　　　D. 互斥性原则

11. 下列调查项目中适合采用德尔菲法的是(　　)。
    A. 调查农村留守儿童的手机需求情况
    B. 调查消费者对某产品的认识和购买行为
    C. 调查房地产公司高层管理者对竞争者的看法
    D. 调查超市选址时应该考虑的重要变量

12. 调查人员和被访者在轻松自然的气氛中围绕某一问题进行深入的一对一交流,这种调查方法称为(　　)。
    A. 深层访谈法　　　　　　　　　B. 焦点小组访谈法
    C. 顾客观察法　　　　　　　　　D. 德尔菲法

13. 下列关于问卷中调查问题排列顺序的说法中不正确的是(　　)。
    A. 问题的排列要考虑时间要素　　B. 问题的排列应具有逻辑性
    C. 问题的排列要先难后易　　　　D. 问题的排列要避免顺序效应

14. "请对下列品牌电视机按1到5进行排序,1表示最喜欢的,5表示最不喜欢的。
    康佳____长虹____TCL____海信____熊猫____"这样的量表属于(　　)。
    A. 等比量表　　　　　　　　　　B. 等距量表
    C. 类别量表　　　　　　　　　　D. 顺序量表

15. 有选择性地爬行那些与预先定义好的主题相关页面的网络爬虫称为(　　)。

　　A. 通用网络爬虫　　　　　　　B. 聚焦网络爬虫

　　C. 增量式网络爬虫　　　　　　D. 深层网络爬虫

二、多选题

1. 外部数据可用于多种问题的研究,包括(　　)。

　　A. 对市场及企业市场营销各种要素的相关数据进行定量描述

　　B. 对市场营销众多因素的相互因果关系进行调查研究

　　C. 为未来市场状况和企业销售状况进行预测,或寻求应对某些市场问题的解决方案

　　D. 对营销效果进行总结评估

　　E. 确定销售是否与促销费用、价格有因果关系,在具体销售指标的要求下,准确预算促销费用

2. 二手数据的调研方法主要有文案调查法,其数据来源包括(　　)。

　　A. 互联网　　　　　　　　　　B. 国家年度报告

　　C. 行业年度报告　　　　　　　D. 专业杂志和期刊

　　E. 政府文件

3. 邮寄调查的优点主要有(　　)。

　　A. 保密性强　　　　　　　　　B. 花费时间长

　　C. 费用较低　　　　　　　　　D. 调查区域广

　　E. 没有调查人员偏差

4. 进行实验设计时需要处理的主要问题有(　　)。

　　A. 确保实验结果具有外部有效性

　　B. 确定要控制或处置的自变量

　　C. 规定实验单位,以及如何将这些单位划分为同类或同质的子样本

　　D. 确定控制外来变量的方法

　　E. 确定要测量的因变量

5. 观察法的特点主要有(　　)。

　　A. 有利于对无法、无须或难以进行语言交流的市场现象进行调查

　　B. 简便、易行、灵活性强

　　C. 具有直观性和可靠性

　　D. 能够反映客观事实的发生过程

　　E. 可排除语言交流或人际交往中可能产生的误会与干扰

三、简答题

1. 外部数据的来源主要有哪些?

2. 传统调研方法包括哪些常见类型？请简述这些常用方法的优缺点及其适用情况。

3. 简要说明问卷调查的方案设计包含的主要内容。

4. 简要说明访谈法的主要类型及实施步骤。

5. 互联网大数据的调研有哪些方法？请简述互联网大数据的特点。

实践训练

【项目一】

1. 阅读下列市场调研的内容，指出分别需要获取哪些数据。

2. 从以下所列的市场调研的内容中，选择两个方面，指出应分别采取哪些调研方法获得相关数据。

材料：

（一）市场环境调查

1. 政治法律环境调查：

（1）政治环境调查。国家制度和政策、国家或地区之间的政治关系、政治和社会动乱、国有化政策。

（2）法律环境调查。

2. 经济技术环境调查：

（1）经济环境调查（生产方面、消费方面）；

（2）科学技术环境调查；

（3）社会文化环境调查；

（4）自然地理环境调查。

3. 社会文化环境调查。

4. 自然地理环境调查。

（二）市场需求调查

1. 人口构成调查。

2. 家庭总数和家庭规模调查。

3. 消费者购买动机和行为调查。

4. 消费者满意度调查：

（1）消费者购买动机调查；

（2）消费者购买行为调查。

（三）市场供给调查

1. 市场供给来源及影响因素调查。

2. 商品供应能力调查。

（四）市场营销活动调查

1. 产品调查：

（1）产品实体调查；

（2）产品生命周期调查；

（3）企业产品品牌调查。

2. 价格调查。

3. 销售渠道调查。

4. 促销调查：

（1）广告调查；

（2）人员推销调查；

（3）营业推销调查；

（4）公共关系调查。

（五）市场竞争对手调查

【项目二】

1. 根据以下调查项目的背景资料，明确调查目的，梳理调查内容；

2. 根据需要获取的调查数据，列出可以采用的调查方法，并做简要说明。

项目背景：

某地区泰式进口调味品市场状况及消费者消费行为调查

1. 进口食品的消费趋势

随着社会的发展和人们生活水平的提高，人们对美食的追求更加多样化，美食也开始无国界，新西兰的蜂蜜、韩国的饮料、马来西亚的饼干、泰国的海苔……进口食品日益走俏。进口食品成为中国跨境网购用户最常购买的品类。在进口原产地上，东南亚和日本、韩国成为最受欢迎的进口零食来源地。

2. 泰式进口调味品的市场现状

随着跨境游逐年递增，泰国成为最受中国游客欢迎的目的地之一，泰国料理烹饪课程成为境外旅游热门体验之一。人们对泰式调味品的需求也不断增长。国内大型电商平台——京东在2019年3月发布的"进口调料品牌排行榜"显示，热销排名第一位的进口调味品是"泰国进口露莎士黑胡椒酱（290g/瓶）"，排名前五位的还有两款泰式调味品，分别是"泰国进口KK泰式黑胡椒酱（300g/瓶）"和"泰国进口蓝龙牌BLUE DRAGON 梅子甜酸酱（190ml/瓶）"。

为了深入了解泰式进口调味品的市场状况，掌握消费者对泰式进口调味品消费行为特征的一手资料，为提高泰式进口调味品的市场占有率提供相应的营销策略，拟开展泰式进口调味品市场状况及消费者消费行为调查研究。

[提示]

（一）调查目的

1. 泰式进口调味品市场份额研究；

2. 了解该地区消费者对泰式进口调味品的喜好度及认知现状；

3. 了解该地区消费者喜爱的泰式风味；

4. 了解该地区消费者对泰式进口调味品的需求及关注点（品牌、包装、口味、规格、价格）；

5. 了解该地区消费者购买泰式进口调味品的主要渠道、购买频次等。

（二）调查内容

1. 市场环境调查：

（1）国内进口调味品市场现状；

（2）该地区进口调味品市场现状、品牌分布情况、市场占有率。

2. 消费者调查：

（1）进口调味品市场的潜在消费者特征；

（2）消费者对泰式进口调味品的喜好度及认知现状；

（3）消费者对泰式进口调味品的购买需求（品牌、包装、口味、规格、价格）；

（4）消费者购买泰式进口调味品的渠道；

（5）消费者对调味品的使用习惯、月使用量、年购买频次；

（6）刺激消费者对泰式进口调味品购买的促销方式；

（7）消费者对泰式进口调味品的相关建议。

3. 产品调查：

（1）泰式食品风味特点；

（2）泰式进口调味品种类；

（3）在售的泰式进口调味品的市场价格状况；

（4）国内在售的泰式进口调味品的品牌；

（5）泰式进口调味品包装材质、样式、标签信息、规格。

4. 泰式进口调味品供应场所调查：

（1）该地区泰式餐厅的泰式进口调味品的菜品使用情况及食客评价；

（2）该地区各大超市泰式进口调味品的种类、品牌、价格及销量。

(三) 可以采用的调查方法

1. 文献阅读法：阅读大量国内外相关文献和近年来进口调味品市场的行业分析报告，通过这些二手数据，确定关于泰式进口调味品市场研究的基本框架。

2. 观察法：在该地区选择人流密集、交通方便、覆盖面积较大的超市或泰式餐厅，实际观察泰式进口调味品的市场覆盖情况、销售情况。

3. 访谈法：通过访谈向泰式餐厅工作人员了解泰式进口调味品的使用情况，向供应泰式进口调味品的超市工作人员了解泰式进口调味品的销售状况，同时询问商品的物流情况。另外，同前来购物或就餐的消费者进行访谈，了解其平时对泰式进口调味品的喜好、消费习惯及评价。

4. 问卷调查法：通过问卷调查收集消费者的基本信息以及消费者对泰式进口调味品的消费习惯、选择偏好及其影响因素等。

5. 网络调查：通过"大众点评"等口碑评价平台，收集关于消费者对泰式进口调味品的选择偏好、消费者满意度等方面的评价，进行文本信息的挖掘。

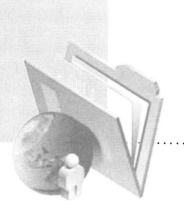

第 4 章

市场数据调研的计划与安排

业务案例导入

方正证券股份有限公司(股票代码:601901)系中国证监会核准的第一批综合类证券公司,为上海证券交易所、深圳证券交易所首批会员。同大多数金融机构发展壮大的过程一样,方正证券的发展也经历了大同小异的过程。方正证券成立于1988年,其前身为浙江省证券公司,2008年5月经中国证监会批准吸收合并泰阳证券(前身为湖南省证券公司),2010年9月改制为股份有限公司,2011年8月10日公司在上海证券交易所成功实现A股主板上市,成为国内证券市场第七家IPO(首次公开募股)上市券商。

方正证券是我国中西部最大的证券公司,市值规模、综合财务指标和业务指标位居上市券商前列。

一、公司组织架构

方正证券拥有一套完整的垂直架构体系(见图4-1),上下衔接紧密,同等层次职务分配细致、严谨。这样的划分有利于在处理日常业务时分工明确,有效地提高办事效率。

第4章 市场数据调研的计划与安排

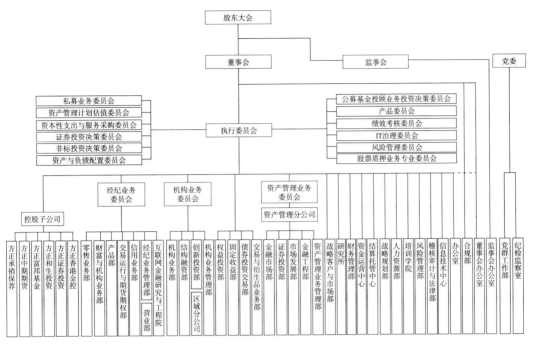

图 4-1 方正证券组织架构

二、业务范围

公司业务范围涵盖证券经纪、投资银行、证券自营、资产管理、研究咨询、期货经纪、直接投资、基金管理、融资融券、期货中间介绍、代办系统主办券商、基金代销、QFII(合格的境外机构投资者)及证监会核准的其他业务资格。同时,公司还推出"富、贵、雅"客户分类分级体系,在全国中心城市建立了区域财富管理中心,形成了包括"泉友通""泉友会""金泉友""金泉涌""泉搜"等在内的"泉家福"系列产品及服务品牌并获商标注册,公司在客户财富管理方面拥有"金泉友"系列理财产品并树立了优势品牌,市场影响力及美誉度不断提升。

三、企业文化

众所周知,21世纪是文化管理时代,是文化致富时代。企业文化的重要性将是企业的核心竞争力所在,是企业管理最重要的内容。

作为一家上市的金融企业,方正证券也拥有深远的企业文化。

方正证券一直秉承"持续创新,方方正正做人,实实在在做事"的企业文化。所谓"持续创新",就是:敢为人先、追求卓越、标新立异;提倡开放、平等的精神;尊重、鼓励并激发员工的自主性和创新能力。所谓"方方正正做人,实实在在做事",就是:要诚信、忠诚;要尽心尽责;要依法经营,诚实经商,追求多赢;要自觉承担社会责任,有意识地使公司的利益与社会的总体利益相一致。

秉承这样的企业文化,经过三十多年的积淀与发展,公司目前已经成为具有湘浙"双区域"集中优势、高成长的全国性上市证券公司,凭借良好的企业文化和承担较多的社会责任,已获得了市场与社会的广泛认可。

综合以上分析,对于方正证券的发展前景,我们做出如下预测:

为了应对中国经济转型的需要、应对资本市场快速发展的需要、应对监管理念的市场化转变,证券行业的市场化、专业化、国际化将成为主流的发展趋势。

(1) 市场化就是用价格机制来达到一种均衡,包括客户服务和业务的开展、内部经营机制、人力资源的发展都必须尊重市场。市场化的环境要求证券公司从业人员必须具备市场化思维,不具备市场化思维的人一定会被市场淘汰,不具备市场化思维的证券公司也一定会被市场淘汰。

(2) 专业化的人才应当具备从事金融行业的具体工作所必备的经济、金融、财务、法律和管理等方面的知识结构,敏感把握证券市场内外部条件变化并时刻结合自身工作主动调整的专业能力,诚实守信、勤勉尽责的操守,以及公平公正、以客为先的人性化沟通能力。

(3) 国际化是证券行业市场化发展和证券从业人员专业化能力构建的必然结果。过去十年是中国资本市场不断学习和赶超境外资本市场的十年,未来的十年是中国证券行业融入全球金融体系,谋求全球发展地位的十年。我们应该看到,中国企业走出去的步伐越来越快、越来越大,中国过去三十年所创造和未来十年将创造的国民财富在全球范围内进行配置都是可以预见的。方正证券的国际化将体现在以下三个方面:一是业务的国际化,包括以国内市场为依托的国际创新业务的引进与消化和以国外市场为依托的国际业务的开展;二是机构的国际化,包括国外证券公司与境外机构合资在国内设立分支机构和国内证券公司走出去到国外设立分支机构;三是理念的国际化和人才的国际化,这也是最重要的。

方正证券市场发展问卷调查表

本问卷调查表旨在了解证券业在南京市的发展前景,为我们的业务活动提供参考。我们对您认真如实地填写表示感谢! 在此,我们郑重承诺,您所填的内容不对外公布,调查结果仅供研究使用。

非常感谢您的大力支持!

方正证券南京营业部

姓名:	年龄:	性别:
联系方式:		职业:
QQ:		邮箱:

（续表）

通信地址：

您平时是否经常关注财经信息？　　　A. 是　　　　　　B. 否

您是否开通了股票账户？　　　　　　A. 没有　　　　　B. 有
如果没有，原因是：
A. 暂时没有意愿　　B. 没有时间　　　C. 专业知识不够　　D. 其他

您平时会选择何种方式进行投资？
A. 股票　　　　　　B. 基金　　　　　C. 债券　　　　　　D. 黄金
E. 外汇　　　　　　F. 期货　　　　　G. 理财产品　　　　H. 其他

您在哪家公司开立的股票账户？（　　　　　　　）
您在该公司开立账户的原因是：
A. 朋友介绍　　　　B. 佣金低　　　　C. 安全性高　　　　D. 服务周到，人性化
E. 营业厅离家近　　F. 对证券公司没有特别选择

您投入的资金大概是多少？
A. 5万元以内　　　　B. 10万～20万元　C. 50万～100万元　D. 100万～300万元
E. 300万～500万元　 F. 500万元以上

您期望的年收益率是多少？
A. 保本　　　　　　B. 10%左右　　　 C. 10%～30%　　　 D. 30%～50%
E. 50%以上

您的交易决策主要受哪些因素影响？
A. 与亲戚朋友交流　B. 证券公司建议　C. 电视股评类节目　D. 网上评论
E. 自己分析

您通过哪种方式进行交易？
A. 网络下单　　　　B. 电话交易　　　C. 手机炒股终端　　D. 营业厅交易
E. 别人下单

您一般进行何种期限的投资？
A. 短线　　　　　　B. 中期看好　　　C. 长期投资　　　　D. 价值投资

您可承受的风险程度为：
A. 5%以内　　　　　B. 5%～10%　　　 C. 10%～20%　　　 D. 20%～50%

您对我公司的初步印象如何？
A. 一般　　　　　　B. 满意　　　　　C. 较满意　　　　　D. 不满意
E. 不了解

市场数据调研及处理

(续表)

您目前对证券业的发展有哪些建议:(自由填写)

资料来源:方正证券调研报告(含市场调查表)[EB/OL].(2019-12-10)[2021-03-15].https://wenku.baidu.com/view/29812a813069a45177232f60ddccda38366be1d9.html,有删改。

知识建构

1. 掌握市场数据调研计划的内容;
2. 熟悉调研进度计划常用的呈现方式,学会撰写调研进度计划;
3. 熟悉调研中所包含的经费支出的主要项目,以及各项目的经费安排;
4. 掌握调研人员培训的主要内容。

4.1 市场数据调研计划的内容

市场数据调研是指系统、客观地收集、整理和分析市场营销活动的各种资料或数据,用以帮助营销管理人员制定有效的市场营销决策。市场数据调研需要做到系统、客观、可参考。系统是指对市场数据调研必须有周密的计划和安排,使调研工作有条理地开展下去。客观是指对所有信息资料,调研人员必须以公正、中立的态度进行记录、整理和分析处理,应尽量减少偏见和错误。可参考是指调研所获取的信息以及对信息进行分析后所得出的结论,只能作为营销管理人员制定决策的参考,而不能代替他们做出决策。

在进行市场数据调研之前,调研人员应认真制订合理可行的调研计划。

一份完整的调研计划应包括如下内容:

(1)调研目的。调研目的是指调研要达到的预期效果,所有的调研工作都要围绕调研目的展开,只有这样才能达到预期效果。

(2)资料来源。制订调研计划必须考虑资料来源。调研资料按其来源不同,可分为一手资料和二手资料。我们在第3章对一手资料和二手资料的内容进行了阐述,此处不再赘述。

(3)调研方法。调研资料的采集往往需要采用一种或多种方法,如观察法、实验法和询问法等传统调研方法,以及网络调研方法。调研人员应根据需要选用适当的调研方法。

(4)经费预算。项目调研需要一定的费用支出,对此调研人员应合理地制定费用预算。应确保调研费用支出小于调研后产生的收益。在进行费用预算时,调研人员应全面考虑可能的费用支出,以免将来出现一些不必要的麻烦而影响调研进度。例如,预算中没有鉴定费,但是调研结束后需要对成果做出科学鉴定,否则无法发布。在这种情况下,调研人员将面临十分被动的局面。当然,对于没有必要的费用不必一一罗列,对于必要的费用也应该认真核算做出一个合理的估计,切不可随意多报、乱报。不合实际的预算将不利于调研计划的审批或竞争。因此,调研费用预算既要全面细致,又要实事求是。

（5）进度安排。市场数据调研工作具有规范的工作流程和时间安排,为了控制调研的节奏,规避不可控因素,需要明确进度安排,具体包括各阶段工作内容、实施时间、地点、调研对象、参与人员等。进度安排将成为调研团队成员之间的合作约定。

（6）调研人员培训。为了帮助调研人员熟悉调研的目的、意义、内容及与之相关的各项任务要求、调研技巧,明确如何处理调研过程中发生的特殊情况等,需要对调研人员进行以上内容的相关培训。

我们将在后文中对进度安排、经费预算与调研人员培训进行重点介绍。

4.2 调研进度计划

4.2.1 进度计划的呈现——甘特图

甘特图又称横道图、条状图,是以提出者亨利·劳伦斯·甘特(Henrry Laurence Ganntt)先生的名字命名的。甘特图以图示的方式通过活动列表和时间刻度表示出特定项目的顺序与持续时间,便于管理者弄清项目的剩余任务,评估工作进度。甘特图简单、醒目、便于编制,在管理中广泛应用。按内容的不同,甘特图分为计划图表、负荷图表、机器闲置图表、人员闲置图表和进度表五种形式。

甘特图的绘制可采用 Microsoft Office Project、Gantt Project、VARCHART XGantt、jQuery.Gantt、Excel 等工具。

甘特图的绘制步骤如下:

（1）明确项目涉及的各项活动、任务。内容包括项目名称(包括顺序)、开始时间、工期、任务类型(依赖性或关键性)及依赖于哪一项任务。

（2）创建甘特图草图。将所有的任务按照开始时间、工期标注到甘特图上。

（3）确定项目依赖关系及时序进度。使用草图,按照项目的类型将项目联系起来,并安排项目进度。此步骤将保证在未来计划有所调整的情况下,各项任务仍然能够按照正确的时序进行。也就是确保所有依赖性任务能并且只能在关键性任务完成之后按计划展开。同时,要避免关键性路径过长。关键性路径是由贯穿项目始终的关键性任务所决定的,它既表示了项目的最长耗时,也表示了完成项目的最短可能时间。请注意,关键性路径会由于单项活动进度的提前或延期而发生变化。而且要注意,不要滥用项目资源,同时,对于进度表上不可预知的事件要安排适当的富裕时间(Slack Time)。但是,富裕时间不适用于关键性任务,因为作为关键性路径的一部分,它们的时序进度对整个项目至关重要。

(4) 计算单项任务的工时。

(5) 确定任务的执行人员及适时按需调整工时。

(6) 计算整个项目的工时。

4.2.2 调研进度计划的甘特图呈现示例

调研进度计划可以通过甘特图形式呈现,示例详见表4-1。

4.2.3 调研进度计划的表格呈现示例

调研进度计划还可以通过表格形式呈现,示例详见表4-2。

4.3 调研经费预算

我们在进行调研经费预算时,一般需要考虑如下几个方面:

(1) 总体方案策划费或设计费;

(2) 抽样方案设计费(或实验方案设计费);

(3) 调查问卷设计费(包括测试费);

(4) 调查问卷印刷费;

(5) 调研实施费(包括选拔、培训调研人员支出,试调研支出,交通费,调研人员劳务费,管理督导人员劳务费,礼品或谢金,复查费等);

(6) 数据录入费(包括编码、录入、查错等);

(7) 数据统计分析费(包括上机、统计、制表、绘图等);

(8) 调研报告撰写费;

(9) 资料费、复印费、通信联络等办公费用;

(10) 专家咨询费;

(11) 劳务费(公关、协作人员劳务费等);

(12) 管理费或税金;

(13) 鉴定费、调研报告印刷费等。

表 4-1 针对社区居民的某调研项目的进度计划

工作模块	工作重点	工作内容	工作产出	负责人	工作推进时间节点（甘特图） 4 5 6 7 8 9 10 11 12 13 14 15 16 17 18 19 20 21 22 23
筹备阶段	调研地区筹备工作	×××社区接洽工作	与街道相关负责人接洽，明确合作内容与分工		■■
	社区服务中心准备工作	社区宣传	海报设计制作		■■■
		群体分布、位置调查	调研线路图		■
		场地布置及人员分工	宣传品的摆放、人员分配		■■
调研阶段	培训工作	人员分工与培训	人员分工，问卷培训，注意事项培训		■■
	实地调研	问卷调查	发放100份问卷，回收有效问卷达80%以上		■■■■■■
	报告撰写	数据分析	调研报告		■■■■
	监督与评估	监督项目开展状况，给予应急支持	提供应急支持，监督项目实施		■■■■■■■■■■■■
汇报	汇报调研成果	向街道领导、中心领导汇报调研成果	汇报演示文档（PPT）		■■

市场数据调研及处理

表 4-2　关于 ERP 系统用户需求调研项目的进度计划

阶段	时间	内容	需要准备的数据	对应部门
第一阶段	9:30—9:45	信息系统 旧有信息系统的调研，包括软件、硬件和网络三方面的现状，以及信息化流程和信息系统的组织。重点是旧有信息系统的现状调查、对旧有信息系统的处理需求	岗位/部门职责说明 部门主要工作业务流程 旧有信息系统形成的需求记录 所有需要信息系统管理的单据和表格	信息部门
第二阶段	9:45—10:00	销售管理 包括调研和了解销售部门的主要业务与业务流程（销售预测、销售模式、销售订单、销售发货、销售发票等），销售部门的数据管理情况和需求，销售部门关于销售统计方面的需求，销售部门与公司其他部门之间的交叉业务流程和管理需求，销售部门管理难点	岗位/部门职责说明 部门主要工作业务流程 业务单证、报表 相关制度、规范文件	销售部门
第三阶段	10:00—10:20	工程/研发管理 包括调研和了解工程数据的管理情况，如 BOM（物料清单）数据及管理流程，工艺流程数据及管理流程，BOM 及工艺流程与公司其他部门之间的交叉业务流程和管理需求，工程部门管理难点；产品研发过程、产品研发数据的管理情况，研发与工程部门之间的交叉业务流程和管理需求，研发部门管理难点	岗位/部门职责说明 部门主要工作业务流程 产品结构与配置管理数据 BOM 数据 相关制度、规范文件 部门组织结构图 工艺流程文件样本 工程设计文件样本	工程部门 研发部门
第四阶段	10:20—10:40	生产计划管理 包括调研和了解生产计划部门的组织结构，生产计划部门的主要管理制度和管理流程（生产计划编制、维护和更新调整），生产计划部门的计划数据现状（如生产计划的稳定期、滚动期、更新周期），生产计划部门与公司其他部门之间的交叉业务流程和管理需求，生产计划部门管理难点	岗位/部门职责说明 部门主要工作业务流程 生产计划 业务单证、报表 相关制度、规范文件	生产计划部门

(续表)

阶段	时间	内容	需要准备的数据	对应部门
第五阶段	10:40—11:00	**仓库管理** 包括调研和了解仓库部门组织结构,仓库部门的主要管理制度和管理流程,仓库部门的基础数据现状,材料进出库管理流程,库存管理数据(仓库划分、库存位置划分等),仓库部门与公司其他部门之间的交叉业务流程和管理需求,仓库部门管理难点	岗位/部门职责说明 部门主要工作业务流程 业务单证、报表 相关制度、规范文件	仓库部门
第六阶段	11:00—11:20	**采购管理** 包括调研和了解采购部门的主要业务与业务流程,采购部门的数据管理情况和需求,采购部门关于采购统计方面的需求,采购部门与公司其他部门之间的交叉业务流程和管理需求,采购部门管理难点	岗位/部门职责说明 部门主要工作业务流程 业务单证、报表 相关制度、规范文件	采购部门
第七阶段	11:20—12:00	**财务管理** 包括调研和了解公司的财务管理制度与管理流程,公司的财务数据,公司的财务管理需求,公司的成本管理制度和管理流程,公司的成本核算数据,公司的成本管理需求,重点是产品成本核算需求	岗位/部门职责说明 部门主要工作业务流程 业务单证、报表 相关制度、规范文件	财务部门 成本部门

4.4 调研人员培训

4.4.1 培训目的

调研人员培训主要有以下三个目的:

1. 培养调研人员的技能

调查访问是获取信息的基本环节,其专业性较强,对技能的要求相对较高。通过专业培训,调研人员能够了解本次调研的背景、目的、要求及调研的对象、程序和方法等,以便于调查访问过程中有效地完成工作。

2. 提高调研的完成率

通过调研前的专项培训,使调研人员具备一定的调研知识和专业技能,能够提高调研的完成率,将拒访和访问中断的可能性降至最低。

3. 激励调研人员的工作热情

通过对调研人员进行培训,使调研人员明确调查访问工作的重要性,激发调研人员的工作热情,为调查访问工作的顺利进行提供保障。

4.4.2 培训方式

4.4.2.1 书面培训

书面培训要求调研人员做到以下几点:

（1）熟悉市场调研的内容、目的、意义和重要性。

（2）熟悉并掌握按计划选择调研的对象的方法。

（3）掌握选择恰当时机、地点调研的方法。

（4）掌握取得调研对象配合的有关技巧。

（5）掌握调研方法和技术。

（6）明确如何处理调研过程中发生的特殊情况。

4.4.2.2 口头培训

口头培训的目的在于消除调研人员的恐惧和疑虑,使调研人员灵活运用调查访问技巧。口头培训要求调研人员做到以下几点:

（1）访问表情自然、大方,态度友好。

（2）提出的问题言简意赅。

（3）善于选择访问时机。

（4）语音表达流畅,不易产生歧义。

（5）语气语调客观中立,不提示、不诱导。

（6）善于完整、清楚地记录、反映调研对象的本意。

4.4.3 培训途径和方法

4.4.3.1 培训途径

培训有两条基本途径,分别是业余培训和离职培训。

1. 业余培训

业余培训是指针对在职人员在业余时间进行调研培训。业余培训是提高调研人员素质的有效途径,是调动调研人员学习积极性的重要方法。这种方法具有投资少、见效快的特点。

2. 离职培训

离职培训是指通过开办培训班或安排调研人员去各类院校学习调研基础知识、调研业务知识和现代调研工具的使用知识等。这种方法能使调研人员具备扎实的调研基础，但投资较大。

4.4.3.2 培训方法

培训方法主要有以下几种，培训时可根据培训目的和受训人员情况加以选用：

1. 集中讲授方法

这是目前培训中采用的主要方法，是指请有关专家、调研方案的设计者，对调研的意义、目的、要求、内容、方法及调研工作的具体安排等进行讲解。在必要的情况下，还可以讲授一些调研基础知识，介绍一些背景材料等。采用这种培训方法应注意突出重点、讲求实效。

2. 以会代训方法

具体包括两种形式：一是举办研讨会，先就调研主题进行研究，学习拟定调研题目，再研讨调研方案，确定收集资料的方法以及整理分析数据的方法，并明确如何组织实施。二是举办经验交流会，会上大家可以互相介绍各自的调研经验，先进的调研方法、技巧和成功的调研案例等，以集思广益、博采众长、共同提高。采用这种培训方法一般要求参加者具备一定的知识水平和业务水平。

3. 以老带新方法

这是一种传统的培训方法，是指由具备一定理论和实践经验的人员对新接触调研工作的人员进行传、帮、带，使新手能尽快熟悉调研业务，得到锻炼和提高。这种培训方法能否取得成效，取决于带者是否无保留地传授，学者是否虚心求教。

4. 模拟训练方法

是指人为地制造一种调研环境，由培训者和受训者（或受训者之间）分别扮演调研者和被调研者，进行模拟调研，练习某一具体的调研过程。模拟时，要将在实际调研过程中可能遇到的各种问题和困难展现出来，让受训者做出判断、解答和处理，以增加受训者的经验。采用这种培训方法应事先做好充分的准备，只有这样在模拟时才能真实地反映调研过程中可能出现的情况。

5. 实习锻炼方法

是指在培训者的策划下，让受训者到自然的调研环境中去实习和锻炼，这样能将理论和实践有机结合，在实践中发现各种问题，在实践中培养处理问题的能力。采用这种培训方法应注意掌握实习的时间和次数，并对实习中出现的问题和经验及时进行总结。

4.4.4 确定培训内容

4.4.4.1 责任意识培训

所谓责任意识，是一种自觉意识，能够明确应承担的责任，并自觉、认真地加以履行；

具有高度的责任心和敬业精神,对调研工作有热情、感兴趣,愿意接触社会,诚实可靠,客观公正,对调研对象不存在偏见。

培养责任意识就是培养敢于负责的精神,在接触受访者、提问、记录、审查调研资料、发放礼品等调研操作过程中都需要贯穿责任意识。培养责任意识,首先要提出履责要求,然后建立责任追究的机制即问责制。问责要贯穿履责的全过程。事前问责的目的在于提醒,事中问责的目的在于督促,事后问责的目的在于诫勉。此外,要明确对认真负责的调研人员给予奖励和表彰、对失职渎职的调研人员予以追究和惩罚等一系列规定。

责任意识培训还需要特别强调的是,调研人员必须对调研对象的个人资料、企业商业信息和数据、调研组织内部的管理资料承担保密的责任和义务。

4.4.4.2 调研操作培训

调研操作培训的内容主要包括:

(1) 行业背景知识。调研项目可能涉及各行各业,各个行业都有各自领域的专业知识和专业术语,许多调研人员可能对这些行业的专业知识和专业术语了解较少,或者不了解。通过培训,向调研人员介绍一些行业背景知识、行业内部情况和竞争状况,帮助调研人员理解调研项目的内容和每个问题的意义,能使调研人员熟悉行业知识,以便于调研人员在调研活动中与调研对象接触,与商家或业内专业人士进行良好的沟通。

(2) 项目要求。关于项目要求的培训内容主要包括向调研人员说明需要完成的调研样本量、抽样方式、选择调研对象的条件、调研方法及时间进度要求,通过培训,使调研人员熟悉并掌握调研的工作规范和操作技巧。

(3) 项目工具。向调研人员介绍测试用品、示卡①等调研工具的使用规范,详细讲解记录调研信息的工具(如问卷、观察表、访谈表)的构成和填写要求,详细介绍问卷的整体结构、每个问题的含义、问题之间的逻辑关系、问卷调查的操作规范和问卷使用的技巧,以及调研过程中可能出现的失误及处理方法,错题、漏题的处理原则等。

4.4.4.3 访谈调查培训

向调研人员说明与调研对象沟通过程中应注意的问题,最大限度地得到调研对象的支持,并且使其在调研过程中保持愉快,因为调研对象的情绪会对问卷的质量有很大的影响。在沟通过程中特别要注意以下事项:

(1) 弄清访谈时被拒访的原因。调研对象拒访是调研中经常遇到的情况,调研培训时向调研人员介绍被拒访的原因可能包括:调研对象时间紧或对调研内容不感兴趣,或是怕麻烦,或是对调研人员不放心,担心遭到诱骗;或者调研人员行为不当造成调研对象的

---

① 示卡是向调研对象出示、供其参照和选择的文字或图片资料。

反感而拒访；或者调研对象回答问题有困难，或是文化程度低、心情不好，无法配合访谈；或者调研对象家中有客人或有事要处理而无法接受访谈。另外，访谈中途被拒访的情况也时有发生，访谈中途被拒访的原因可能包括：提问问题太多，或有些问题调研对象不易回答，或有些问题调研对象不便于回答；或者其他事情打扰了调研对象接受访谈，比如有人拜访、有电话打来、突然有事要处理等。调研人员应尽可能弄清被拒访的真实原因，对调研对象因势利导给予解释和帮助，争取对方的认可和配合，或者争取与调研对象另约时间进行访谈。

（2）访谈中提出的问题要考虑到时间性。若提问很久之前发生的情况，则可能因调研对象遗忘而无法准确回答，如"您去年家庭的生活费支出是多少？用于食品、衣服的支出分别为多少？"类似的问题只有那些有连续记账习惯的调研对象才能回答出来，否则就很难回答。所以建议变换提问："您家上月生活费支出是多少？"这样缩小时间范围的问题可使调研对象回忆起来比较容易，答案也比较准确。

（3）访谈中避免直接提出断定性的问题。访谈中应避免直接提出断定性的问题，例如："您一天抽多少支烟？"如果调研对象根本不抽烟，就会造成其无法回答。正确的处理办法是此问题可加一条"过滤"性问题，即"您抽烟吗？"如果回答者回答"是"，则可继续提问，否则就终止提问。

（4）以适当的方式调节气氛。访谈需要避免第三者干扰，然而访谈中常常会受到各种干扰，所以当有干扰出现时，调研人员要采取适当的方式调节访谈期间的气氛，使调研对象处理好自己的事情后仍愿意继续接受访谈。

（5）访谈中保持中立态度。因为调研人员的言行举止、态度和评价会影响调研对象的态度，所以调研人员在访谈中应保持中立态度。比如调研某一饮料的口味，调研人员应该提问："请说说您对口味的看法。"以获得调研对象对该饮料口味的真实评价，而不应该提问："您是不是觉得有点太甜了？"

（6）合理地进行提问与追问。经过培训，引导调研人员在访谈中采用合理的提问与追问方式，这样可以从调研对象那里得到更多的信息。例如，调研人员可以先提问："您家里现在有吸尘器吗？"调研对象给出的答案只能是"有"或"无"。对于回答"无"的调研对象，调研人员可以进行如下一系列的追问："您是否打算购买？""您考虑购买什么品牌？"以及"您可以接受什么价位的吸尘器？"，等等。

（7）结束访谈的操作要点。向调研人员介绍以合理方式结束访谈的操作要点，包括：访谈结束前迅速检查问卷；再征求一下调研对象的意见；访谈结束离开现场时，要表现得彬彬有礼，若是入户访谈，则离开时要为调研对象关上房门，对调研对象及家人说再见，对送出门的调研对象说"请留步，多谢！"，等等，以使调研对象对访谈留下良好的印象。

思考与练习

一、单选题

1. 市场调研人员的培训中涉及最多的是对( )的培训。
   A. 管理人员 B. 研究人员
   C. 访谈员   D. 督导

2. 下列属于内部市场调研主体的是( )。
   A. 广告公司   B. 咨询公司
   C. 市场调研公司 D. 企业调研部门

3. 组织、控制整个市场调研工作,协调下属各部门之间的关系;制定公司的管理规则和人员职责是( )的职责。
   A. 管理人员 B. 研究人员
   C. 督导   D. 调研人员

4. 制订调研计划首先要进行的步骤是( )。
   A. 收集数据   B. 分析数据
   C. 确定收集数据的来源和方法 D. 根据调研需求确定调研目的

5. 市场数据调研需要做到系统、客观、可用有帮助。其中,"调研人员必须以公正和中立的态度记录、整理与分析处理所有信息资料,应尽量减少偏见和错误"是指市场数据调研应做到( )。
   A. 系统   B. 客观
   C. 可用有帮助 D. 以上都不是

6. 市场数据调研的目标是( )。
   A. 获取良好的经济效益 B. 提供准确、有用的信息
   C. 规范运作   D. 获取社会效益

7. 确定( )的过程就是对企业市场营销活动出现的问题进行识别、判定的过程。
   A. 调研目标 B. 调研方案
   C. 调研计划 D. 调研方法

8. ( )是指导市场数据调研项目开展的行动蓝图,它详细描述了获取解决市场调研问题所需市场数据信息的实施步骤与方法。
   A. 市场调研提案 B. 市场调研方案
   C. 抽样方案设计 D. 问卷方案设计

二、多选题

1. 访谈员培训的基本方法包括（　　）。
   A. 书面资料　　　　　　　　　　B. 讨论和展示
   C. 基于电脑的培训指南　　　　　D. 角色扮演
   E. 观察早期访谈

2. 市场数据调研人员应具备的素质条件包括（　　）。
   A. 较强的事业心和责任心　　　　B. 对市场数据高度的敏感性
   C. 广博的知识　　　　　　　　　D. 较强的综合分析能力
   E. 较高的工作热情和兴趣，良好的工作态度

3. 作为专业的市场数据调研人员，需要具备的知识包括（　　）。
   A. 市场知识　　　　　　　　　　B. 市场调研知识
   C. 消费者行为知识　　　　　　　D. 心理学知识
   E. 法律知识

4. 使选用人员成为合格的调研人员需要（　　）。
   A. 选用人员时严格把关　　　　　B. 对现有的人员进行培训
   C. 将培训后不合格的人员调离　　D. 调研人员本身加强学习
   E. 招聘高学历人员

5. 在制订调研计划时，影响企业内部市场调研资源配置的因素有（　　）。
   A. 企业规模　　　　　　　　　　B. 市场状况
   C. 任务的复杂性和成本　　　　　D. 观念
   E. 领导者风格

三、简答题

1. 调研计划的主要内容包括哪些？
2. 简要说明甘特图的绘制方法和步骤。
3. 调研人员应具备哪些基本素质？
4. 如何对调研人员进行培训？

实践训练

针对消费者食品安全状况调查，讨论调研人员培训应包含哪些内容，并结合资料设计一份调研计划。

[提示]

培训的主要内容包括:

(1) 对问卷主题中关键问题的认识与理解;

(2) 对调研中遇到问题的处理方法;

(3) 有关食品安全监督管理办法和法律知识;

(4) 有关食品安全问题处理方法;

(5) 调研人员的着装礼仪;

(6) 礼品的发放原则与要求;

(7) 问卷有效性的保证;

(8) 消费者问题答疑。

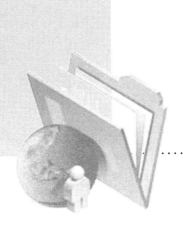

第 5 章

市场数据调研的实施与过程管理

业务案例导入

ERP 的主要作用是整合企业信息,为企业提供运营与管理的决策依据。对 ERP 项目实施来讲,基础数据的采集工作难度最大。数据的正确性是最重要的,基础数据是许多程序正确运行的基础。为了帮助企业更有效地实施 ERP 项目,如何快速、低成本、低错误率地完成基础数据采集呢?

第一步:确定工作范围。

首先根据调研项目涉及的数据范围确定需要采集哪些数据,然后确定参与部门和人员,进而确定工作计划,不可将所有工作只交给一个部门或某一个人去完成。工作计划中还需要安排定期的会议,以方便工作人员之间进行沟通。

第二步:建立必要的编码原则。

ERP 软件对数据的管理是通过编码实现的,编码可以对数据进行唯一的标识,并且贯穿以后的查询和应用。建立编码原则是为了使后面的工作有一个可以遵循的原则,也为庞杂的数据确定了数据库可以识别的唯一标识。

第三步:建立公用信息。

公用信息包括公司、子公司、工厂、仓库、部门、员工、货币代码等。这些数据会在其他基础数据中被引用,并且数据量不大,可以利用较少的时间和人力完成。如果在整理其他数据时发现缺少公用信息再补的话,则整体效率和进度会大打折扣。

第四步:根据企业情况确定 BOM 结构。

BOM(Bill of Material)即物料清单,是以数据格式来描述产品结构的文件,是计算机可以识别的产品结构数据文件,也是 ERP 的主导文件。BOM 使系统能够识别产品结构,也是联系与沟通企业各项业务的纽带。ERP 系统中的 BOM 主要包括缩排式 BOM、汇总 BOM、反查用 BOM、成本 BOM、计划 BOM 五种类型。确定 BOM 结构首先应该明确原材料到半成品、半成品到产品的级次关系,这一步工作的难点是半成品设定的问题。如果半成品设定层次少或层次不设定,则后续的统计分析就无法细化;如果半成品设定层次多,就会大大增加数据量。BOM 每多一层,在相应增加 BOM 数据量的同时还会增加物料信息的数据量,尽量少的 BOM 层次可以使这项工作处于可控状态。

第五步:收集一手资料,将原来的离散数据从不同部门集中。

在离散数据中,仅物料基本信息一项,字段就包括生产、采购、销售、库存、财务等信息。在这一步中,应利用统一格式的表格在各部门间交叉流转,让各部门将与自己相关的数据填入表格,完成后传递给下一个部门,依此类推,直到完成这一步的工作。在工作中应注意传递的安排,传递路径需提前确定。为了保证工期,可以让不同部门同时开始,然后交叉传递,或者一个部门完成一小部分后就传递给下一个部门。同时,将每张发出的表格统一编号(唯一),并在部门间交接时做好记录,这样不仅可以控制进度,还能够避免数据丢失。

第六步:数据检查。

数据检查包括以下内容:①数据的完整性;②数据的正确性;③数据的唯一性。

第七步:将数据录入软件系统。

录入前应该将基础数据原始档案归档,对于以电子文档保存的数据,应将数据备份,并注明整理人员、完成时间和最后版本;如果是打印的纸质文档,则应将其保存在专门的文件柜中,作为重要文档管理。

第八步:系统检核。

完成录入工作后仍然不能彻底放松,必须再次检查,此时最好的方法是利用软件程序测试数据,例如将数据库备份成一个新的数据库,将企业常用的流程在新数据库中遍历一遍,通过检查结果的正确性来验证基础数据的正确性。

资料来源:ERP 基础数据收集 8 个步骤[EB/OL].[2020-10-25].https://www.sohu.com/a/427256653_249530,有删改。

知识建构

1. 熟悉市场数据调研过程管理的目标与基本要求;
2. 掌握确保调研数据质量的方法;
3. 了解数据调研成本的构成及控制成本的方法;
4. 掌握控制调研进程的措施。

5.1 市场数据调研的实施与过程管理概述

在明确市场数据调研的目的、制订周密的市场数据调研计划之后,就需要以市场数据调研计划为市场数据调研的行动指南和行动方案,认真组织和策划,科学、有序地进行市场数据调研工作。

5.1.1 市场数据调研的实施过程

市场数据调研的实施过程是指从职能部门主管向调研项目团队人员下达工作任务书开始,直到所有调研活动完成、调研数据录入和资料封存归档的一系列活动过程。市场数据调研的实施过程主要包括下达指令、调研工作准备、开展调研、执行监控、现场指导、意外处置、补充调查、资料汇总、数据复核、数据录入与预处理、信息归档等内容,具体任务描述和分工负责的部门或人员详见表5-1。

表 5-1 市场数据调研的实施过程

阶段	子任务	任务描述	分工负责的部门/人员
启动	下达指令	召开调研项目启动会,向调研人员下达工作任务书和工作说明	项目助理
	调研工作准备	组建调研团队,准备调研工具(问卷、访谈提纲、示卡等),调研区域踩点,落实经费等	项目经理、项目助理
执行调研	开展调研	调研人员根据工作任务书按时、按量实施市场数据调研	调研执行部门/调研人员
	执行监控	对调研人员工作情况进行监督、记录与核实	质量管控部门/督导人员
	现场指导	对调研人员进行现场指导	质量管控部门/督导人员
	意外处置	处理意外情况或调研失误	调研执行部门/项目经理、项目助理
	补充调查	对遗漏的样本、不确定的数据信息进行补充收集	调研执行部门/调研人员

市场数据调研及处理

（续表）

阶段	子任务	任务描述	分工负责的部门/人员
收尾	资料汇总	汇总原始数据和调研材料	调研执行部门/调研人员
	数据复核	对数据与调研结果进行检验、复核和核实	质量管控部门/督导人员、统计人员
	数据录入与预处理	对有效数据进行整理、编码、录入计算机系统	统计部门/统计人员
	信息归档	对原始调研材料封存归档	统计部门/统计人员

5.1.2 市场数据调研的实施过程管理

对市场数据调研实施过程进行管理的主要目标是确保市场数据调研项目的进度与操作符合调研计划的要求和质量标准。实施过程管理主要包括调研实施与进度控制、调研人员管理、调研技术的操作管理与质量控制、异地执行管理、调研资料的审核与复核、费用支出管理、数据预处理管理等内容，具体任务描述和分工负责的部门或人员详见表5-2。

表5-2 市场数据调研实施过程管理

序号	管理工作细目	任务描述	分工负责的部门/人员
1	调研实施与进度控制	对调研人员进行调研实施情况督导，并对调研进度进行监控	质量管控部门/督导人员
2	调研人员管理	对调研人员的工作质量和操作规范进行监督	质量管控部门/督导人员
3	调研技术的操作管理与质量控制	对调研过程中采用的技术和方法进行监督、记录，并与调研方案进行核实	质量管控部门/督导人员
4	异地执行管理	对调研人员异地执行调研的过程进行管理	质量管控部门/督导人员
5	调研资料的审核与复核	对原始数据及调研材料的真实性和有效性进行审核与复核	质量管控部门/督导人员
6	费用支出管理	对各项调研费用的支出进度和支出额度进行监控	市场数据调研项目的策划部门/经费主管
7	数据预处理管理	对有效数据进行整理、编码、录入计算机系统过程的管理	统计部门/统计人员

5.2 市场数据调研实施的基本要求

调研实施是调研的基础工作。通过严谨、规范的调研实施获得客观的市场数据和资料是进行市场数据分析与研究的前提,是完成市场数据调研项目的根本保证。但调研实施过程是一个多变状态下的信息收集过程,其工作环境面临内部和外部的各种干扰因素。因此,必须全面规划,统筹安排调研的各个环节,准确、有效地控制实施进度,这需要多部门协调进行。

5.2.1 参与调研实施与进度控制的相关部门及其职责

调研实施一般会涉及调研执行部门、质量管理部门、市场数据调研项目的策划部门三个部门及相关人员。

调研执行部门主要负责现场实施的具体工作,由调研组长(主管)和调研人员构成。调研组长作为现场主管,其职责主要包括调度现场调研工作、直接管理调研人员、保证调研项目按进度计划正常运作;调研人员作为各类调研任务的具体执行者,其职责主要包括进行实地访谈、发放问卷、回收问卷、观察记录等。根据所能承担调研工作的难易程度可将调研人员分为初级调研员、中级调研员、高级调研员(或称为资深调研员)。由初级调研员完成一些简单的、辅助性的工作,如资料归类、访谈记录、问卷发放、问卷回收、问卷整理等;由中级调研员实施某项需要独立完成的具体任务,如实地访谈等;而由高级调研员实施一些难度较高的调研任务,如小组座谈等,高级调研员还可以参与调研项目管理,协助调研组长管理调研小组或与客户进行沟通。

质量管理部门主要负责督导,保证调研人员按照既定的标准和要求实施调研工作,由各级督导人员构成。按照工作职责可将督导人员分为项目督导、抽样督导、执行督导、复核督导、统计督导。项目督导负责对整个市场数据调研项目的流程进行监控,跟踪项目进度,指导实施工作;抽样督导负责抽样方案的落实、抽样框和访问场地的管理;执行督导负责项目实施过程的现场管理,指导和监督调研人员按预定方案访问调研对象,保证收集数据的客观、真实、准确;复核督导负责对采集的数据进行规范性检查,发现影响数据质量的问题,如问卷填写不全、填写错误、调研对象不符等,及时反馈;统计督导负责对经过审核的资料和数据进行清理、归类、存档,并监督资料的编码和录入。

市场数据调研项目的策划部门主要负责对调研项目进行规划设计,确定各种调查工具,制定调研实施规范,管理调研实施的人、财、物资源,对资源调配进行审批,为调研实施提供技术支持,全面负责调研人员的管理,包括调研人员的招聘、面试、培训、考核、使用和评估。策划部门由策划主管和项目策划员构成。

5.2.2 调研实施各环节的基本要求

调研实施工作的基本流程如下：

（1）召开调研项目启动会，下达调研指令。由策划部门和质量管理部门组织召开，介绍调研项目执行方案，目的在于使调研人员、督导人员充分了解项目背景、调研目的，理解下达的工作任务书，包括项目执行方法、样本抽取要求、样本量要求、现场场地要求及项目的特殊要求；清晰了解日程安排，包括调研实施和完成的时间要求，调研数据和信息的反馈时间、反馈方式等；清晰了解调研工具及其使用要点和注意事项，如文件、访谈表、观察表、调研工作流程的表单、统计表格等。

（2）调研工作准备。准备工作包括文件准备、物品准备及场地设施准备。①文件准备的具体内容包括调研工具、示卡、工作手册、工作表单、抽样地图和抽样单位名单、调研人员合法身份证明等。根据调研需要，事先打印好问卷、访谈表、现场记录表、观察表等。为了方便调研对象阅读，文字示卡要用较大的字号印刷，图片示卡要附有文字说明。给调研人员和督导人员发放工作手册，便于其随时查阅操作流程或注意事项。编制工作表单，用于详细记录实施各环节的相关信息，使调研人员和督导人员随时了解工作进度与执行情况，检查实施质量，并作为考核项目组成员工作绩效的参考依据；常用的工作表单有工作会议签到单、访问统计表、问卷发放统计表、项目进度表、资料验收表、复核记录表、督导记录表等。准备抽样地图和抽样单位名单，以便于调研人员和督导人员快速、准确地找到预定的调研对象；在抽样地图上标出调研对象所处的位置，逐个编号，按编号列出调研对象的相关信息。调研人员准备好向调研对象证明合法身份的证明，包括身份证、调研工作证、名片、介绍信等。②物品准备包括与调研有关的所有事物和设备的准备。调研人员需要准备一些必备的工作用品如笔、访问夹、手提袋等，以及用于访问结束后对调研对象表示感谢的小礼品等。对于产品包装测试、口味测试和产品使用效果测试等调研项目，需要准备相关测试用品及相关合格证明，以让调研对象使用时消除其对产品质量和安全的顾虑。③焦点小组访谈等调研方式需要进行场地准备，应选择安静的、远离干扰、干净舒适的环境，营造轻松、有序的氛围，使调研对象愿意参与访谈活动，除了访谈区域，还可以设置录音录像的监控区，以及接待区。在监控区需要配置同步录音录像设备。

（3）执行调研。每位调研人员应尽可能地熟悉和准确理解问卷，以便于有针对性地解决调研过程中遇到的问题；应具备处理调研过程中的各种意外情况的能力；此外，需要注意调查访问的态度，真正掌握调研技术。这是市场数据调研质量控制的重点。例如，调研人员入户访谈，需要与被访者建立良好的关系，这对访谈是否成功起着决定性的作用，同时影响被访者所提供数据资料的真实性，这也是市场数据调研质量控制的关键，调研人员应该在调研中表现出敬业的、和蔼可亲的态度，这样有助于与被访者建立良好的关系，以取得被访者的充分合作,促使被访者提供完整和准确的答案。调研人员作为数据的收集者,必须保证数据收集方法的一致,即以同样的方式向所有被访者提出同样的问题,这就要求调研人员在访谈过程中遵循以下原则:严格按问卷原话进行提问和追问,且提问和追问的次数也要符合问卷的要求,不能不够,也不能过度;对问题中明确标明的重点字、词等在提问时要加以突出;不能按自己的理解去解释提出的问题,若需要解释,则必须按统一的解释口径去解释;规范地使用访问工具,如示卡等。这样才能够为市场数据调研质量控制提供保障。督导人员的审核和复核工作可以为市场数据调研质量提供最后的保障,督导人员对问卷的审核和复核是对调研人员工作质量的检查。其中,审核主要看入户地址是否正确、问卷中是否有疏漏、记录是否有错误、逻辑关系是否合理、同一调研人员所做的问卷内容是否相近、完成的问卷数、访问的时间和跨度是否合理等,如发现问题则要及时将问题反馈给调研人员,让其采取相应的补救措施。复核是通过复核员对被访者进行回访,以检查调研人员在访谈中是否按要求行事,对入户地址的使用是否正确,如发现问题则要及时处理,处理的方式为补充调研或者作废有疑问或有缺项的样本数据。

(4) 收尾工作。收尾工作主要是对调研资料和数据进行整理与归档,对调研执行情况进行总结,结算相关费用等。由调研执行部门主管和质量管理部门主管(督导组组长)组织本部门成员进行总结,写出项目执行报告和项目督导报告,呈报项目负责人,并将报告作为项目材料存档。其中,项目执行报告通常包括项目名称、项目执行方案、工作要求、抽样执行及有效样本量情况、现场实施情况、数据审核和复核结果、补充调查及数据补缺情况、进度控制和完成情况、突发事件的处理等内容;项目督导报告通常包括项目名称、质量控制和项目督导方案、督导人员的分工、抽样督导工作情况、执行督导工作情况、复核督导工作情况、统计督导工作情况、现场督导的总体效果、突发情况的处置等内容。费用结算是先由各部门对项目费用支出情况进行统计,汇总支出费用的票据,然后由项目负责人与财务部门办理结算手续,结算各类劳务费和相关工作费用,对项目各环节的实施费用进行统计分析,检查实际费用支出是否与预算一致,若存在不一致,则要分析原因。为规范化管理,在每个项目结束后,要建立相应的项目档案。项目档案管理应实现标准化和规范化。项目档案内容通常包括调研计划,执行方案,执行过程中各类工作文档,执行报告,调研工具和表格的规范要求,调研原始记录和调研材料,统计数据表和统计分析报告,调研报告,调研过程中录制的各类视频、音频及拍摄的照片等,调研过程中使用的示卡和其他辅助工具,项目预算和决算资料,费用支出记录等。

5.3 确保调研数据质量

市场数据调研为管理者进行正确的决策提供信息支撑,为了减少管理决策失误,降低决策风险,要求提供科学、真实、有效的数据与信息支持。因此,确保调研数据质量显得尤为重要。

对市场数据调研的实施过程进行控制和管理是决定调研数据质量的关键,也是调研工作的核心。调研数据的质量控制是一个动态化的过程,它是为达到和保持质量而进行的一系列技术措施和管理措施方面的活动,而不是片面的、静止的活动。

调研项目团队应对项目实施过程进行全过程管理,项目实施过程管理的关键环节主要包括:①调研实施与进度控制;②调研人员管理;③调研技术的操作管理与质量控制;④异地执行管理;⑤调研资料的审核与复核;⑥费用支出管理;⑦数据预处理管理。

我们将分别介绍这些关键环节的管理要点(其中费用支出管理、数据预处理管理的内容在后面的章节介绍)。

5.3.1 调研实施与进度控制

通常可以采取以下措施对调研项目实施和进度情况进行监控:

(1)定期检查抽样结果和进度情况,严格要求调研人员按照抽样方案和标准选择样本,在必要时及时补充抽样名册。

(2)建立调研环境监测机制,随时关注有关项目的市场信息、社会环境变化,制订调研应急预案,及时应变。

(3)在可能的情况下,督导人员可以与调研人员一同入户陪访,或通过街头访谈的巡视、实地观察店铺等方式,参与现场访谈过程,找出更加合理的控制方法。

5.3.2 调研人员管理

对调研人员的管理应规范、高效,建议采取如下措施:

(1)规模合理。根据调研项目的业务需要,合理安排调研人员的数量和相应的培训、配套的工作装备,保持调研人员的合理更新和流动,保证调研队伍具有适当的规模及较高的职业素质和专业水平。

(2)规范统一。集中开展对调研人员的招聘、培训,对调研人员的仪态、语言、行为提出统一要求,日常工作规范要明确。

(3)各尽所长。根据各个调研人员的实际能力,合理分配工作任务和工作量,明确规定调研完成的时间,储备少量调研人员,防止人员出于个人原因意外流失而影响调研进度;制定最低工作量要求和最高工作量限制,在制定劳务费标准方面采用弹性制,做到奖优罚劣。

5.3.3 调研技术的操作管理与质量控制

实施过程的质量监控可以从以下几个方面着手:

(1) 监控调研人员的调研技术和工作质量。调研人员是成功收集资料的关键因素,要确保聘用的调研人员具备进行访谈的素质和能力,同时具备很强的责任心,经过良好的专业技术培训。对调研人员调研工作质量的监控包括以下几点:①落实访谈过程的规范性。调研人员在访谈过程中要具有亲和力的自我介绍,提问、追问的规范性操作,现场调研中能够灵活应变,完成调研,并获得调研对象的真实信息。②确保如实填写问卷。调研人员应保持中立态度协助或指导调研对象严格按照要求填写问卷,记录字迹清晰,格式规范,没有错答或漏答。③健全、详细的工作记录,按要求填写观察记录等。④按要求在规定的时间内完成各项子任务。按规定的时间上交问卷,在规定的时间内完成布置的访谈任务。

(2) 监控实施过程的资料收集质量。调研实施过程的质量管理还可以通过对一系列的文档和文件进行督查来实现。具体包括以下几点:①培训手册、调研人员操作手册作为调研人员掌握调研技术的工作指南,由督导人员监督和管理调研人员在调研过程中对操作手册所列内容的落实情况。②定期与随时抽查审核相关实施过程的控制文件,主要包括问卷收交表、项目进度表、配额表等。要详细审核样本单位的详细地址、成功访谈的实施情况、未成功访谈的具体原因等。③严格核查文件的真实性,可以通过查阅陪访报告、问卷复核记录、复核报告等方式进行核查。

5.3.4 异地执行管理

市场数据调研项目的异地执行可采取整体外包、流程外包和执行外包三种方式,可采取公开招标、邀请招标、定向洽谈三种方式选择异地调研代理商或项目合作机构;通过签订委托合同,明确委托内容、职责与分工、完成时间、代理服务费用及支付方式、保密责任约定、违约责任约定、资料提供约定等。委托方需要对项目异地实施进行全过程的指导、监控,及时获取调研数据。委托方督导人员可以与受托方进行调研工作现场确认,参与调研人员项目培训、试访、陪访、复核等环节,并做好尾期管理,即做好收尾工作,完成审查复核与项目总结工作。

5.3.5 调研资料的审核与复核

调研资料的审核是指对回收问卷的完整性和访谈质量的检查,目的是确定哪些问卷

可以接受,哪些问卷要作废,这些工作对确保调研数据的质量至关重要。审核主要从以下几个方面进行:

(1) 调研资料的完整性审核。对调研获得的资料进行完整性审核应包括审核调研计划中所列的被调研单位是否都已覆盖、问卷或调查表内的各项目是否都填写齐全,即检查是否有单位无回答或项目无回答。如果发现没有答案的问题(可能是调研对象无法回答或不愿回答,也可能是调研人员的疏忽所致),则应立即询问,填补空白问题。如果问卷中"不知道"的答案所占比重过大,就会影响资料的完整性,调研人员应采取适当措施进行处理并加以说明。

(2) 调研资料的正确性审核。对调研获得的资料进行正确性审核主要是审核调研资料的计算方法、计量单位等是否符合要求,剔除不可靠的资料,使资料更加准确。如问卷要求调研对象填写每月购物的次数,调研对象填写的却是每周购物的次数。所以,审核人员应当了解该调研项目的业务内容,熟悉各指标的含义、计算方法和资料的审核方法等。

(3) 调研资料的一致性审核。对调研获得的资料进行一致性审核主要是审核调研对象的回答是否前后一致、有无逻辑错误。例如,某调研对象前面说自己在前一天晚上看见某电视台广告,而后面又说自己在前一天晚上没有看电视。调研人员在审核此类问题时,要深入调查,探询原因,或剔除或调整资料,使之真实、准确。

(4) 调研资料的及时性审核。对调研获得的资料进行及时性审核主要是看各调研资料是否按规定日期填写和送出,填写的资料是否为最新资料,切勿将失效、过时的资料引入决策中,同时要剔除不必要的资料,把重要的资料筛选出来。

5.4 控制数据调研成本

5.4.1 成本控制的概念与调研成本的构成

成本控制是指通过科学的组织管理,减少不必要的支出,它是企业实现成本计划的重要手段。成本控制是成本管理项目的内在化,能使企业的利益最大化。市场数据调研成本是指从事市场数据调研的企业在市场数据调研过程中所发生的全部费用的总和。

按成本的经济性质不同,市场数据调研成本可以分为直接成本和间接成本。直接成本是指在市场数据调研过程中直接耗费构成的实体成本,包括人工费用、材料费用、其他直接费用。间接成本是指企业内部为组织和管理市场数据调研项目而发生的全部支出,包括管理人员福利费、固定资产折旧费、固定资产修理费、其他水电费、保险费等。

控制市场数据调研成本是在保证满足调研数据真实、有效、准确等合同要求的前提下,对市场数据调研实施过程中所发生的各项费用进行有效的组织、控制和协调等,尽可能地降低费用支出,以实现预定的成本目标,创造良好的经济效益。

5.4.2 成本控制的方法

1. 强化成本控制理念,完善成本控制体系

项目经理作为项目的直接负责人,负责项目的一切经济活动,包括成本控制。首先,企业应明确项目成本控制与质量控制等责任和相应的奖惩措施,奖罚分明,提高项目经理和项目小组成员的积极性。其次,项目经理应领导项目小组制定成本控制的具体措施,对项目小组的成员进行培训,强化其成本控制的理念,建立适合项目的成本核算岗位责任制,规定项目小组成员在核算中的作用、地位及所负的责任和绩效考核办法。此外,还要对成本控制的实施情况进行定期检查,找出成本控制中的问题,及时总结经验和工作中的不足,并使之与项目小组成员的绩效挂钩,进行奖罚,制定项目小组内部的奖罚措施,对项目进行全过程的成本控制。

2. 明确市场数据调研不同阶段成本控制的内容,有针对性地进行成本控制

(1) 确定调研目的、调研地点和调研人员阶段的成本控制。针对企业实际,确定调研目的、调研地点、调研人员;调研地点的确定要尽量具有代表性,不要进行重复性调研;兼职调研人员数量的确定要合理,尽可能地降低人工费用。

(2) 调查问卷设计阶段的成本控制。调查问卷成本在调研总成本中占有非常大的比重,应从调查问卷设计源头控制成本,调查问卷设计在 $1\sim2$ 页为宜。

(3) 调研实施阶段的成本控制。调查问卷的打印、运输、收发、保管等环节,应尽量减少损耗,并明确各环节的责任人。

(4) 调研数据汇总分析阶段的成本控制。调研数据的汇总可以在调查问卷回收工作开始时同步开始,节省了数据汇总的时间就节省了企业的各种间接成本。

5.5 遵循时间计划

要顺应瞬息万变的市场形势,调研报告必须讲究时间效益,做到及时反馈。只有将调研报告及时送达使用者手中,使决策跟上市场形势的发展变化,才能发挥市场数据调研的作用。

不同性质和类型的调研项目对时间的要求不一,有的要求在尽量短的时间内完成,有的则可以适当宽松。恰当合理的时间管理应当包含:首先,项目经理必须了解项目是否能够如期完成,若存在问题,则需要及时判断是否可以加快项目进程,如在各个环节增加人手等。其次,当某些项目可以适当延期时,则可以通过适当延期的方式来调整时间计划。

市场数据调研及处理

思考与练习

一、单选题

1. 市场数据调研实施过程管理的目的不包括(　　)。
   A. 确保数据质量　　　　　　　　B. 控制成本
   C. 遵守时间计划　　　　　　　　D. 提高企业经济效益

2. 下列关于市场数据调研实施过程成本控制的做法中不正确的是(　　)。
   A. 调研地点的确定要尽量有代表性,不要进行重复调研
   B. 兼职调研人员数量的确定要合理,尽可能地减少人工费用
   C. 为了节省成本,问卷设计尽量精简题目,控制篇幅
   D. 避免在问卷发放过程中的损耗,回收的问卷信息填写不全时可由调研人员补填

3. 对调研人员进行管理的措施不包括(　　)。
   A. 合理安排调研人员的数量
   B. 为提高调研效率可直接开展调研,必要时再对调研人员开展集中培训
   C. 对调研人员的仪态、语言、行为提出统一要求,日常工作规范要明确
   D. 合理分配工作任务和工作量

4. 下列对调研人员调研工作质量监控要点的叙述中不正确的是(　　)。
   A. 在访谈过程中调研人员对被访者的提问要规范,追问可以自由发挥
   B. 问卷调查中要求调研人员保持中立态度协助或指导调研对象严格按照要求填写问卷
   C. 健全详细的工作记录,按要求填写观察记录等
   D. 按要求在规定的时间内完成各项子任务

5. 调研项目实施过程管理的关键环节不包括(　　)。
   A. 调研实施与进度控制　　　　　B. 调研人员管理
   C. 调研技术的操作管理与质量控制　D. 调研费用预算

二、多选题

1. 下列属于市场数据调研组织与实施中的相关内容的有(　　)。
   A. 熟悉并使用调查问卷　　　　　B. 控制文件
   C. 处理尴尬和敏感情况　　　　　D. 对数据的预审核及其处理
   E. 与调研对象建立密切、融洽的关系

2. 小组座谈法的实施要点有(　　)。
   A. 组织和控制好座谈会的全过程　B. 做好座谈会后的各项工作
   C. 做好会前准备工作　　　　　　D. 做好座谈会记录

E. 确定会议主持人
3. 调研资料的审核包括(　　　)。
　　A. 调研资料的完整性审核　　　　B. 调研资料的一致性审核
　　C. 调研资料的正确性审核　　　　D. 调研资料的及时性审核
　　E. 调研资料的有效性审核
4. 通常可以采取(　　　)措施对调研项目实施和进度情况进行监控。
　　A. 定期检查抽样结果和进度情况
　　B. 建立调研环境监测机制,随时关注有关项目的市场信息、社会环境变化
　　C. 在可能的情况下,督导人员可以通过与调研人员一同入户访谈,或通过街头访谈的巡视、实地观察店铺等方式,参与现场访谈过程,找出更加合理的控制方法
　　D. 严格要求调研人员按照抽样方案和标准选择样本,在必要时及时补充抽样名册
　　E. 制订调研应急预案,及时应变
5. 原始资料验证主要包括(　　　)。
　　A. 识别虚假的问卷　　　　　　　B. 识别错误的信息
　　C. 剔除包含回答不一致的问卷　　D. 剔除回答不充分、不完整的问卷
　　E. 剔除含有不相关回答的问卷

三、简答题

1. 简述市场数据调研实施过程管理的要点。
2. 问卷审查中会遇到哪些问题?

实践训练

1. 根据以下调研项目的背景资料制订调研方案,设计调查问卷。
2. 实施调研,收集相关数据。
3. 对收集的数据进行统计分析,在此基础上完成一份调研报告。

生鲜便利店智慧零售模式和未来变化预测

项目背景:

互联网时代的到来,引起了对零售行业的重新定义,诞生了智慧零售。智慧零售的核心在于实现场景互联网化。那么我们如何应势而为,升级现有模式,达到可持续发展的目标呢?

电商的未来发展不仅限于线上平台的销售,而是将通过更加多元化的方式与线下、与粉丝、与门店进行场景互动,"粉丝生态圈""社交电商"也与智慧零售产生了关联。

市场数据调研及处理

为了分析生鲜便利店智慧零售模式的发展情况,聚焦新电商模式的应用,预测智慧零售模式的未来发展,我们将从以下方面对生鲜便利店智慧零售模式和未来变化展开研究。

研究方向:

(1) 生鲜行业发展的驱动力与生鲜零售智能化升级要素;

(2) 主要生鲜零售品牌的产业链分析;

(3) 生鲜智慧零售的未来发展预测;

(4) 社交+电商目前发展状况分析;

(5) 生鲜产品消费群体引流的技术应用和发展。

任务:

(1) 从以上研究方向中任选其一作为研究项目,自愿结合4~5名同学组成调研小组,分工合作开展调研。

(2) 设计调研方案,制订调研计划,进行任务分工,明确各自的任务和相应的职责。

(3) 按照本章提到的实施调研的操作要点逐一落实,开展调研工作,并在调研过程中进行全面的质量控制,确保收集的数据和信息真实有效。

[任务提示]

可以选用的调研方法提示:

(1) 文献阅读法。阅读近年来国内外关于智慧零售行业与生鲜便利店发展情况的文献,以及对零售模式研究的文献,通过这些二手数据,确定关于生鲜便利店智慧零售模式研究的基本框架。

(2) 观察法。在生鲜便利店,实际观察店内客流情况、销售情况、消费者购物情况、支付方式及接受智慧零售模式其他服务的情况。

(3) 访谈法。通过访谈向生鲜便利店的工作人员了解生鲜便利店智慧零售模式的相关情况及生鲜产品的销售状况,同时询问产品的物流情况。另外,同前来购物的消费者进行访谈,了解其对生鲜便利店零售模式的喜好、消费习惯及评价。

(4) 问卷调查法。通过问卷调查收集消费者的基本信息,消费者对生鲜便利店的消费习惯、影响因素及选择偏好等。

(5) 网络调研。通过"大众点评"等口碑评价平台,收集关于消费者对生鲜便利店的选择偏好、消费者满意度等方面的评价,进行文本信息的挖掘。

重点调研品牌:

盒马鲜生、超级物种、京东生鲜等。

第6章

数据的处理

业务案例导入

无论是直接获取还是间接获取的资料,都要经过分类、整理、筛查等工作,以获取可用的信息。以问卷调查为例,问卷回收后将进行如下数据处理。

第一步:原始资料的验证和数据准备

1. 原始资料的验证

原始资料的验证主要包括以下几个方面:

(1) 识别虚假的问卷;

(2) 识别错误的信息;

(3) 剔除不一致、不充分或不相关的回答。

2. 数据准备

(1) 数据分组。数据分组是指将所有资料归入组距适当的各组,以利于进一步的数据处理和分析。数据分组一般根据调查目的和理论假设自行决定。

(2) 编码。编码是指用代码来表示各组,使其成为可进行计算机处理和分析的信息。编码要求如下:①留足空位;②代码要系统化;③编码要标准化;④尽可能使用真实数字作为代码;⑤编码内容要一致;⑥注意兼容性和通用性。

（3）编码输入。问卷中的单选题输入对应选项的编码数字；多选题在每个选项对应的单元格输入代码，即若被访者选了该项，则输入"1"，否则输入"0"；填空题输入具体的填写内容。值得注意的是，若单选题未选或填空题未填，则不输入，作为缺失信息处理。

第二步：数据的处理

1. 直接人工处理

我们可以采用画正字的形式对调研数据进行初步统计，以表6-1满意度调查结果统计表为例，每一个选项所有正字笔画数之和，即为该选项的总得票数。

表6-1 满意度调查结果统计表

5.您对××产品哪些方面是满意的？											回答人数
香味宜人	正	正	正	正	正	正	正	正			
价格合理	正	正	正	正	正	正					
色彩诱人	正	正	正	正	正	正	正				
容易清洁	正	正	正	正	正	正					
手感光滑	正	正	正	正	正						
感觉高贵	正	正	正	正							
其他回答	正	正	正	正	正	正					
无回答	正	正	正	正	正						
访问人数											

2. 委托专业机构处理

委托专业机构处理的好处是：专业机构有充足的设备和成熟的数据处理方法，处理速度快；专业机构人员有丰富的数据处理经验，计算能力强。

3. 利用现有计算机软件处理

可利用的计算机软件包括：

（1）数据库管理软件（Visual FoxPro / Microsoft Office Access）；

（2）制表类软件（Lotus / Microsoft Office Excel）；

（3）统计分析类软件（SPSS / STATISTICA）。

第三步：数据的分析与解释

1. 数据分析的内容

数据分析是指采用适当的统计方法对收集来的大量一手资料和二手资料进行分析，以求最大化地开发数据的功能，发挥数据的作用。

2. 数据解释的方法

数据解释的方法包括：

（1）描述法；

（2）综合说明法；

（3）归纳整理法；

（4）演绎推理法。

3. 数据的整理和概括

为了对数据的分布情况进行初步了解，我们可以通过统计频数分布以及计算加权平均数、平均差和标准差等对数据进行描述性统计分析，如表6-2、表6-3和表6-4所示。

表6-2 频数分布表

年收入（元）	绝对频数	相对频数	向上累计频数	向下累计频数
5 000 以下				
5 000～10 000				
10 000～20 000				
20 000 以上				

表6-3 加权平均数计算表

年收入（元）	组中值（X_i）	权数（相对频数）F_i（%）	$\sum X_i F_i$（%）
5 000 以下			
5 000～10 000			
10 000～20 000			
20 000 以上			

表6-4 平均差和标准差计算表

年收入（元）	组中值（X_i）	离差绝对值 $\lvert X_i-\overline{X}\rvert$	离差平方 $(X_i-\overline{X})^2$	平均差 $\sum(X_i-\overline{X})F_i$	标准差 $\sum(X_i-\overline{X})^2 F_i$
5 000 以下					
5 000～10 000					
10 000～20 000					
20 000 以上					

我们还可以对数据进行交叉列表分析。交叉列表分析又称交叉分组下的频数分析，是指同时将两个或两个以上有联系的变量及其变量值交叉排列在一张统计表中，使各变量值成为不同变量的结点，从而帮助人们深刻认识变量之间的关系及其分布情况。在使用交叉列表时，其中的变量选择和确定是一个关键问题，它关系到分析结果是否正确，通常我们应根据调查项目的特点来考虑。常用的有两变量交叉列表，如表6-5所示，通过整理数据，统计得到受教育程度与年收入的关系。

表6-5 受教育程度与年收入的两变量交叉列表

受教育程度	年收入水平（元）					
	6 000以下	6 000~10 000	10 000~20 000	20 000~30 000	30 000~40 000	40 000以上
高中以下						
大专毕业						
本科毕业						
硕士毕业						
博士毕业						

另外，还有三变量交叉列表，如表6-6所示，通过整理数据，统计得到受教育程度、性别与年收入的关系。

表6-6 受教育程度、性别与年收入的三变量交叉列表

受教育程度		年收入水平（元）					
		6 000以下	6 000~10 000	10 000~20 000	20 000~30 000	30 000~40 000	40 000以上
高中以下	男						
	女						
大专毕业	男						
	女						
本科毕业	男						
	女						
硕士毕业	男						
	女						
博士毕业	男						
	女						

4. 运用 Excel 进行数据整理

运用 Excel 可以进行的数据整理包括：

(1) 变量次数统计；

(2) 频数分布图的绘制；

(3) 运用公式复制法计算加权平均数；

(4) 运用统计函数计算平均数、平均差和标准差。

资料来源：市场调查数据的整理[EB/OL].[2020-11-15].https://wenku.baidu.com/view/fd7b939433126edb6f1aff00bed5b9f3f80f724b.html,有删改。

知识建构

1. 掌握数据处理与分析的步骤。

2. 掌握异常数据的识别及相应的处理。

3. 掌握数据归档与存储的方法。

4. 掌握数据质量评估的基本原则及高质量数据的特征,掌握数据质量评估的方法和管理流程,能够对数据质量进行初步评估。

6.1 数据处理业务概要

以问卷调查为例,数据收集完成后,调研人员面对的是大量问卷。如何把包含在大量问卷中的有用信息转化为进行具体分析所必需的总结性图表是本章所要解决的问题。数据处理与分析包含五个步骤：

(1) 确认与编辑。确认问卷是否有效,对问卷进行编辑整理。

(2) 编码。对问卷进行编码。

(3) 数据录入。利用计算机软件进行数据录入。

(4) 数据自动清理。对数据进行清洗、集成、转换等处理,以提高数据的质量；数据预处理主要包括数据清洗、数据集成、数据缩减、数据转换和数据离散化等。

(5) 制表与统计分析。利用 SPSS(统计产品与服务解决方案)等统计分析软件进行数据的统计与分析。

6.2 异常数据的识别与处理

6.2.1 异常数据的识别

通常情况下,原始数据中都会存在不一致、缺失等异常问题,这会降低数据的质量,影响数据分析的结果。因此,在进行数据分析之前,需要对数据进行清洗、集成、转换等处理,以提高数据的质量。

6.2.1.1 数据不一致

数据不一致是指数据的矛盾性,主要是由于数据源不同,导致数据编码的不一致。例如,对于一组数据,性别用 M 和 F 表示,而其他数据源中性别则用 Male 和 Female 表示,那么这两组数据就产生了编码不一致问题。

另外,数据更新不同步也容易导致数据的不一致。例如,同一个人的工作地点信息在不同的数据表中有所不同,这是由更新数据时更新的不同步导致的。

6.2.1.2 数据缺失

数据缺失是在处理大数据时经常遇到的问题,数据缺失的原因包括随机缺失和非随机缺失。随机缺失意味着数据缺失的概率与缺失的数据本身无关,而仅与部分已观测到的数据有关。完全随机缺失是指数据缺失的概率与其假设值及其他变量值完全无关。非随机缺失有两种可能的情况:一种是缺失值取决于其假设值(例如,假设高收入人群通常不希望在调查中透露其收入),另一种是缺失值取决于其他变量值(例如,假设女性通常不希望在调查中透露她们的年龄,则这里年龄变量缺失值受性别变量的影响)。数据缺失主要有以下几种情况:

(1)数据残缺。数据残缺是指一些应有的信息缺失,如供应商的名称、分公司的名称、客户的区域信息缺失,业务系统中主表与明细表无法匹配而造成转录数据缺失等。

(2)数据错误。数据错误是指数据出现错误,错误产生的原因可能是业务系统不健全,在录入数据时未加以判断而直接写入后台数据库,比如数值数据录成全角数字字符、日期格式不正确、日期越界等。

(3)数据重复。在维表中会出现数据重复这种情况。数据可以事实表(Fact Table)和维表(Dimension Table)的形式存在。事实表用来记录具体事件,比如销量、销售额、售价、折扣等具体数值信息。维表是对事实表中事件要素的描述,即维度,比如时间、城市、品牌、机型等。

6.2.2 异常值分析

异常值在统计学上的全称是疑似异常值,也称离群点,异常值的分析也称离群点分析。异常值是指样本中出现的极端值,其数据看起来异常大或异常小,分布明显偏离其他观测值。异常值分析是检验数据中是否存在不合理的数据。在数据分析中,既不能忽视异常值的存在,又不能简单地把异常值从数据分析中剔除。重视异常值的出现,分析其产生的原因,常常成为发现新问题进而改进决策的契机。

异常值分析的方法包括:

1. 简单统计量分析

常用的统计量是最大值和最小值,用来判断变量的取值是否超出了合理的范围,例如客户年龄的最大值是 199 岁,则该取值就存在异常。

2. 基于 3σ 原则分析

如果数据服从正态分布,则在 3σ 原则下,异常值被定义为一组测定值中与平均值的偏差超过三倍标准差的值。在正态分布下,距离平均值 3σ 之外的值出现的概率为 $P(|x-\mu|>3\sigma) \leq 0.003$,属于极个别的小概率事件。如果数据不服从正态分布,那么也可以用远离平均值的多少倍标准差来描述异常值。

3. 箱型图分析

箱型图提供了识别异常值的一个标准方法。箱型图是利用数据中的五个统计量,即最小值、下四分位数(Q1,亦称第一四分位数)、中位数(Q2,亦称第二四分位数)、上四分位数(Q3,亦称第三四分位数)、最大值来描述数据的一种方法,它可以粗略地看出数据是否具有对称性、分布的离散程度等信息。箱型图的上限为上四分位数,下限为下四分位数。四分位数差(IQR)被定义为上四分位数和下四分位数之间的差值。Q3+1.5 IQR 和 Q1-1.5 IQR 为异常值截断点,称其为内限。异常值通常被定义为小于 Q1-1.5 IQR 或大于 Q3+1.5 IQR 的值,即处于内限以外位置的点表示的数据都是异常值(见图 6-1)。

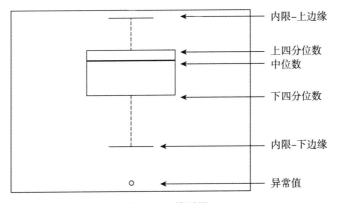

图 6-1 箱型图

6.2.3 异常数据的处理

在处理数据时,对于异常数据的处理需视具体情况而定。有时,异常数据也可能是正常的值,只不过异常大或小,因此,在很多情况下,首先要分析异常数据出现的可能原因,再判断如何处理异常数据。处理异常数据的常用方法有:删除含有异常数据的记录;插补,把异常数据视为缺失数据,使用缺失数据的处理方法进行处理;不处理,直接在含有异常数据的数据集上进行数据分析。具体如图 6-2 所示。

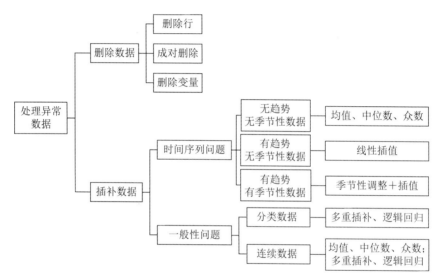

图 6-2 异常数据的处理方法

1. 删除数据

删除法是一种对缺失值进行处理的最原始方法。它是将含有缺失值的变量删除。如果数据缺失问题可以通过简单地删除小部分样本来达到目标,那么这种方法是最有效的。删除含有缺失值的变量一般可以采用简单删除法或权重法。当缺失值的类型为非完全随机缺失时,可以通过对完整的数据变量加权来减小偏差,即对不完整的数据变量进行标记后,将完整的数据变量赋予不同的权重,变量的权重可以通过 logistic 回归求得。若其中的解释变量中存在对权重估计起决定性作用的变量,那么这种方法可以有效地减小偏差。若其中的解释变量与权重并不相关,则这种方法并不能减小偏差。对于存在多个变量缺失的情况,需要对变量的缺失组合赋予不同的权重,以此增加计算的难度,降低预测的准确性,这时权重法并不理想。

删除法除了直接删除变量,还有另外两种方式。

(1)删除行(按列表删除)。删除行是指删除整行观测值。完整案例分析时,只要其包含至少一个缺失数据,则按列表删除会删除一行观测值。在大多数情况下,这种方法并不好用。因为完全随机缺失的假设通常很难被满足。这种方法会造成有偏差的参数与估计。

（2）成对删除。在重要变量存在的情况下，成对删除相对不重要的变量行，可以最大限度地保证充足的数据。这种方法的优势在于能够增强分析效果，但是也存在不足之处，如完全随机缺失假设。采用这种方法会使模型的不同部分得到不同数量的观测值，从而使得模型解释非常困难。

删除数据可能导致模型出现偏差。因此使用删除法需非常谨慎。

2. 插补数据

对于主观数据，人们的主观意识将影响数据的真实性，存在缺失值的样本的其他属性值的真实性无法保证，那么对这些属性值的插补也是不可靠的。所以，对于主观数据，一般不推荐插补的方法。插补主要是针对客观数据。

插补数据的思想来源是，以最可能的值来插补缺失值比全部删除不完全样本所产生的信息丢失要少。在数据挖掘中，面对的通常是大型的数据库，其属性有几十个甚至几百个，因为一个属性值的缺失而放弃大量的其他属性值，这种删除是对信息的极大浪费，所以产生了以可能值对缺失值进行插补的思想与方法。

常用的插补方法有如下几种。[1]

（1）均值插补法。均值插补法一般采用在调查过程中得到的样本数据平均值或众数作为替代值对数据进行插补。均值插补的插补值计算公式为：

$$\bar{y}_k = \frac{\sum_{i=1}^{n}\beta_i y_i}{n_i}$$

式中，$\bar{y}_k$ 代表插补值；β_i 为是否回答的描述符号表示，$\beta_i = 1$ 代表"是"，$\beta_i = 0$ 代表"否"；y_i 代表已获得的第 i 个变量的样本值；n_i 代表个数。

（2）回归插补法。回归插补法是根据样本中缺失的变量和已得到的变量构建回归方程，即根据已有的样本数据，对调查中目标变量的缺失值进行估算。回归插补的插补值计算公式为：

$$y_k = \alpha_0 + \sum_{i=1}^{m}\alpha_i X_i$$

式中，y_k 代表插补值，$X_i(i=1,2,\cdots,m)$ 代表自变量，α_i 代表回归系数，α_0 代表截距项（为常数）。

由上式得出，对于相同的 $X_i(i=1,2,\cdots,m)$，回归变换后，得出的估计值与均值插补法一致。所以在回归过程中需要增加随机因素，以此来填补该插补法的缺陷。此时该回归

---

[1] 参见宋亮，万建洲.缺失数据插补方法的比较研究[J].统计与决策，2020,36(18):10-14。

市场数据调研及处理

方程表示为:

$$y_k = \alpha_0 + \sum_{i=1}^{m} \alpha_i X_i + \varepsilon_k$$

式中,ε 表示随机因素对 y 的影响,即随机误差。

(3) 基于 EM 算法的插补法。EM 算法是一种迭代算法,用来计算极大似然估计或后验概率分布。其工作原理是把存在缺失值的数据集插补为完整的数据集进行问题处理。该方法在已获得数据的条件下,能有效找到最优值。EM 算法适用于大样本,且需要注意收敛率。EM 算法在处理实际缺失数据问题时有很好的效果,但其缺点是只适用于大样本,且计算复杂,一般需要借助软件来完成。

(4) 多重插补法。多重插补法主要是运用若干个插补值从而形成完整的数据集,随之完成对缺失数据的插补。首先需要根据一定条件下的估计值分布构造若干个插补值,从而判断其实际后验分布。多重插补在现实过程中有很大的使用空间,因为其构造的若干插补估计值在一定程度上完好地体现了缺失值的不确定性,并且多重插补对参数的联合分布做了估计,降低了先验分布的影响。所以多重插补的插补效果还是较好的。

插补处理不一定完全符合客观事实。由于缺失值本身无法观测,因此不可能知道其所属的类型,也就无从估计一个插补方法的插补效果。插补是在数据挖掘过程中为了不放弃大量的信息而采用的人为干涉缺失值的情况,无论利用哪种处理方法都会影响变量间的相互关系。在对不完备信息进行插补处理的同时,我们或多或少地改变了原始数据,对以后的分析存在潜在的影响,所以对缺失值的处理一定要慎重。

6.3 数据的归档和整理

归档文件是指立档单位在其职能活动中形成的、办理完毕、应作为数据档案保存的文件材料,包括纸质和电子文件材料。数据整理是指将归档文件以件为单位进行组件、分类、排列、编号、编目等(纸质归档文件还包括修整、装订、编页、装盒、排架,归档电子文件还包括格式转换、元数据收集、归档数据包组织、存储等),使之有序化的过程。

6.3.1 数据归档的具体要求

数据归档需要满足用户在监管、合规性及业务等方面的要求,具体包括:
(1) 保护数据免于被篡改、修改或删除。
(2) 制定索引以便于用户能够找到所需要的数据。
(3) 规定只有那些被授权的人员才能访问数据。
(4) 保护数据的隐私性。

(5) 提供灾难恢复功能。

(6) 能够让某些用户快速访问数据。

6.3.2 归档文件整理的原则

归档文件整理的原则具体如下：

(1) 归档文件整理应遵循文件的形成规律，保持文件之间的有机联系。

(2) 归档文件整理应区分不同价值，便于保管和利用。

(3) 归档文件整理应符合文档一体化管理要求，便于计算机管理或计算机辅助管理。

(4) 归档文件整理应保证纸质文件和电子文件整理协调统一。

6.3.3 数据归档和整理的步骤

参照国家档案局《归档文件整理规则》(DA/T 22—2015)对数据实施归档和整理，具体步骤如图 6-3 所示。

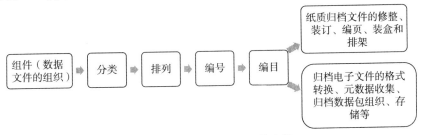

图 6-3 数据归档和整理的步骤

专栏 6-1

《归档文件管理规则》(DA/T 22—2015)

1 组件(对归档文件的组织)

1.1 件的构成

归档文件一般以每份文件为一件。正文、附件为一件；文件正本与定稿(包括法律法规等重要文件的历次修改稿)为一件；转发文与被转发文为一件；原件与复制件为一件；正本与翻译本为一件；中文本与外文本为一件；报表、名册、图册等一册(本)为一件(作为文件附件时除外)；简报、周报等材料一期为一件；会议纪要、会议记录一般一次会议为一件，会议记录一年一本的，一本为一件；来文与复文(请示与批复、报告与批示、函与复函等)一般独立成件，也可为一件。有文件处理单或发文稿纸的，文件处理单或发文稿纸与相关文件为一件。

1.2 件内文件排序

归档文件排序时,正文在前,附件在后;正本在前,定稿在后;转发文在前,被转发文在后;原件在前,复制件在后;不同文字的文本,无特殊规定的,汉文文本在前,少数民族文字文本在后;中文本在前,外文本在后;来文与复文作为一件时,复文在前,来文在后。有文件处理单或发文稿纸的,文件处理单在前,收文在后;正本在前,发文稿纸和定稿在后。

2 分类

2.1 立档单位应对归档文件进行科学分类,同一全宗应保持分类方案的一致性和稳定性。

2.2 归档文件一般采用年度—机构(问题)—保管期限、年度—保管期限—机构(问题)等方法进行三级分类。

a) 按年度分类

将文件按其形成年度分类。跨年度一般应以文件签发日期为准。对于计划、总结、预算、统计报表、表彰先进以及法规性文件等内容涉及不同年度的文件,统一按文件签发日期判定所属年度。跨年度形成的会议文件归入闭幕年。跨年度办理的文件归入办结年。当形成年度无法考证时,年度为其归档年度,并在附注项加以说明。

b) 按机构(问题)分类

将文件按其形成或承办机构(问题)分类。机构分类法与问题分类法应选择其一适用,不能同时采用。采用机构分类的,应根据文件形成或承办机构对归档文件进行分类,涉及多部门形成的归档文件,归入文件主办部门。采用问题分类的,应按照文件内容所反映的问题对归档文件进行分类。

c) 按保管期限分类

将文件按划定的保管期限分类。

2.3 规模较小或公文办理程序不适于按机构(问题)分类的立档单位,可以采取年度—保管期限等方法进行两级分类。

3 排列

3.1 归档文件应在分类方案的最低一级类目内,按时间结合事由排列。

3.2 同一事由中的文件,按文件形成的先后顺序排列。

3.3 会议文件、统计报表等成套性文件可集中排列。

4 编号

4.1 归档文件应依分类方案和排列顺序编写档号。档号编制应遵循唯一性、合理性、稳定性、扩充性、简单性原则。

4.2 档号的结构宜为:全宗号-档案门类代码·年度-保管期限-机构(问题)代码-件号。

上、下位代码之间用"-"连接,同一级代码之间用"·"隔开。如"Z109-WS·2011-Y-BGS-0001"。

4.3 档号按照以下要求编制:

a) 全宗号:档案馆给立档单位编制的代号,用4位数字或者字母与数字的结合标识,按照 DA/T 13-1994 编制。

b) 档案门类代码·年度:归档文件档案门类代码由"文书"2位汉语拼音首字母"WS"标识。年度为文件形成年度,以4位阿拉伯数字标注公元纪年,如"2013"。

c) 保管期限:保管期限分为永久、定期30年、定期10年,分别以代码"Y""D30""D10"标识。

d) 机构(问题)代码:机构(问题)代码采用3位汉语拼音字母或阿拉伯数字标识,如办公室代码"BGS"等。归档文件未按照机构(问题)分类的,应省略机构(问题)代码。

e) 件号:件号是单件归档文件在分类方案最低一级类目内的排列顺序号,用4位阿拉伯数字标识,不足4位的,前面用"0"补足,如"0026"。

4.4 归档文件应在首页上端的空白位置加盖归档章并填写相关内容。电子文件可以由系统生成归档章样式或以条形码等其他形式在归档文件上进行标识。

4.5 归档章应将档号的组成部分,即全宗号、年度、保管期限、件号,以及页数作为必备项,机构(问题)可以作为选择项(见附录A图A1)。归档章中全宗号、年度、保管期限、件号、机构(问题)按照5.4.3编制,页数用阿拉伯数字标识(见附录A图A2)。为便于识记,归档章保管期限也可以使用"永久""30年""10年"简称标识,机构(问题)也可以用"办公室"等规范化简称标识(见附录A图A3)。

5 编目

5.1 归档文件应依据档号顺序编制归档文件目录。编目应准确、详细,便于检索。

5.2 归档文件应逐件编目。来文与复文作为一件时,对复文的编目应体现来文内容。归档文件目录设置序号、档号、文号、责任者、题名、日期、密级、页数、备注等项目。

a) 序号:填写归档文件顺序号。

b) 档号:档号按照5.4.2-5.4.3编制。

c) 文号:文件的发文字号。没有文号的,不用标识。

d) 责任者:制发文件的组织或个人,即文件的发文机关或署名者。

e) 题名:文件标题。没有标题、标题不规范,或者标题不能反映文件主要内容、不方便检索的,应全部或部分自拟标题,自拟内容外加方括号"[ ]"。

f) 日期:文件的形成时间,以国际标准日期表示法标注年月日,如19990909。

g) 密级:文件密级按文件实际标注情况填写。没有密级的,不用标识。

h) 页数:每一件归档文件的页面总数。文件中有图文的页面为一页。

i) 备注:注释文件需说明的情况。

5.3 归档文件目录推荐由系统生成或使用电子表格进行编制。目录表格采用 A4 幅面,页面宜横向设置(见附录 B 图 B1)。

5.4 归档文件目录除保存电子版本外,还应打印装订成册。装订成册的归档文件目录,应编制封面(见附录 B 图 B2)。封面设置全宗号、全宗名称、年度、保管期限、机构(问题),其中全宗名称即立档单位名称,填写时应使用全称或规范化简称。归档文件目录可以按年装订成册,也可每年区分保管期限装订成册。

6 纸质归档文件的修整、装订、编页、装盒和排架

6.1 修整

6.1.1 归档文件装订前,应对不符合要求的文件材料进行修整。

6.1.2 归档文件已破损的,应按照 DA/T 25-2000 予以修复;字迹模糊或易褪变的,应予复制。

6.1.3 归档文件应按照保管期限要求去除易锈蚀、易氧化的金属或塑料装订用品。

6.1.4 对于幅面过大的文件,应在不影响其日后使用效果的前提下进行折叠。

6.2 装订

6.2.1 归档文件一般以件为单位装订。归档文件装订应牢固、安全、简便,做到文件不损页、不倒页、不压字,装订后文件平整,有利于归档文件的保护和管理。装订应尽量减少对归档文件本身的影响,原装订方式符合要求的,应维持不变。

6.2.2 应根据归档文件保管期限确定装订方式,装订材料与保管期限要求相匹配。为便于管理,相同期限的归档文件装订方式应尽量保持一致,不同期限的装订方式应相对统一。

6.2.3 用于装订的材料,不能包含或产生可能损害归档文件的物质。不使用回形针、大头针、燕尾夹、热熔胶、办公胶水、装订夹条、塑料封等装订材料进行装订。

6.2.4 永久保管的归档文件,宜采取线装法装订。页数较少的,使用直角装订(见附录 C 图 C1、图 C2)或缝纫机轧边装订,文件较厚的,使用"三孔一线"装订。永久保管的归档文件,使用不锈钢订书钉或糨糊装订的,装订材料应满足归档文件长期保存的需要。

6.2.5 永久保管的归档文件,不使用不锈钢夹或封套装订。

6.2.6 定期保管的、需要向综合档案馆移交的归档文件,装订方式按照 2.4—2.5 执行。定期保管的、不需要向综合档案馆移交的归档文件,装订方式可以按照 2.4 执行,也可以使用不锈钢夹或封套装订。

6.3 编页

6.3.1 纸质归档文件一般应以件为单位编制页码。

6.3.2 页码应逐页编制,宜分别标注在文件正面右上角或背面左上角的空白位置。

6.3.3 文件材料已印制成册并编有页码的;拟编制页码与文件原有页码相同的,可以保持原有页码不变。

6.4 装盒

将归档文件按顺序装入档案盒,并填写档案盒盒脊及备考表项目。不同年度、机构(问题)、保管期限的归档文件不能装入同一个档案盒。

6.4.1 档案盒

6.4.1.1 档案盒封面应标明全宗名称。档案盒的外形尺寸为 310 mm×220 mm(长×宽),盒脊厚度可以根据需要设置为 20 mm、30 mm、40 mm、50 mm 等(见附录 D 图 D1)。

6.4.1.2 档案盒应根据摆放方式的不同,在盒脊或底边设置全宗号、年度、保管期限、起止件号、盒号等必备项,并可设置机构(问题)等选择项(见附录 D 图 D2、图 D3)。其中,起止件号填写盒内第一件文件和最后一件文件的件号,起件号填写在上格,止件号填写在下格;盒号即档案盒的排列顺序号,按进馆要求在档案盒盒脊或底边编制。

6.4.1.3 档案盒应采用无酸纸制作。

6.4.2 备考表

备考表置于盒内文件之后,项目包括盒内文件情况说明、整理人、整理日期、检查人、检查日期(见附录 E)。

a) 盒内文件情况说明:填写盒内文件缺损、修改、补充、移出、销毁等情况。

b) 整理人:负责整理归档文件的人员签名或签章。

c) 整理日期:归档文件整理完成日期。

d) 检查人:负责检查归档文件整理质量的人员签名或签章。

e) 检查日期:归档文件检查完毕的日期。

6.5 排架

6.5.1 归档文件整理完毕装盒后,上架排列方法应与本单位归档文件分类方案一致,排架方法应避免频繁倒架。

6.5.2 归档文件按年度—机构(问题)—保管期限分类的,库房排架时,每年形成的档案按机构(问题)序列依次上架,便于实体管理。

6.5.3 归档文件按年度—保管期限—机构(问题)分类的,库房排架时,每年形成的档案按保管期限依次上架,便于档案移交进馆。

7 归档电子文件的整理要求

7.1 归档电子文件组件(件的组织)、分类、排列、编号、编目,应符合本《规则》"5 一般要求"的规定。

7.2 归档电子文件的格式转换、元数据收集、归档数据包组织、存储等整理要求,参照

市场数据调研及处理

《数字档案室建设指南》(2014年)、GB/T 18894、DA/T 48、DA/T 38等标准执行。

7.3 归档电子文件整理,应使用符合《数字档案室建设指南》(2014年)、GB/T 18894等标准的应用系统。

6.3.4 数据归档软件

数据归档软件是一种允许用户通过不同上下文进行检索的软件。此外,数据归档软件需要能够在一段时间内——有可能长达七年,在多台服务器的多个目录和应用下抓取一系列的文件或电子邮件。而数据备份软件能做的是在某一个时间点,从已知的服务器目录或应用下抓取一个已知的文件或电子邮件。数据备份软件和数据归档软件之间的不同在于,数据备份软件主要用于恢复数据,而数据归档软件主要用于检索数据。数据归档产品的生产商主要有Autonomy Zantaz、Iron Mountain/Mimosa NearPoint、Symantec及Informatica公司。如Informatica公司的一款可高度扩展的高性能软件,可以帮助组织高效地管理海量数据。该软件可轻松、安全地对主数据、参考数据、事务数据进行归档,并可根据需要随时访问。

专栏 6-2

《电子文件归档与电子档案管理规范》(GB/T 18894—2016)

1 范围

本标准规定了在公务活动中产生的,具有保存价值的电子文件的收集、整理、归档与电子档案的编目、管理与处置的一般方法。

本标准适用于机关、团体、企事业单位和其他组织在处理公务过程中产生的电子文件归档与电子档案管理,其他活动中产生的电子文件归档与电子档案管理可参照执行。

2 规范性引用文件

下列文件对于本文件的应用是必不可少的。凡是注日期的引用文件,仅注日期的版本适用于本文件。凡是不注日期的引用文件,其最新版本(包括所有的修改单)适用于本文件。

GB/T 2828.1—2012 计数抽样检验程序 第1部分:按接收质量限(AQL)检索的逐批检验抽样计划(ISO 2859-1:1999,IDT)

GB/T 7156—2003 文献保密等级代码与标识

GB/T 9704—2012　党政机关公文格式

GB/T 11821—2002　照片档案整理规范

GB/T 11822—2008　科学技术档案案卷构成的一般要求

GB/T 12628—2008　硬磁盘驱动器通用规范

GB/T 17678—1999　CAD电子文件光盘存储、归档与档案管理要求

GB/T 20988—2007　信息安全技术　信息系统灾难恢复规范

GB/T 26163.1—2010　信息与文献　文件管理过程　文件元数据　第1部分：原则（ISO 23081-1,IDT）

GB/T 29194—2012　电子文件管理系统通用功能要求

DA/T 13—1994　档号编制规则

DA/T 15—1995　磁性载体档案管理与保护规范

DA/T 18—1999　档案著录规则

DA/T 22　归档文件整理规则

DA/T 28—2002　国家重大建设项目文件归档要求与档案整理规范

DA/T 31　纸质档案数字化技术规范

DA/T 32—2005　公务电子邮件归档与管理规则

DA/T 38—2008　电子文件归档光盘技术要求和应用规范

DA/T 46—2009　文书类电子文件元数据方案

DA/T 47—2009　版式电子文件长期保存格式需求

ISO 13008:2012　信息与文献　数字档案转换和迁移过程（Information and documentation—Digital records conversion and migration process）

ISO/TR 13028:2010　信息与文献　档案数字化实施指南（Information and documentation Implementation guidelines for digitization of records）

ISO 16175.2:2011　信息与文献　电子办公环境中档案管理原则和功能要求　第2部分：数字档案管理系统指南与功能要求（Principles and functional requirements for records in electronic office environments—Part 2:Guidelines and functional requirements for digital records management systems）

ISO 16175.3:2010　信息与文献　电子办公环境中档案管理原则和功能要求　第3部分：业务系统中档案管理指南与功能要求（Information and documentation—Principles and functional requirements for records in electronic office environments—Part3: Guidelines and functional requirements for records in business systems）

3　术语和定义

下列术语和定义适用于本文件。

3.1

电子文件 electronic document

国家机构、社会组织或个人在履行其法定职责或处理事务过程中,通过计算机等电子设备形成、办理、传输和存储的数字格式的各种信息记录。电子文件由内容、结构、背景组成。

3.2

电子档案 electronic records

具有凭证、查考和保存价值并归档保存的电子文件(3.1)。

3.3

元数据 metadata

描述电子文件和电子档案的内容、背景、结构及其管理过程的数据。

注:改写 GB/T 26162.1—2010,定义 3.12。

3.4

组件 component

构成电子文件、电子档案且独立存在的一个比特流。

[ISO 16175.2—2011,3 术语和定义]

示例:文书类电子档案的组件包括电子公文正文、若干附件、定稿或修改稿、公文处理单等。

3.5

真实性 authenticity

电子文件、电子档案的内容、逻辑结构和形成背景与形成时的原始状况相一致的性质。

3.6

可靠性 reliability

电子文件、电子档案的内容完全和正确地表达其所反映的事务、活动或事实的性质。

3.7

完整性 integrity

电子文件、电子档案的内容、结构和背景信息齐全且没有破坏、变异或丢失的性质。

3.8

可用性 useability

电子文件、电子档案可以被检索、呈现或理解的性质。

3.9

业务系统 business system

形成或管理机构活动数据的计算机信息系统。

示例:办公自动化系统、电子商务系统、财务系统、人力资源系统、产品数据管理系统、网站系统、电子邮件系统等促进机构事务处理的应用系统。

3.10

电子档案管理系统 electronic records management system

对电子档案(3.2)进行采集(3.11)、归档(3.12)、编目、管理和处置的计算机信息系统。

3.11

采集 capture

对电子文件、电子档案及其元数据进行收集和存储的方法与过程。

3.12

归档 archiving

将具有凭证、查考和保存价值且办理完毕、经系统整理的电子文件(3.1)及其元数据(3.3)管理权限向档案部门提交的过程。

3.13

移交 transfer

按照国家规定将电子档案(3.2)的保管权交给国家档案馆的过程。

3.14

登记 registration

电子档案进入电子档案管理系统(3.10)时赋予电子档案唯一标识符的行为。

注:改写 GB/T 26162.1—2010,3.18。

3.15

转换 conversion

在维护真实性、完整性和可用性前提下,将电子档案从一种载体转换到另一种载体或从一种格式转换成另一种格式的过程。

注:改写 GB/T 26162.1—2010,3.7。

3.16

迁移 migration

在维护真实性、完整性和可用性的前提下,将电子档案从一个系统转移到另一个系统的过程。

注:改写 GB/T 26162.1—2010,3.13。

4 总则

4.1 电子文件归档与电子档案管理应遵循纳入单位信息化建设规划、技术与管理并重、便于利用和安全可靠的原则。

4.2 应对电子文件、电子档案实施全程和集中管理,确保电子档案的真实性、可靠性、完整性与可用性。

4.3 应建立严格的管理制度,明确相关部门电子文件归档和电子档案管理的职责与分工,主要包括以下四类部门的职责与分工:

a) 档案部门负责制定电子文件归档与电子档案管理制度,提出业务系统电子文件归档功能要求,负责电子档案管理系统的建设与应用培训;负责指导电子文件形成或办理部门按归档要求管理应归档电子文件;负责电子文件归档和电子档案编目、管理和处置等各项工作;

b) 电子文件形成或办理部门负责电子文件的收集、整理、著录和移交归档等工作;

c) 信息化部门负责依据标准建设业务系统电子文件归档功能,参与电子档案管理系统建设,为电子档案管理提供信息化支持;

d) 保密部门负责监督涉密电子文件归档和电子档案的保密管理。

4.4 应明确各门类电子文件及其元数据的归档范围、时间、程序、接口和格式等要求。

4.5 应执行规范的工作程序,采取必要的技术手段,对电子文件归档和电子档案管理全过程实行监控。

4.6 应基于安全的网络和离线存储介质实施电子文件归档和电子档案管理。

5 业务系统与电子档案管理系统

5.1 业务系统电子文件归档功能

5.1.1 应能按6、7、8.1—8.4给出的相关要求形成、收集、整理、归档电子文件及其元数据。

5.1.2 应内置电子文件分类方案、保管期限表等工具,支持电子文件形成或办理部门完整收集、整理应归档电子文件及其元数据。

5.1.3 应能以单个流式文档集中记录电子文件拟制、办理过程中对其进行的全部修改信息。

5.1.4 能按内置规则自动命名、存储电子文件及其组件,保持电子文件内在的有机联系,建立电子文件与元数据之间的关联关系。

5.1.5 能按标准生成电子文件及其元数据归档数据包,或向归档接口推送电子文件及其元数据。

5.1.6 能对已收集、积累的电子文件的所有操作进行跟踪、审计。

5.1.7 需通过业务系统开展电子档案管理活动时,业务系统电子档案管理功能应参照 GB/T 29194—2012、ISO 16175-3:2010 等标准以及 5.2 给出的要求执行。

5.2 电子档案管理系统基本功能

5.2.1 电子档案管理系统基本功能和可选功能应参照 CB/T 29194—2012、DA/T 31、ISO 13028—2010、ISO 16175-2:2011 等标准以及同级国家综合档案馆的相关要求执行。

5.2.2 应具备电子档案管理配置功能,包括分类方案管理、档号规则管理、保管期限表管理、元数据方案管理、门类定义等功能。

5.2.3 应具备电子档案管理功能,包括电子档案及其元数据的采集、登记、分类、编目、命名、存储、利用、统计、鉴定、销毁、移交、备份、报表管理等功能。

5.2.4 应具备电子档案安全管理功能,包括身份认证、权限管理、跟踪审计、生成固化信息等功能。

5.2.5 应具备系统管理功能,包括系统参数管理、系统用户和资源管理、系统功能配置、操作权限分配、事件报告等功能。

5.2.6 应具备各门类纸质档案管理功能,包括对电子档案和纸质档案同步编目、排序、编制档号等功能。

5.2.7 应具备纸质档案数字化以及纸质档案数字副本管理功能。

5.3 档案信息化基础设施

5.3.1 档案信息化基础设施和信息安全设施应能保障电子档案管理系统的正常运行,满足电子文件归档与电子档案管理活动的实际需求。

5.3.2 应为档案部门配备局域网、政务网和互联网等网络基础设施,网络性能应能适应各门类电子文件、电子档案传输、利用要求。

5.3.3 应配备电子档案管理系统以及电子档案管理需求相适应的系统硬件、基础软件和存储、备份等设备。

5.3.4 应配备与电子档案管理系统相适应的安全保障设施,包括杀毒软件、防火墙等设备。

5.4 电子档案管理系统安全管理

5.4.1 电子档案管理系统安全管理应参照《档案信息系统安全等级保护定级工作指南》、涉密计算机信息系统分级保护等规定执行。

5.4.2 应建立电子档案管理系统安全管理制度,明确管理职责和要求,规范操作行为。

5.4.3 电子档案管理系统以及档案信息化基础设施、信息安全设施等各种设备的选型、采购应符合国家有关信息安全和知识产权保护等方面的规定。

5.4.4 支撑电子档案管理系统运行的网络应与互联网物理隔离,与互联网设备之间的数据传输应通过一次性写入光盘实施。

5.4.5 严格管理电子档案管理系统的专用离线存储介质及其用户,定期查杀病毒,监控非授权用户的登录与操作行为。

5.4.6 应制定并实施电子档案管理系统应急处置预案，明确职责分工和保障措施，建立预防预警、应急响应和奖惩等应急处置机制。

6 电子文件归档范围

6.1 电子文件归档范围

6.1.1 反映单位职能活动、具有查考和保存价值的各门类电子文件及其元数据应收集、归档。

6.1.2 文书类电子文件归档范围按照《机关文件材料归档范围和档案保管期限规定》《企业文件材料归档范围和档案保管期限规定》等执行。

6.1.3 照片、录音、录像等声像类电子文件归档范围参照 GB/T 11821—2002 执行。

6.1.4 科技类电子文件的归档范围按照 GB/T 11822—2008、DA/T 28—2002 等标准执行。

6.1.5 各种专业类电子文件归档范围按照国家相关规定执行。

6.1.6 邮件类电子文件的归档范围按照 DA/T 32—2005 等标准执行。

6.1.7 网页、社交媒体类电子文件归档范围可参照《机关文件材料归档范围和档案保管期限规定》执行。

6.2 电子文件元数据归档范围

6.2.1 应归档电子文件元数据应与电子文件一并收集、归档。

6.2.2 文书类电子文件应归档元数据按照 DA/T 46—2009 等标准执行，至少包括：

a) 题名、文件编号、责任者、日期、机构或问题、保管期限、密级、格式信息、计算机文件名、计算机文件大小、文档创建程序等文件实体元数据；

b) 记录有关电子文件拟制、办理活动的业务行为、行为时间和机构人员名称等元数据，应记录的拟制、办理活动包括：发文的起草、审核、签发、复核、登记、用印、核发等，收文的签收、登记、初审、承办、传阅、催办、答复等。

6.2.3 科技、专业、邮件、网页、社交媒体类电子文件应归档元数据可参照 6.2.2 给出的要求执行。

6.2.4 声像类电子文件应归档元数据包括题名、摄影者、录音者、摄像者、人物、地点、业务活动描述、密级、计算机文件名等。

7 电子文件的收集与整理

7.1 电子文件及其元数据的收集

7.1.1 应在业务系统电子文件拟制、办理过程中完成电子文件的收集，声像类电子文件和在单台计算机中经办公、绘图等应用软件形成的电子文件的收集由电子文件形成部门基于电子档案管理系统或手工完成。

7.1.2 应齐全、完整地收集电子文件及其组件,电子文件内容信息与其形成时保持一致,包括但不限于以下六个方面的要求:

a) 同一业务活动形成的电子文件应齐全、完整;

b) 电子公文的正本、正文与附件、定稿或修改稿、公文处理单等应齐全、完整,电子公文格式要素符合 GB/T 9704—2012 的有关要求;

c) 在计算机辅助设计和制造过程中形成的产品模型图、装配图、工程图、物料清单、工艺卡片、设计与工艺变更通知等电子文件及其组件应齐全、完整;

d) 声像类电子文件应能客观、完整地反映业务活动的主要内容、人物和场景等;

e) 邮件、网页、社交媒体类电子文件的文字信息、图像、动画、音视频文件等应齐全、完整,网页版面格式保持不变,需收集、归档完整的网站系统时,应同时收集网站设计文件、维护手册等;

f) 以专有格式存储的电子文件不能转换为通用格式时,应同时收集专用软件、技术资料、操作手册等。

7.1.3 以公务电子邮件附件形式传输、交换的电子文件,应下载并收集、归入业务系统或存储文件夹中。

7.1.4 应由业务系统按照 6.2.2、6.2.3 给出的要求,在电子文件拟制、办理过程中采集文书、科技、专业等类电子文件元数据。

7.1.5 可使用 WPS 表格或电子档案管理系统按照 6.2.2 a)、6.2.4 给出的要求著录、采集在单台计算机中经办公、绘图等应用软件形成的各门类电子文件元数据,以及声像类电子文件元数据。

7.2 电子文件的整理

7.2.1 应在电子文件拟制、办理或收集过程中完成保管期限鉴定、分类、排序、命名、存储等整理活动,并同步完成会议记录、涉密文件等纸质文件的整理。

7.2.2 应以件为管理单位整理电子文件,也可根据实际以卷为管理单位进行整理。整理活动应保持电子文件内在的有机联系,建立电子文件与元数据的关联。

7.2.3 应基于业务系统完成电子文件、纸质文件的整理,声像类电子文件的整理由电子文件形成部门基于电子档案管理系统或手工完成。

7.2.4 应归档电子文件保管期限分为永久、定期30年和定期10年等。

7.2.5 电子文件分类按照电子档案分类方案执行,可执行的标准或分类方案有:

a) 文书类电子文件的分类整理按照 DA/T 22 执行;

b) 科技类电子文件应按照 GB/T 11822—2008、DA/T 28—2002、《企业文件材料归档范围和档案保管期限规定》等进行分类;

c) 专业、邮件、网页、社交媒体等类电子文件可参照 DA/T 22 等要求进行分类,有其

他专门规定的,从其规定;

d) 声像类电子文件应按照年度—保管期限—业务活动,或保管期限—年度—业务活动等分类方案进行分类。

7.2.6 应在整理过程中基于业务系统电子文件元数据库建立纸质文件目录数据,涉密纸质文件目录数据的录入应符合国家保密管理要求,目录数据项参照6.2.2 a)给出的要求执行。

7.2.7 应在分类方案下按照业务活动、形成时间等关键字,对电子文件元数据、纸质文件目录数据进行同步排序,排序结果应能保持电子文件、纸质文件之间的有机联系。

7.2.8 应按规则命名电子文件,命名规则应能保持电子文件及其组件的内在有机联系与排列顺序,能通过计算机文件名元数据建立电子文件与相应元数据的关联,具体要求如下:

a) 应由业务系统按内置命名规则自动、有序地为电子文件及其组件命名;

b) 在单台计算机中经办公、绘图等类应用软件形成的电子文件,应采用完整、准确的电子文件题名命名;

c) 声像类电子文件可采用数字摄录设备自动赋予的计算机文件名。

7.2.9 可参照分类方案在计算机存储器中建立文件夹集中存储电子文件及其组件,完成整理活动。

8 电子文件归档与电子档案编目

8.1 电子文件归档程序与要求

8.1.1 电子文件形成或办理部门、档案部门可在归档过程中基于业务系统、电子档案管理系统完成电子文件及其元数据的清点、鉴定、登记、填写电子文件归档登记表(见表A.1)等主要归档程序。

8.1.2 应清点、核实电子文件的门类、形成年度、保管期限、件数及其元数据数量等。

8.1.3 应对电子文件的真实性、可靠性、完整性和可用性进行鉴定,鉴定合格率应达到100%,包括:

a) 电子文件及其元数据的形成、收集和归档符合制度要求;

b) 电子文件及其元数据能一一对应,数量准确且齐全、完整;

c) 电子文件与元数据格式符合8.3、8.4给出的要求;

d) 以专有格式归档的,其专用软件、技术资料等齐全、完整;

e) 加密电子文件已解密;

f) 电子文件及其元数据经安全网络或专用离线存储介质传输、移交;

g) 电子文件无病毒,电子文件离线存储介质无病毒、无损伤、可正常使用。

8.1.4 档案部门应将清点、鉴定合格的电子文件及其元数据导入电子档案管理系统预归档库,自动采集电子文件结构元数据,通过计算机文件名建立电子文件与元数据的关联,在管理过程元数据中记录登记行为,登记归档电子文件。

8.1.5 应依据清点、鉴定结果,按批次或归档年度填写电子文件归档登记表(见表A.1),完成电子文件的归档。

8.2 电子文件归档时间与归档方式

8.2.1 电子文件形成或办理部门应定期将已收集、积累并经过整理的电子文件及其元数据向档案部门提交归档,归档时间最迟不能超过电子文件形成后的第2年6月。

8.2.2 应基于安全的网络环境或专用离线存储介质,采用在线归档或离线归档方式,通过电子档案管理系统客户端或归档接口完成电子文件及其元数据的归档。

8.2.3 应结合业务系统、电子档案管理系统运行网络环境以及本单位实际,确定电子文件及其元数据归档接口并作出书面说明,归档接口通常包括但不限于以下三种:

a) webservice 归档接口;

b) 中间数据库归档接口;

c) 归档电子文件及其元数据的规范存储结构。

8.3 电子文件归档格式

8.3.1 电子文件归档格式应具备格式开放、不绑定硬软件、显示一致性、可转换、易于利用等性能,能够支持同级国家综合档案馆向长期保存格式转换。

8.3.2 电子文件应以通用格式形成、收集并归档,或在归档前转换为通用格式。版式文件格式应按照 DA/T 47—2009 执行,可采用 PDF、PDF/A 格式。

8.3.3 以文本、位图文件形成的文书、科技、专业类电子文件应按以下要求归档:

a) 电子公文正本、定稿、公文处理单应以版式文件格式,其他电子文件、电子文件组件可以版式文件、RTF、WPS、DOCX、JPG、TIF、PNG 等通用格式归档;或

b) 电子文件及其组件按顺序合并转换为一个版式文件。

8.3.4 在计算机辅助设计与制造过程中形成的科技类电子文件应按以下要求归档:

a) 二维矢量文件以 SVG、SWF、WMF、EMF、EPS、DXF 等格式归档;

b) 三维矢量文件,需永久保存的应转换为 STEP 格式归档,其他可根据需要按 8.3.4 a)给出的要求转为二维矢量文件归档。

8.3.5 以数据库文件形成的科技、专业类电子文件,应根据数据库表结构及电子档案管理要求转换为以下格式归档:

a) 以 ET、XLS、DBF、XML 等任一格式归档,或

b) 参照纸质表单或电子表单版面格式,将应归档数据库数据转换为版式文件归档。

8.3.6 照片类电子文件以 JPG、TIF 等格式归档;录音类电子文件以 WAV、MP3 等格式归档;录像类电子文件以 MPG、MP4、FLV、AVI 等格式归档,珍贵且需永久保存的可收

集、归档一套 MXF 格式文件。

8.3.7 公务电子邮件以 EML 格式,网页、社交媒体类电子文件以 HTML 等格式归档。

8.3.8 专用软件生成的电子文件原则上应转换成通用格式归档。

8.4 电子文件元数据归档格式

8.4.1 应根据电子文件归档接口以及元数据形成情况确定电子文件元数据归档格式。

8.4.2 经业务系统形成的各门类电子文件元数据应根据归档接口确定归档格式:

a) 选择8.2.3 a)或8.2.3 c)所述归档接口时,可以 ET、XLS、DBF、XML 等任一格式归档;

b) 选择8.2.3 b)所述归档接口时,可与电子文件一并由业务系统数据库推送至中间数据库,也可再由中间数据库导出数据库数据文件。

8.4.3 声像类电子文件元数据、在单台计算机中经办公、绘图等应用软件形成的电子文件,可以 ET、XLS、DBF 等格式归档。

8.5 电子档案的编目

8.5.1 应对电子档案与纸质档案进行同步整理审核、编制档号等编目活动。

8.5.2 应对整理阶段划定的电子档案保管期限与分类结果进行审核和确认,对不合理或不准确的应进行修正。

8.5.3 应在整理审核基础上,对电子档案、纸质档案重新排序,并依据排序结果编制文件级档号。

8.5.4 应采用文件级档号或唯一标识符作为要素为电子档案及其组件重命名,同时更新相应的计算机文件名元数据。

8.5.5 应按照 DA/T 18—1999 以及 6.2.4 给出的要求对电子档案、纸质档案做进一步著录,规范、客观、准确地描述主题内容与形式特征。

8.5.6 完成整理编目后,应将电子档案及其元数据、纸质档案目录数据归入电子档案管理系统正式库,并参照7.2.9给出的要求分类,有序地存储电子档案及其组件。

8.6 档号编制要求

8.6.1 应按照 DA/T 13—1994 等标准以及电子档案全程管理要求确定档号编制规则。

8.6.2 应采用同级国家综合档案馆档号编制规则为室藏电子档案、纸质档案编制档号。

8.6.3 档号应能唯一标识全宗内任一电子档案或纸质档案。

8.6.4 以档号作为电子档案命名要素时,计算机文件名应能在计算机存储器中唯一标识、有序存储全宗内任意一件电子档案及其组件。

9 电子档案的管理

9.1 电子档案的存储

9.1.1 应为电子档案及其元数据的安全存储配置与电子档案管理系统相适应的在线存储设备。

9.1.2 电子档案管理系统应依据档号等标识符构成要素在计算机存储器中逐级建立文件夹,分门别类、集中有序地存储电子档案及其组件,并在元数据中自动记录电子档案在线存储路径。

9.1.3 在线存储系统应实施容错技术方案,定期扫描、诊断硬磁盘,发现问题应及时处置。

9.2 电子档案的备份

9.2.1 应结合单位电子档案管理和信息化建设实际,在确保电子档案的真实、完整、可用和安全基础上,统筹制定电子档案备份方案和策略,实施电子档案及其元数据、电子档案管理系统及其配置数据、日志数据等备份管理。

9.2.2 电子档案近线备份与灾难备份的基本要求如下:

a) 宜采用磁带备份系统进行近线备份,应定期对电子档案及其元数据、电子档案管理系统的配置数据和日志数据等进行全量、增量或差异备份;

b) 电子档案数量达到一定量且条件许可时,可实施电子档案管理系统和数据库系统的热备份;

c) 本单位建设灾难备份中心时,应将电子档案及其元数据、电子档案管理系统的灾难备份纳入规划之中,进行同步分析、设计和建设。电子档案的灾难备份和灾难恢复应参照GB/T 20988—2007等标准要求执行。

9.2.3 电子档案离线备份的基本要求如下:

a) 应采用一次写光盘、磁带、硬磁盘等离线存储介质,参照 GB/T 2828.1—2012、GB/T 12628—2008、GB/T 17678—1999、DA/T 15—1995、DA/T 38—2008 等标准实施电子档案及其元数据、电子档案管理系统配置数据、日志数据等的离线备份。

b) 电子档案离线存储介质至少应制作一套。可根据异地备份、电子档案珍贵程度和日常应用需要等实际情况,制作第二套、第三套离线存储介质,并在装具上标识套别。

c) 应对离线存储介质进行规范管理,按规则编制离线存储介质编号,按规范结构存储备份对象和相应的说明文件,标识离线存储介质。禁止在光盘表面粘贴标签。

d) 离线存储介质的保管除参照纸质档案保管要求外,还应符合下列条件:

——应作防写处理,避免擦、划、触摸记录涂层。

——应装盒,竖立存放或平放,避免挤压。

——应远离强磁场、强热源,并与有害气体隔离。

——保管环境温度选定范围:光盘17℃~20℃,磁性载体15℃~27℃;相对湿度选定范围:光盘20%~50%,磁性载体40%~60%。具体要求见DA/T 15—1995、DA/T 38—2008。

e) 电子档案或电子档案离线存储介质自形成起一年内可送同级国家综合档案馆电子档案中心进行备份。

f) 应定期对磁性载体进行抽样检测,抽样率不低于10%;抽样检测过程中如果发现永久性误差,则应扩大抽检范围或进行100%的检测,并立即对发生永久性误差的磁性存储介质进行复制或更新。

g) 对光盘进行定期检测,检测结果超过三级预警线时应立即实施更新。

h) 离线存储介质所采用的技术即将淘汰时,应立即将其中存储的电子档案及其元数据等转换至新型且性能可靠的离线存储介质之中。

i) 确认离线存储介质的复制、更新和转换等管理活动成功时,再按照相关规定对原离线存储介质实施破坏性销毁。应对离线存储介质管理活动进行登记,登记内容参见表A.2。

9.3 电子档案的利用

9.3.1 电子档案的提供和利用应严格遵守国家相关保密规定。

9.3.2 应根据工作岗位、职责等要求在电子档案管理系统中为利用者设置相应的电子档案利用权限。

9.3.3 利用者应在权限允许范围内检索、浏览、复制、下载电子档案、电子档案组件及其元数据。

9.3.4 电子档案及其元数据的离线存储介质不得外借,其使用应在档案部门的监控范围内。

9.3.5 对电子档案采用在线方式提供和利用时,应遵守国家有关信息安全的相关规定,从技术和管理两方面采取严格的管理措施。

9.4 电子档案的统计

9.4.1 应按照档案统计年报要求及本单位实际需要对各门类电子档案情况进行统计。

9.4.2 可按档案门类、年度、保管期限、密级、卷数、件数、大小、格式、时长、销毁、移交等要素,对室藏电子档案数量等情况进行统计。

9.4.3 可按年度、档案门类、保管期限、卷数、件数、利用人次、利用目的、复制、下载等要素对电子档案利用情况进行统计。

9.5 电子档案元数据的维护

9.5.1 应基于电子档案管理系统在电子档案管理全过程中持续开展电子档案元数据采集、备份、转换和迁移等管理活动。

9.5.2 实施电子档案管理系统升级或更新、电子档案格式转换等管理活动时,应自动采集新增的电子档案背景、结构元数据,包括信息系统描述、格式信息、音频编码标准、视频编码标准、技术参数等。

9.5.3 应参照 GB/T 26163.1—2010 等标准持续并自动采集电子档案管理过程元数据,应记录的电子档案管理过程包括登记、格式转换、迁移、鉴定、销毁、移交等,具体见 8.1.4、10.2.5、10.3.4 给出的要求。

9.5.4 应通过备份、格式转换、迁移等措施管理电子档案元数据,包括电子文件归档接收的以及归档后形成的电子档案元数据,具体见 9.2、10.2、10.3.4 给出的要求。

9.5.5 应禁止修改电子档案背景、结构和管理过程元数据,对题名、责任者、文件编号、日期、人物、保管期限、密级等元数据的修改应符合管理规定,修改操作应记录于日志文件中。

9.5.6 应确保电子档案与其元数据之间的关联关系得到维护。

10 电子档案的处置

10.1 电子档案的鉴定与审查

10.1.1 应定期对电子档案进行销毁鉴定和解密审查,鉴定、审查程序应符合国家有关规定。

10.1.2 档案部门应根据本单位档案保管期限表进行电子档案销毁鉴定,提出被鉴定对象的续存或销毁意见,必要时可协商相关职能部门。销毁鉴定意见经上级领导或主管部门审核、批准后方可实施。

10.1.3 电子档案的解密审查应由档案部门、保密部门共同实施,必要时可协商相关职能部门。解密审查意见经上级领导或主管部门审核、批准后方可实施。

10.1.4 应根据电子档案所标密级并结合国家有关政策、要求,参照 GB/T 7156—2003 等标准定期对涉密电子档案进行密级审查,实施解密、延长保密期限或提升密级等处置活动。

10.1.5 到期电子档案移交进馆前,应进行解密审查。

10.2 电子档案的转换与迁移

10.2.1 应在确保电子档案的真实、可靠、完整和可用基础上,参照 ISO 13008—2012 等标准实施电子档案及其元数据的转换或迁移。

10.2.2 出现以下但不限于以下情况时,应实施电子档案及其元数据的转换或迁移:

a）电子档案当前格式将被淘汰或失去技术支持时，应实施电子档案或元数据的格式转换；

b）因技术更新、介质检测不合格等原因需更换离线存储介质时，应实施电子档案或元数据离线存储介质的转换；

c）支撑电子档案管理系统运行的操作系统、数据库管理系统、台式计算机、服务器、磁盘阵列等主要系统硬件、基础软件等设备升级、更新时，应实施电子档案管理系统、电子档案及其元数据的迁移；

d）电子档案管理系统更新时，应实施电子档案及其元数据的迁移。

10.2.3 应按照确认转换或迁移需求、评估转换或迁移风险、制定转换或迁移方案、审批转换或迁移方案、转换或迁移测试、实施转换或迁移、评估转换或迁移结果、报告转换或迁移结果等步骤实施电子档案及/或元数据的转换或迁移。

10.2.4 应在确信转换或迁移活动成功实施之后，根据本单位实际对转换或迁移前的电子档案及其元数据进行销毁或继续留存的处置。

10.2.5 电子档案及其元数据的转换、迁移活动应记录于电子档案管理过程元数据中，并填写电子档案格式转换与迁移登记表（见表 A.3）。

10.2.6 重新对经过格式转换后的电子档案及其元数据进行备份。

10.3 电子档案的移交与销毁

10.3.1 保管期限为永久的电子档案及其元数据自形成之日起 5 年内应向同级国家综合档案馆移交，移交工作按照《电子档案移交与接收办法》和同级国家综合档案馆的要求执行。

10.3.2 纸质、银盐感光材料等各门类传统载体档案应以数字副本及其目录数据移交进馆，以确保移交年度内数字档案资源的完整性。纸质档案数字化转换应按照 DA/T 31、ISO/TR 13028—2010 以及同级国家综合档案馆的要求执行。

10.3.3 电子档案的销毁应参照国家关于档案销毁的有关规定与程序执行。

10.3.4 应从在线存储设备、异地容灾备份系统中彻底删除应销毁电子档案，电子档案管理系统应在管理过程元数据、日志中自动记录鉴定、销毁活动，将被销毁电子档案的元数据移入销毁数据库。

10.3.5 应销毁电子档案的离线存储介质，应对其实施破坏性销毁。实施销毁前，应对备份其中的其他电子档案进行离线存储介质的转换。

10.3.6 属于保密范围的电子档案，其销毁应按国家保密规定实施。

10.3.7 应填写电子档案销毁登记表（见表 A.4）并归档保存。

附录

附录 A
登记表格式

表 A.1 电子文件归档登记表

单位名称			
归档时间		归档电子文件门类	
归档电子文件数量		卷　件　张　分钟　字节	
归档方式		□在线归档　　□离线归档	
检验项目		检验结果	
载体外观检验			
病毒检验			
真实性检验			
可靠性检验			
完整性检验			
可用性检验			
技术方法与相关软件说明 登记表、软件、说明资料检验			
电子文件形成或办理部门(签章) 年　月　日		档案部门(签章) 年　月　日	

注:归档电子文件门类包括文书、科技、专业、声像、电子邮件、网页、社交媒体、其他。

市场数据调研及处理

表 A.2　电子档案离线存储介质管理登记表

单位名称			
管理授权			
责任部门			
管理类型	□复制	□更新	□转换
源介质描述 （类型、品牌、参数、数量等）			
目标介质描述 （类型、品牌、参数、数量等）			
完成情况 （操作前后电子档案及其元数据内容、 数量等一致性情况）			
管理起止时间			
操作者			
填表人（签名） 年　月　日	审核人（签名） 年　月　日		单位（签章） 年　月　日

表 A.3　电子档案格式转换与迁移登记表

单位名称		
管理授权		
责任部门		
管理类型	□格式转换	□迁移
源格式或系统描述		
目标格式或系统描述		

（续表）

完成情况 （操作前后电子档案及其元数据内容、数量一致性情况等）	
操作起止时间	
操作者	
填表人（签名） 年　月　日	审核人（签名） 年　月　日	单位（签章） 年　月　日

表 A.4　电子档案销毁登记表

单位名称	
销毁授权	
被销毁电子档案情况 （范围、数量、大小等）	
在线存储内容销毁说明	
异地容灾备份内容销毁说明	
离线存储介质销毁说明	
销毁起止时间	
操　作　者	
填表人（签名） 年　月　日	审核人（签名） 年　月　日	单位（签章） 年　月　日

6.4 数据的存储

6.4.1 数据集与数据库

数据集由数据对象组成,一个数据对象代表一个实体。数据库中的行对应"数据对象",列对应"属性"。属性代表一个数据对象的特征或功能。

6.4.2 数据类型与数据结构

1. 数据、数据元素、数据类型的概念

数据是指能够被计算机识别、存储和加工处理的信息载体。

数据元素是指数据的基本单位,在某些情况下,数据元素也称为元素、结点、顶点、记录。数据元素有时可以由若干数据项组成。

数据类型是一个值的集合以及在这些值上定义的一组操作的总称。数据类型通常可以看作程序设计语言中已实现的数据结构。

2. 数据结构

数据结构是指数据之间的相互关系,即数据的组织形式。一般包括三个方面的内容,即数据的逻辑结构、存储结构和数据的运算。

逻辑结构是指数据元素之间的逻辑关系。具体包括两类:一是线性结构。其特征是若数据集为非空集,则该数据集有且只有一个开始结点和一个终端结点,并且所有结点都有且只有一个直接前趋和一个直接后继。线性表就是一个典型的线性结构。栈、队列、串等都是线性结构。二是非线性结构。其特征是一个结点可能有多个直接前趋和直接后继。数组、广义表、树和图等都是非线性结构。

存储结构是指数据元素及其关系在计算机存储器内的表示。存储结构是数据结构不可或缺的一个方面,同一逻辑结构而不同存储结构可冠以不同的数据结构名称来标识。例如,线性表是一种逻辑结构,若采用顺序存储方法,则可称其为顺序表;若采用链式存储方法,则可称其为链表;若采用散列存储方法,则可称其为散列表。

数据的运算也是数据结构不可或缺的一个方面。在给定了数据的逻辑结构和存储结构之后,按定义的运算集合及其运算性质的不同,也可能导致完全不同的数据结构。如果将线性表上的插入、删除运算限制在表的一端进行,则该线性表称为栈;如果将插入运算限制在表的一端进行,而将删除运算限制在表的另一端进行,则该线性表称为队列;如果线性表采用顺序表或链表作为存储结构,则对插入和删除运算做了上述限制之后,可分别得到顺序栈或链栈、顺序队列或链队列。

数据的逻辑结构、存储结构和数据的运算是一个整体,孤立地理解其中任何一个方面,而不关注它们之间的联系是不可取的。

6.4.3 常用的存储介质

1. 磁带

磁带是使用较为广泛的存储介质,这主要是因为它的容量成本比高。

2. 光盘

光盘曾在归档领域非常流行,它是最早提供一次写入,可以多次读取数据并有重写保护的存储介质。一旦数据被写入,它只能读取,无法重写。

3. 磁盘

磁盘是计算机主要的存储介质,可以存储大量二进制数据,并且断电后也能保持数据不丢失。

4. 移动磁盘

移动磁盘是可以随时插上或拔下、小巧而便于携带的硬盘存储器,可以较高的速度与系统进行数据传输,容量大,兼容性好,体积小且安全可靠。

5. 云

云存储是一种网上在线存储的模式,即把数据存放在通常由第三方托管的多台虚拟服务器,而非专属的服务器上。但是在没有仔细检查第三方服务的情况下,将合规数据通过云存放可能存在风险。

6.4.4 数据的存储方法

按照数据的存储结构可采用以下四种基本的存储方法:

1. 顺序存储

顺序存储是把逻辑上相邻的结点存储在物理位置上相邻的存储单元里,结点间的逻辑关系由存储单元的邻接关系来体现。由此得到的存储表为顺序存储结构(Sequential Storage Structure),顺序存储结构通常借助程序语言的数组来描述。该方法主要应用于线性的数据结构。非线性的数据结构也可通过某种线性化的方法实现顺序存储。

2. 链接存储

链接存储不要求逻辑上相邻的结点在物理位置上亦相邻,结点间的逻辑关系由附加的指针字段来表示。由此得到的存储表为链式存储结构(Linked Storage Structure),通常借助于程序语言的指针类型来描述。

3. 索引存储

索引存储通常是在储存结点信息的同时,建立附加的索引表。索引表由若干索引项组成。若每个结点在索引表中都有一个索引项,则该索引表称为稠密索引(Dense Index)。若一组结点在索引表中只有一个索引项,则该索引表称为稀疏索引(Spare Index)。索引项的一般形式是关键字和地址。关键字是能唯一标识一个结点的那些数据项。稠密索引中索引项的地址指示结点所在的存储位置,稀疏索引中索引项的地址指示一组结点的起始存储位置。

4. 散列存储

散列存储是一种力图将数据元素的存储位置与关键字之间建立确定对应关系的存储技术。其基本思想是根据结点的关键字直接找到该结点的存储地址。它是一种快速实现访问的存储方式。散列存储的访问速度要快于顺序存储,因为它可以依据存储数据的部分内容找到数据在数组中的存储位置,进而能够快速实现数据的访问。

四种基本存储方法既可以单独使用,也可以组合起来对数据结构进行存储。同一逻辑结构采用不同的存储方法,可以得到不同的存储结构。选择何种存储结构来表示相应的逻辑结构,应视具体要求而定,主要应考虑运算方便及算法的时空要求。

6.5 数据质量评估

几乎所有的组织都需要数据,而一些行业特别依赖于客户数据,如银行、电信、保险等。客户数据是动态的,对于一个特定的客户来说,其转换工作、搬家、变更联系方式等都会造成客户数据的变化。企业数据同样如此,企业更名、搬迁、联系人变更、联系方式变更等都会造成企业数据的变化。而在一些破产率较高的行业或初创企业,企业数据更是经常发生变化。

"什么样的客户数据质量是比较好的?""为什么我们的客户数据看起来很不错,可是在进行电话营销时,客户接触率和营销效果却不尽如人意,与期望大相径庭?"这些关于客户数据质量的问题反映出了很多从事数据库营销或直复营销的营销策划人员和运营管理人员经常面临的问题与困惑。

数据质量差会给企业营销带来巨大的损失,例如,如果企业的呼叫中心正在试图向非目标客户进行大规模的电话营销活动,或者企业正在向那些早已过期的邮寄地址寄送数以万计的促销宣传资料,则这样的情况一旦发生,就会给企业带来巨大的损失。此外,企业的数据库营销策划人员也经常面临数据选择和评价的挑战。那么,什么样的数据才是高质量的数据?如何评估数据质量?如何获得高质量的数据?

6.5.1 高质量数据的特征

高质量的数据通常具备以下特征:
(1) 数据列表采集过程规范,记录项目准确;
(2) 客户数据列表的记录项目完整,没有缺失的记录项;
(3) 客户数据列表中的字段项被统一定义和解释,在整个数据库中保持一致;
(4) 数据存储格式规范,没有冗余字段或无效字段;
(5) 数据列表最近刚刚进行过清洗,而且数据的有效率和准确率较高。

6.5.2 数据质量评估标准的内容

评估数据质量可以从如下方面进行分析:与其他同类数据的一致性如何?数据是如何收集(方法)的?数据是什么时候收集到的?收集的是什么数据(样本结构)?二手资料的原始调研动机是什么?是谁收集的数据?

被广泛接受的数据质量评估标准包括:

1. 准确性

准确性是指数据记录信息是否存在异常或错误。影响数据准确性的因素有很多,如采集时录入错误,在存储或转换过程中出错,或者陈旧的数据没有更新或重新标定造成错误等。不准确的数据的另外一种形式是因应用系统中对数据的误用或与数据相关的定义不一致而导致数据不是其所代表的含义。对于大数据挖掘中数据的准确性,主要是指指标算法、数据处理过程的准确性。

2. 完整性

完整性是指数据是否存在缺失的情况,主要包括描述的数据要素、要素属性及要素关系是否存在,可能会有实体缺失、属性缺失、记录缺失及内容不一致性等数据不完整情况,如客户数据项缺失的原因可能是没有采集,或者要求的信息没有被识别出来。数据缺失通常会造成错失营销机会,甚至导致营销决策错误。

3. 一致性

一致性是指数据是否遵循了统一的规范,数据集合是否保持了统一的格式,主要包括原始数据和入库的数据记录条数是否一致,数据在应用或维护时是否被统一定义和解释。

4. 及时性

及时性是指数据获取是否及时,主要指数据提取、传送、转换、加载、展现的及时性。在数据处理的各个环节,都会涉及及时性。一般考虑两个方面:一是接口数据是否能够及时地抽取过来,二是展现层能否及时地展现出来。

5. 可信性

可信性是指数据的可靠程度,即要求数据对用户必须是可信的,具体包括:数据应与其对应的客观实体的特征相一致;同一实体的同一属性的值在不同的系统或数据集中应一致;数据应满足用户定义的条件,或者在一定的域值范围内,数据不存在重复记录及缺失记录。

6. 有效性

有效性是指数据取值是否在界定的值域范围内,主要包括数据格式、数据类型、值域和相关业务规则的有效性。

7. 解释性

解释性是指数据是否可以用来推断和解读某些事实。数据本身并没有内在意义,仅描述所发生事件的部分事实,并不提供对事件的判断或解释。数据本身无法说明其自身是否重要或准确。

8. 适用性

适用性是指数据是否在时间、空间和内容上符合企业营销活动的使用需求,有时也指数据本身被获取、理解或使用的可能性。

6.5.3 数据质量的评估方法

数据质量的评估可以基于一个基本的概念模型 $M=(D,I,R,W,E,S)$。其中,D(Dataset)是指需要进行评估的数据集;I(Indicator)是指数据集上需要进行评估的指标,如完整性、准确性、一致性等;R(Rule)是指与评估指标相对应的规则;W(Weight)是指赋予规则的权值(大于 0 的整数),描述了该规则在所有规则中所占的比重;E(Expectation)是指对规则给出的期望值(介于 0 到 100 之间的实数),是在评估之前对该规则所期望得到的结果;S(Result,为了与 Rule 区别,用英文单词中的 S 代替首字母 R)是指规则对应的最终结果(介于 0 到 100 之间的实数),是在检测该规则后所得的结果。

构造数据质量评估模型需要经过四个步骤:

1. 确定数据质量评估应用视图

在进行数据质量评估时,首先要提出数据质量评估的需求,确定哪些数据是用户感兴趣的(包括数据库、数据库中的数据集和数据集上的字段),对它们建立对应的用户视图。

2. 选择评估指标

对于每个给定的数据集,选择所需要的评估指标。

3. 制定规则集

根据选择的评估指标,制定数据质量评估规则,并确定它们相应的权值和期望值。

4. 计算规则结果得分

对于规则集中的每条规则，检查数据集上的数据，计算满足规则的数据元组的百分比，得到规则对应的结果。

6.5.4 实操案例

评估数据质量可以采用数据抽样测试的方法。在大规模进行数据库营销或营销分析之前，一定要进行数据样本的抽样测试，通过抽样测试结果来判断数据质量。那么如何抽样？抽样比例是多少？营销客户数据的哪些数据项是最关键的？

通常建议企业根据数据列表的样本总量和重要程度，采用系统抽样的方式。企业营销的目标客户主要包括消费者和企业客户两类。客户信息一般包括描述类信息、行为类信息和关联类信息三种类型。直复营销用到的消费者信息主要是客户描述类信息中的联络信息和人口统计信息。企业客户信息则主要是企业联络信息和经济统计信息。关键信息是那些在营销中或客户分析中起关键作用的信息。比如，电话营销中的客户联系电话，直邮营销中的邮编和邮寄地址，特定产品营销中的客户人口统计信息（如性别、年龄、收入、住所）等。

以下将围绕客户数据列表最常用的一些字段项，如联系电话、邮寄地址、身份证号码等，来简单说明客户数据列表质量评估的技巧。

评估指标一：客户数据列表的数量

客户数据列表的数量是一个非常关键的质量评估指标，客户数据列表的规模经常能够反映出数据列表所有者的数据采集质量和维护水平。能够定期维护庞大客户数据列表的服务商无疑是更有保证的，这不仅需要大量的人员和资金投入，而且是数据库营销专业能力的一种体现。例如，在一个拥有50万辆汽车的大城市，一个只包含2万个左右汽车拥有者的数据列表只是其中的很小一部分，如果没有特定的汽车品牌型号或购车时间等其他更有价值的信息，那么这样的数据列表的价值是要大打折扣的。

评估指标二：客户数据列表的采集方式

了解客户数据列表的采集方式对于判断数据的质量有着重要的作用，有时客户自己填写的数据往往要比企业主动采集得来的数据更准确，数据采集时的时间紧迫程度也是影响数据质量的一个原因。例如，对于一些只有注册成为会员才能进入网站的注册会员记录来说，有些人为了加快网站的注册过程，经常填写与事实不符的信息（如系统默认客户是男性，而客户并没有根据真实性别进行更新），这些信息的可信度和准确性就会大大降低。一些街头采访或促销活动积累的客户数据，其准确性也经常达不到预期。电话调查获取的数据，前几项内容的准确性往往比最后几项的准确性要高。此外，从分散的数据库中合并得来的客户数据有时会由于数据一致性问题，带来大量的数据质量问题。

市场数据调研及处理

评估指标三:客户数据列表的分类信息

客户数据列表的所有者对客户数据列表进行的分类越完善,数据列表的质量一般也越高。真正有价值的客户数据会淹没在大量未经分类的数据列表中而难以识别和充分利用。例如,一个企业联系人列表在按行业、地区和规模分类后,再细分为企业决策人员、企业办公产品采购人员、IT(信息技术)负责人、财务负责人、人事负责人等,这样的列表明显会比一个汇总的企业联系人列表更有价值。

评估指标四:客户数据列表的采集时间

了解数据列表的采集时间非常关键。数据的质量是动态的。一般来说,只建议选择那些在一年以内采集的客户数据列表。国外有统计显示,每个月有2%的客户信息会过时,即每年有25%左右的客户信息会失效。

评估指标五:客户数据列表的时效性

数据是有时效性的。随着时间的推移,数据也不断地失效和失真。例如,媒体报道的关于初生婴儿的数据,对于婴儿产品或食品商来说就有着明显的时效性,它们可以据此进行电话营销或直邮营销。

评估指标六:固定电话号码的特征

固定电话是最重要的营销信息之一,同时也包含着很多有价值的信息来辅助进行客户数据列表的质量判断。比如,通过固定电话的局号和辅助的位置信息,可以大致判断出固定电话的所在区域。通过固定电话的局号和列表数据的分布,也可以了解客户数据列表中客户的分布情况。一般来说,在商务区或经济发达地区的固定电话很可能意味着更多的商机。

评估指标七:移动电话号码的特征

移动电话号码同样包含着很多丰富的信息,移动电话号码的号段不仅能够反映出客户移动电话号码的所属行政区域,还能够在一定程度上反映出该号码的使用时间。利用移动电话号码号段能够反映出号码所属行政区域的特征,也可以对客户数据列表的客户地域分布进行分析和判断。如果一个营销活动仅仅是针对本市的居民,那么那些拥有异地电话号码的客户就不能作为有效的目标客户。一些先进的外呼软件和系统已经具备号码过滤功能,能够根据营销规则的设定有效地限制和筛选出符合营销要求的电话号码。

评估指标八:身份证号码的正确性和符合性

中国公民的居民身份证号码包含着一些有价值的信息,如发证公安户政部门所属的行政区划代码、公民出生年月日和性别等。例如,利用身份证号码中的行政区划代码能很好地掌握客户发证时的属地,再结合客户数据列表的采集时间和地点,就能产生出很多有价值的信息来帮助判断数据列表的质量。掌握身份证号码的规则也能够判断身份证号码的正确性和符合性,当需要利用身份证号码推算出客户的年龄和性别时,掌握这样的规则就显得更为重要。通过身份证号码推算出来的信息也可以与客户数据列表中的已有数据项进行比对,这也是进行客户数据列表质量判断的常用方法。

评估指标九:直邮数据列表的准确性

直邮数据列表往往需要具备准确的邮寄地址和客户名称,否则会极大地影响直邮的到达率和客户的阅读率。例如,北京一家房地产开发商曾进行过一次直邮促销活动,其认为中高档楼盘的业主极有可能二次置业,于是选择了一些入住率比较高的中高档楼盘寄出楼盘宣传材料。由于根本没有准确的业主姓名,就直接以"×××楼×××号业主收"的方式寄到了不同小区的楼宇,甚至连楼宇负责分发邮件的人员都认为是垃圾信件而懒得分发,于是放了一堆在楼宇入口,让业主根据需要自取。这样的直邮不要说响应率了,即使是阅读率和到达率也是极低的。这一开发商的营销无疑是一个没有对直邮数据列表进行处理的失败案例,那数万份设计精美的楼盘宣传材料和投递费用与投资回报明显是不成比例的。

评估指标十:判断客户数据列表中的重复数据

判断客户数据列表中的重复数据有时能够起到非常重要的作用,极少含有重复数据的客户数据列表的质量一般更有保证。事实上,从外部获取的客户数据列表经常会包含重复数据。例如,一份客户数据列表看起来都是不同的个人数据,联系电话也不尽相同,数据格式也比较规范,但是通过排重操作后发现有相当比例的客户都属于同一家公司,甚至发现有很多人留的是同一个电话号码。判断重复数据的方法有很多,有时需要综合应用,如姓名重复、身份证号码重复、联系电话重复、邮寄地址重复、公司名称重复等。

评估指标十一:客户数据列表的维护周期和频率

数据是有时效性的,对客户数据列表的定期维护和更新是保持客户数据列表质量与价值的重要方式。一些拥有大量客户数据的消费品企业每年都会定期清洗和维护客户数据。基准数据是非常有用的信息,经常被用来评估客户数据列表的质量,也是进行客户数据校准和清洗的常用基准。若列表数据自采集之日起就没有进行过定期维护和更新,那么这样的客户数据列表质量是无法保证的。然而,即使刚刚进行完数据清洗和维护的数据列表也不一定完全准确,出于各种各样的原因,并不是所有的数据列都能够在数据清洗和维护过程中得到更新。数据的更新率也是评估数据质量的一个指标。

评估指标十二:数据格式的一致性

数据格式的一致性主要体现在,在同一张列表内,不同数据项的定义和描述是否一致,格式是否统一或标准化,等等。造成数据格式不一致的原因通常是合并多张客户数据列表,或者客户数据列表中的项目来源于不同的系统信息或数据列表,而在这些列表中的某些数据项的定义不统一。例如,仅客户性别一项在列表中就可能出现"M""Male"等多种表现形式。

市场数据调研及处理

没有绝对完美的数据,对数据质量的评估要根据数据的使用需求进行。只要能够满足使用需求,就认为数据质量是符合要求的。企业应当本着有取有舍的原则,选择那些能为自己所用的数据。

思考与练习

一、单选题

1. 数据处理的意义不包括(　　)。
   A. 筛选出有利于得出研究结论的数据　　B. 提高调查数据质量
   C. 为数据分析提供基础　　D. 便于对数据的长期保存和研究

2. 数据整理应根据调研的目的和要求以及数据本身的性质,合理地选择科学的方法和技术,对原始数据进行系统的加工和处理,使之能够满足研究的需要。这就是数据整理应遵循的(　　)原则。
   A. 真实性　　B. 科学性
   C. 目的性　　D. 准确性

3. 数据整理的目标应符合调研的目的和要求。这就是数据整理应遵循的(　　)原则。
   A. 真实性　　B. 科学性
   C. 目的性　　D. 准确性

4. 数据整理必须保证整理出的数据事实清楚、准确,不能含糊不清、模棱两可,甚至相互矛盾。这就是数据整理应遵循的(　　)原则。
   A. 真实性　　B. 科学性
   C. 目的性　　D. 准确性

5. 当在数据收集过程中发现数据缺失情况时,不正确的处理方法是(　　)。
   A. 删除该样本的所有数据　　B. 使用均值插补
   C. 使用回归插补　　D. 用邻近的样本数据填补

二、多选题

1. 数据整理包括(　　)。
   A. 数据录入　　B. 数据编码
   C. 数据检查　　D. 数据分析
   E. 数据报告

2. 缺失数据的处理方法包括(　　)。
   A. 中值(即中位数)代替　　B. 估计值代替

C. 整列删除　　　　　　　　　D. 结对删除

E. 标准化

3. 数据整理应该遵循(　　)原则。

　A. 真实性　　　　　　　　　B. 科学性

　C. 目的性　　　　　　　　　D. 准确性

　E. 经济性

4. 数据整理的真实性原则是指数据整理必须最大限度地保证原始数据的真实性。其含义包括(　　)。

　A. 在数据整理前期必须严格审核原始数据的真实性,对于审核出的不真实数据应该加以剔除

　B. 在数据整理的中间环节,不能因所选的整理方法不当而造成原始数据的真实性受到损害

　C. 合理地选择科学的方法和技术对原始数据进行系统的加工及处理,使之能够满足研究的需要

　D. 数据整理的目标应符合调研的目的和要求

　E. 必须保证整理出的数据事实清楚、准确,不能含糊不清、模棱两可,甚至相互矛盾

5. 归档文件整理的原则包括(　　)。

　A. 应遵循文件的形成规律

　B. 应区分不同价值,便于保管和利用

　C. 应符合文档一体化管理要求,便于计算机管理或计算机辅助管理

　D. 应保证纸质文件和电子文件整理协调统一

　E. 应保持文件之间的有机联系

三、简答题

1. 如何识别异常数据?异常数据有哪些处理方法?
2. 缺失数据有哪些主要的处理方法?

实践训练

某健身机构制作了一张客户信息登记表,记录了客户的身高、体重等各项重要信息。在这张登记表中,每个客户的各项信息排在一行。这张表就是一个数据结构。每条记录(包括身高、体重等字段)就是一个结点,对于整张表来说,有且只有一个开始结点(其前面无记录)和一个终端结点(其后面无记录),其他结点则各有且只有一个直接前趋和一个直

接后继(其前面和后面均有且只有一条记录)。

请思考并回答如下问题：

1. 这张表从逻辑上看属于什么数据结构？

2. 分析这张表的存储结构，即数据如何存储到计算机里，以及如何表示数据元素之间的关系，是用一片连续的内存单元(数组)来存放这些数据还是随机存放各结点数据再用指针进行链接。

3. 分析数据的运算，即在某种存储结构的基础上，如何实现对这张表中的记录进行查询、修改、删除等操作，对这张表可以进行哪些操作以及如何实现这些操作。

参 考 文 献

[1] 伯恩斯,罗纳德.营销调研(第7版)[M].于洪彦,金钰,译.北京:中国人民大学出版社,2015.
[2] 大数据在零售业中的5个用例[EB/OL].(2019-02-13)[2021-02-28].http://www.sohu.com/a/294385948_165955.
[3] 方正证券调研报告(含市场调查表)[EB/OL].(2020-05-09)[2021-02-28].https://wenku.baidu.com/view/ec738a3b7dd5360cba1aa8114431b90d6d85894c.html.
[4] 李晶晶.大数据时代的市场营销机遇与挑战[J].现代营销(下旬刊),2020(09):112-113.
[5] 李胜,李媛媛.市场营销类岗位能力分级模型[M].北京:北京师范大学出版社,2018.
[6] 李宇红.基于工作过程的课程设计与实践——以市场营销实务为例[J].中国成人教育,2010(17):88-90.
[7] 廉英麒.我国三大经济区域研发投入现状分析——基于主板市场上市公司的面板数据[J].商业会计,2018(01):57-59.
[8] 林旭,罗煜林,近年中国二手车市场数据分析与发展对策[J].河北农机2019(4):111-112.
[9] 宋亮,万建洲.缺失数据插补方法的比较研究[J].统计与决策,2020,36(18):10-14.
[10] 孙立伟,何国辉,吴礼发.网络爬虫技术的研究[J].电脑知识与技术,2010(15):4112-4115.
[11] 汪劲松.市场调研:流程管理与操作方法[M].北京:科学出版社,2013.
[12] 王春丽.房地产市场调查的质量控制研究[J].中国管理信息化,2015,18(15):173-174.
[13] 王楠.市场营销如何下好大数据"先手棋"[J].人民论坛,2020(15):182-183.
[14] 王旭.市场调研[M].2版.北京:高等教育出版社,2017.
[15] 谢基邦.项目教学法在市场营销教学中的应用[J].现代职业教育,2020(47):20-21.
[16] 徐国庆.职业教育项目课程:原理与开发[M].上海:华东师范大学出版社,2016.
[17] "雅虎"的网上调研[EB/OL].(2018-08-18)[2021-02-28].https://wenku.baidu.com/view/07e43086988fcc22bcd126fff705cc1754275f63.html.
[18] 殷智红.市场调研实务[M].北京:北京大学出版社,2016.
[19] 张静,赵秀荣,赵文静.大数据时代高职学生数据素养的培养研究——以《市场调查与分析》课程教学为例[J].现代营销(经营版),2019(06):28-29.
[20] 种振东.大数据在企业市场营销中的应用分析[J].全国流通经济,2020(30):18-20.
[21] 朱伟伟.市场调查与预测的质量控制的评估审核研究[J].经济与社会发展研究,2014(06):38.